Guy Raz

A JORNADA DO EMPREENDEDOR

CRIANDO NEGÓCIOS INSPIRADORES
DA IDEIA AO SUCESSO

Benvirá

GUY RAZ
com Nils Parker

Para os empreendedores e para os que sonham em empreender.

Benvirá

Copyright © Guy Raz, 2020
How I Built This
Tradução autorizada da edição original em inglês publicada nos Estados Unidos por Houghton Mifflin Harcourt.

Direção executiva Flávia Alves Bravin
Direção editorial Ana Paula Santos Matos
Gerência editorial e de projetos Fernando Penteado
Edição Julia Braga
Produção Camila Cianelli
Preparação Marta Almeida de Sá
Revisão Maurício Katayama
Diagramação Tangente Design
Capa Tiago Dela Rosa
Impressão e acabamento Edições Loyola

Dados Internacionais de Catalogação na Publicação (CIP)
Vagner Rodolfo da Silva CRB-8/9410

R278h   Raz, Guy
    How I Built This / Guy Raz ; traduzido por Cristina Yamagami. - São Paulo : Benvirá, 2023.
    336 p.
    ISBN 978-65-5810-136-9
    1. Administração. 2. Negócios. 3. Empreendimento. 4. Empreendedorismo. I. Yamagami, Cristina. II. Título.

                            CDD-658.4012
    2023-1266   CDU-65.011.4

    Índices para catálogo sistemático:
    1. Administração : Negócios 658.4012
    2. Administração : Negócios 65.011.4

1ª edição, outubro de 2023

Nenhuma parte desta publicação poderá ser reproduzida por qualquer meio ou forma sem a prévia autorização da Saraiva Educação. A violação dos direitos autorais é crime estabelecido na lei n. 9.610/98 e punido pelo artigo 184 do Código Penal.

Todos os direitos reservados à Benvirá, um selo da Saraiva Educação.
Av. Paulista, 901 – 4º andar
Bela Vista – São Paulo – SP – CEP: 01311-100

SAC: sac.sets@saraivaeducacao.com.br

CÓDIGO DA OBRA 718136   CL 671097   CAE 832758

SUMÁRIO

PREFÁCIO VII

INTRODUÇÃO IX

PARTE I | O CHAMADO 1

1 | Mantenha-se sempre aberto a ideias 2

2 | É perigoso ou só assustador? 13

3 | Saia da sua zona de segurança... Mas faça isso com segurança 25

4 | Faça sua pesquisa 35

5 | Encontre seu cofundador 46

6 | Financie o negócio – Parte 1: Autofinanciamento 56

7 | Defina a sua história 70

8 | Financie o negócio – Parte 2: Consiga financiadores externos 83

9 | Nunca deixe de fazer iterações 94

PARTE II | OS OBSTÁCULOS 105

10 | Entre pela porta lateral 107

11 | Localização é tudo 117

12 | Chame a atenção – Parte 1: Crie um buzz 128

13 | Chame a atenção – Parte 2: Promova o boca a boca 140

14 | Sobreviva às provas de fogo 153

15 | Financie o negócio – Parte 3: Consiga
financiadores profissionais 165

16 | Proteja o que você construiu 178

17 | Aconteceu uma catástrofe. E agora? 189

18 | A arte da pivotagem 201

PARTE III | O DESTINO 214

19 | Nem tudo é sobre dinheiro 216

20 | Construa uma cultura, não um culto 227

21 | Pense pequeno para ser grande 239

22 | Administre as tensões com seus parceiros 248

23 | A importância do autoconhecimento 259

24 | Quando vender a empresa e quando ficar 271

25 | Seja generoso 283

26 | O que fazer com a sua sorte 296

POSFÁCIO 305

AGRADECIMENTOS 308

NOTAS 311

Para eventuais atualizações e outros materiais, visite a página do
livro no Saraiva Conecta: https://somos.in/AJE1

PREFÁCIO

Existem inúmeras formas de ensinar e aprender, e o método mais eficaz varia para cada indivíduo. Uma das primeiras formas de transmissão do conhecimento se mantém viva e se reinventa: as histórias contadas de pessoa para pessoa. Elas são uma forma de viver momentaneamente a experiência do outro, de absorver seu ponto de vista, seus desafios, erros e aprendizados, e também preservar nossa identidade, nossos costumes e, de certa forma, nossa visão sobre o mundo – e sobre os negócios. Eu, particularmente, adoro uma boa história, e penso que essa é de fato uma das melhores formas de aprender.

Na qualidade de leitor voraz, mesmo após três pós-graduações sigo um eterno aprendiz e curioso. A combinação entre histórias bem contadas e o prazer de novas descobertas é capaz de gerar uma grande satisfação, pois ao ouvi-las percebemos que também podemos ir além, superar expectativas e alcançar nosso verdadeiro potencial.

Guy Raz é uma dessas pessoas que sabem como contar uma história e nos provocar a romper limites. Acompanho seu podcast *How I Built This* há bastante tempo e é um prazer imenso ver algumas das principais histórias já narradas nele compiladas neste livro, em que visualizamos a jornada de diversos empreendedores de sucesso, como os visionários fundadores do Airbnb, que transformaram para sempre o setor hoteleiro global, e o icônico Jeff Bezos, que revolucionou o mercado de livros e a eficiência de entrega com a Amazon. Em cada história é possível desvendar os desafios enfrentados e as estratégias adotadas por esses empreendedores para levantar capital e tirar suas ideias do papel. Com esses bastidores bem contados, o que antes pareciam vitórias homéricas se tornam conquistas possíveis, ao alcance de empreendedores como nós. Durante a leitura, você vai aprender com os erros e acertos desses líderes excepcionais, absorvendo lições valiosas que guiam desde os estágios iniciais do desenvolvimento de uma ideia até a crucial decisão de vender, manter ou fechar uma empresa. Como resultado, ao fim se sentirá capacitado para ir além e aplicar o conhecimento de forma mais efetiva e inovadora, aprimorando você também sua jornada.

Se você aprecia uma história bem contada e deseja descobrir os segredos por trás do sucesso de grandes empreendedores, este livro é o seu guia definitivo. Prepare-se para embarcar em uma leitura inspiradora e repleta de insights baseada na experiência daqueles que já transformaram sonhos em realidade e conquistaram o mundo dos negócios.

Boa leitura!

RODRIGO CAVALCANTI
Vice-presidente de Experiência e Sucesso do Aluno

INTRODUÇÃO

Em uma segunda-feira, em meados de 2018, Hannah, minha esposa, saiu para correr, como faz todos os dias, e voltou para casa com lágrimas rolando pelo rosto. Quando entrou na cozinha de nossa casa em Berkeley, na Califórnia, onde eu estava fazendo o café da manhã para nossos filhos, ela tirou os fones de ouvido e perguntou, esbaforida: "Por que... você não me disse... que este episódio... seria assim?".

Naquela manhã, a equipe do *How I Built This* – o podcast de negócios que criei e apresento desde setembro de 2016 – havia lançado um episódio sobre Stacy Brown e sua empresa, a Chicken Salad Chick. Eu tinha me esquecido de que esse episódio seria lançado naquele dia porque sempre se passavam alguns meses entre uma entrevista e o lançamento do episódio. No entanto, eu *não* havia me esquecido da verdadeira montanha-russa emocional daquela entrevista com Stacy Brown. E a reação de Hannah deixou claro que os ouvintes poderiam sentir o mesmo. Em resumo, a história é a seguinte...

Stacy começara a fazer salada de maionese de frango em sua casa em Auburn, no Alabama, para conseguir pagar as contas depois que seu marido a abandonou, deixando-a com seus três filhos, todos com menos de 6 anos. A ideia era ganhar 500 dólares por mês para não se endividar.

Depois de alguns meses, ela teve considerável sucesso vendendo sua maionese de frango de porta em porta, até que alguém a denunciou para a vigilância sanitária. (Pelo jeito, preparar alimentos em uma cozinha não licenciada e sair vendendo esses alimentos em embalagens descartáveis compradas no supermercado basicamente no porta-malas do seu carro é, tecnicamente falando, ilegal.) O resultado é que o micronegócio de Stacy acabou sendo interditado pela vigilância sanitária.

Enquanto isso acontecia, ela recorreu a Kevin Brown, um amigo da família que entende de negócios, que a convenceu a não desistir e a abrir um restaurante em um pequeno espaço comercial de 75 m². O valor do aluguel seria 800 dólares por mês. Ela seguiu o conselho e, com a ajuda dele, seu pequeno restaurante começou a fazer sucesso. No primeiro dia, toda a maionese de frango que ela havia preparado acabou antes das 14h.

A intensidade de administrarem o negócio juntos e a parceria entre os dois aproximaram Stacy e Kevin. Eles acabaram se apaixonando e se casando. Agora, como parceiros na vida *e* nos negócios, eles trabalham em prol do crescimento da Chicken Salad Chick e usaram o fluxo de caixa para abrir outros dois restaurantes em Auburn, já que nenhum banco se dispõe a recebê-los, muito menos a lhes dar um empréstimo.

Depois de uns quatro ou cinco anos autofinanciando a sustentabilidade do negócio, eles decidiram que era hora de encontrar alguém que pudesse ajudá-los a mudar para um modelo de franquia que lhes desse uma chance concreta de lucrar e tirar algum dinheiro do negócio.

Infelizmente, porém, eles fizeram uma parceria com um casal nada honesto a quem eles venderam 51% da empresa, o que acabou se revelando um grande erro. Os novos sócios ameaçaram afastar Stacy e Kevin do próprio negócio apenas alguns meses depois, no momento em que os dois casais discordaram em relação a uma decisão quanto ao futuro da Chicken Salad Chick.

Sem querer perder tudo o que tinham construído, Stacy e Kevin negociaram com o casal para comprar a parte deles – só que os sócios queriam um retorno de três vezes o valor de seu investimento inicial, o que chegaria a 1,3 milhão de dólares (!), e exigiram o pagamento em trinta dias (!!); caso contrário, eles ficariam com o controle da empresa e Stacy e Kevin ficariam sem nada (!!!).

Nem preciso dizer que Stacy e Kevin não tinham 1,3 milhão de dólares. Desesperados, eles saíram pelo estado do Alabama tentando arrecadar fundos com qualquer pessoa que se dispusesse a ouvi-los. Eles saíram de todas as conversas de mãos vazias até o último dia – o trigésimo dia –, quando um homem chamado Earlon McWhorter, que fundou a Lowe's

Home Improvement, uma grande rede varejista de produtos para o lar e construção civil, ligou para eles depois de assistir a uma apresentação do casal na Câmara de Comércio de Auburn e disse que acreditava neles, que adorava a maionese de frango da Chicken Salad Chick e que lhes daria um cheque para cobrir a quantia total.

O investimento de Earlon não só recolocou o controle da empresa nas mãos de Stacy e Kevin como lhes possibilitou implementar um modelo de franquia que foi um sucesso imediato. Eles começaram a abrir lojas por todo o sul dos Estados Unidos. Então, passaram a navegar em um mar de rosas. Só que, no meio do processo de expansão da empresa, Kevin foi diagnosticado com um câncer de intestino estágio 4, que se espalhou para o fígado. Ele prontamente começou a fazer um tratamento de quimioterapia muito agressivo; mesmo assim, para a surpresa de todos, nunca perdeu um único dia de trabalho.

Foi o começo de outra luta. De um modo trágico, era uma luta que eles não tinham como vencer. Mas isso não os impediu. Eles não só continuaram trabalhando para o crescimento da Chicken Salad Chick como também abriram a Chicken Salad Chick Foundation, com o objetivo de apoiar pesquisas sobre o câncer de intestino. Para arrecadar fundos, Kevin teve a ideia de fazer um grande show beneficente no estádio Jordan-Hare da Universidade de Auburn, com Kenny Chesney (a maior celebridade da música *country* da época) como atração principal. Foi uma ideia maluca, mas abrir um restaurante especializado em salada de maionese de frango também tinha sido uma loucura e deu certo. Por que não tentar?

Eles tentaram e conseguiram contratar Kenny Chesney. Venderam 50 mil ingressos e, naquela noite de abril, lotaram o estádio Jordan-Hare. Só que Kevin não pôde estar entre a multidão, pelo menos não em sua forma física. Ele faleceu seis meses antes, no dia 21 de novembro de 2015, rodeado pela família.

Para Stacy, a dor não tinha tamanho. Uma dor que veio depois de quase uma década inteira de enormes altos e baixos tanto na vida pessoal quanto na vida profissional. No entanto, assim como o marido, Stacy continuou lutando. Ela perseverou. Não só por si mesma e pelos filhos, mas pela memória de Kevin e pelo que ele significa para ela e para a empresa que eles construíram juntos. Naquele ano, todo o esforço deles foi recompensado: a Chicken Salad Chick entrou na lista da revista *Inc.* dos 5 mil restaurantes que mais cresceram nos Estados Unidos.[*] Hoje, a Chicken Salad Chick é um negócio de 100 milhões de dólares.

Essa história tumultuada e inspiradora é, em muitos aspectos, uma história clássica de empreendedorismo. É também uma jornada do herói clássica. Se você já leu alguma história da mitologia grega ou a Bíblia ou assistiu a *Star Wars*, já conhece a "jornada do herói", o conceito – identificado pelo autor e filósofo Joseph Campbell – de que a maioria das grandes histórias épicas segue um arco narrativo parecido: um herói tem uma ideia maluca, todo mundo duvida dele, ele sai de sua pequena comunidade para tentar executar seu projeto, enfrenta obstáculos incalculáveis, cai em um abismo, escapa por pouco da morte, mas consegue o que queria e continua sua jornada até voltar, triunfante, para sua comunidade.

É claro que esse é um resumo grosseiro da estrutura da jornada do herói, mas esses são os ingredientes básicos de uma grande história clássica. Também são os principais elementos de muitas grandes histórias de negócios – incluindo a de Stacy Brown. Descobri isso por acaso em um curso de administração no ano que passei em Harvard como bolsista de jornalismo pela Nieman Foundation, em 2008. Foi nesse curso que conheci a metodologia de estudos de caso e o conceito de aprendizado sobre negócios por meio de histórias. Diversas vezes, encontrei jornadas heroicas clássicas inseridas nesses estudos de caso. Havia chamados à aventura, tentativas e erros, momentos em que tudo estava perdido e a vitória no fim – tudo contado pelo prisma dos negócios.

Ainda mais surpreendente, pelo menos para mim, foi que o curso despertou meu interesse. No ensino médio e na faculdade, eu associava

---

[*] A Chicken Salad Chick ficou em 37º lugar entre todas as empresas de capital fechado.

as palavras "administração" e "negócios" a palavrões. Para mim, era o âmbito de charlatões e marqueteiros desonestos vendendo produtos baratos – no pior sentido da palavra – em comerciais de madrugada. É verdade que minha geração produziu pessoas como Elon Musk e Larry Page, mas a maior parte dessa geração adota uma postura anticorporativa e anticomercial, talvez mais bem ilustrada em uma famosa capa de 1992 da revista *Rolling Stone* com Kurt Cobain usando uma camiseta com os dizeres "As revistas de negócios ainda são uma m*!".

Por que eu me interessaria pela história de algumas empresas? Afinal, eu nunca tive a pretensão de abrir um negócio. Ainda mais depois de testemunhar os altos e baixos da empresa de importação de pérolas dos meus pais e ver todo o tempo e a energia que eles foram forçados a dedicar a isso. Tenho lembranças vívidas dos meus pais trabalhando na mesa da cozinha até tarde da noite, perscrutando listas de clientes, fazendo ligações não solicitadas que, na maioria das vezes, terminavam com uma porta na cara – tudo para dar um futuro melhor para mim, para o meu irmão mais novo e para as minhas duas irmãs mais velhas.

Eu não queria essa vida para mim. Depois de crescer vendo meus pais sofrendo com o empreendedorismo, eu não conseguia pensar em uma carreira menos adequada ao meu temperamento e aos meus interesses do que alguma que me fizesse passar o dia inteiro falando sobre negócios, ou pior, abrir minha própria empresa. Foi por isso que escolhi o jornalismo, depois, o rádio e, por fim, a National Public Radio (NPR). E veja aonde tudo isso me levou. De alguma forma, consegui criar ou cocriar cinco podcasts que, juntos, geram milhões de dólares em receita e são ouvidos por 19 milhões de pessoas por mês. Dá muito trabalho, mais do que eu jamais poderia ter imaginado; e, para dar conta de todo esse trabalho, abri uma produtora. Uma empresa *de verdade*! Quem diria? De fato, ainda não sei como tudo isso nasceu (e continua vivo), mas somos uma equipe pequena, ágil e unida, e admito que adoro o que faço.

O que eu mais amo é a jornada de ter uma grande ideia e transformá-la em algo tangível – apesar de eu só ter começado a ganhar um pouco de confiança em algumas das minhas ideias ou na minha capacidade de executá-las quando tinha quase 40 anos. Antes disso, durante a maior parte da minha carreira, lutei contra os problemas que sempre achei que os empreendedores carismáticos nunca tivessem: ansiedade, medo, síndrome do impostor e até depressão.

Entretanto, depois de dar um mergulho profundo em entrevistas com centenas de fundadores e CEOs de empresas para meus podcasts, percebi que, em grande parte, eles são pessoas comuns, como eu e você. Ou seja, eles são humanos. Todos eles passam noites em claro ou acordam suados no meio da noite. A maioria deles, em algum momento, já se sentiu como um impostor. Eles não nasceram com nenhum superpoder; todos eles são Clark Kent. A única diferença entre você e eles, neste momento, é que, quando a oportunidade se apresentou, eles entraram na cabine telefônica e colocaram a capa. Eles deram o salto. É basicamente isso.

How I Built This não foi meu primeiro salto, mas foi o maior e o que levou mais tempo para se concretizar. Foi um processo lento que começou com a epifania que tive naquela sala de aula da escola de administração da Harvard. Fui um repórter de guerra e eu sabia que as histórias humanas mais interessantes são jornadas. Sabendo disso, agora que podia ver a jornada do herói na maioria das histórias de negócios, pensei que poderia haver uma tribo por aí que se identificasse com essas jornadas no contexto dos negócios.

Foi assim que surgiu a ideia do podcast *How I Built This*. E, como o nascimento do podcast, a maioria das ideias sobre as quais você lerá neste livro não começou com uma grande explosão, mas, sim, com uma pequena faísca. Uma centelha que foi cultivada, às vezes bem lentamente, até que um dia a pessoa que daria vida àquela ideia acordou de manhã e percebeu que precisava mudar de vida. Ela precisava fazer outra coisa.

Uma ideia, como foi para Lara Merriken, Gary Erickson e Peter Rahal, que pretendiam criar uma barra de cereal melhor.

Um desejo de fazer por conta própria para ver se conseguiriam, como foi para Angie e Dan Bastian quando saíram da Flórida, voltaram para o Minnesota e decidiram comprar 10 mil dólares em equipamentos para fazer pipoca que acabariam se transformando na marca de pipoca pronta e de micro-ondas Angie's BOOMCHICKAPOP.

Uma oportunidade de alavancar as habilidades e a experiência de uma pessoa, como foi para Randy Hetrick, da TRX, quando o sistema de exercícios físicos que ele criou para manter a forma enquanto trabalhava no exterior como um membro da Marinha chamou atenção dos colegas, dos amigos e de outros fanáticos por fitness, inclusive de um famoso jogador de futebol americano, vencedor do Super Bowl.

Ou, às vezes, *uma pivotagem de sorte (e com um timing perfeito)*, como foi para Stewart Butterfield quando o sistema interno de mensagens que sua equipe criou para ajudar a desenvolver um jogo multijogador massivo on-line (MMOG) se revelou mais promissor do que o próprio jogo. O jogo acabou sendo descartado. E o sistema de mensagens se transformou no Slack.

Em resumo, este livro é para leitores que não são empreendedores natos nem mesmo empreendedores, mas, sim, sonhadores cuja inexperiência é inversamente proporcional à força de sua ambição e ao ímpeto de seu desejo de criar algo novo e fazer do mundo um lugar melhor. Para pessoas que são idealistas, mas que podem não ter encontrado ainda uma ideia que compense o risco. Pessoas que valorizarão o sucesso se ele vier e que serão capazes de encontrar maneiras de aprender com o fracasso quando este, inevitavelmente, acontecer. Pessoas que aprendem da maneira mais difícil – por meio da experiência –, mesmo que as lições demorem para tornar-se claras. Pessoas que ainda não fazem ideia de como chegaram aonde estão, com um produto ou um serviço, com funcionários e clientes, mas que desejam mergulhar de cabeça porque não querem decepcionar ninguém, muito menos a si mesmas.

Organizei este livro para ajudar essas pessoas – pessoas como você e eu, como Stacy Brown – a ter sucesso. É o fruto de entrevistas aprofundadas com centenas dos empreendedores mais bem-sucedidos e inspiradores do mundo dos negócios – incluindo empresários da indústria alimentícia, produtores de bens de consumo não duráveis, do setor de tecnologia e muito mais. É uma síntese das lições que aprendi com esses fundadores e foi estruturado para acompanhar a jornada desses heróis empreendedores desde o chamado para abrir um negócio (parte I), passando pelos testes e pelas provações de seus estágios de crescimento (parte II) até chegar a seu destino como as marcas globais consolidadas que conhecemos hoje (parte III). Meu objetivo é revelar os segredos do empreendedorismo, lançar luz sobre a caixa-preta do sucesso empresarial e apresentar um modelo criativo para pensar sobre a concretização de algo – seja uma ideia, um movimento ou, é claro, uma empresa.

Cada capítulo explora um momento distinto pelo qual quase todos os fundadores passam na vida de sua empresa – desde ter uma ideia até definir sua história; desde conseguir financiamento até encontrar um cofundador; desde pivotar seu produto até criar sua cultura; desde sobreviver a uma catástrofe até descobrir como crescer e escalonar um negócio duradouro que os deixa orgulhosos de quem são e do que fizeram pelo mundo.

Dito isso, nem tudo o que for descrito aqui vai se aplicar à sua situação específica. Você pode estar tentando construir algo pequeno. Pode não querer escalonar. Pode ser um funcionário tentando construir algo *dentro* da empresa em que trabalha. E tudo bem! Este livro não é uma proposição do tipo tudo ou nada. Só espero que você encontre algo nestas páginas que lhe proporcione um senso de possibilidade e alívio ao mesmo tempo, uma vez que quase todas as histórias narradas aqui descrevem um problema real que precisava ser resolvido e a trajetória de um empreendedor que encontrou um modo de resolvê-lo.

Minha ideia ao estruturar o livro dessa maneira foi mostrar a qualquer um que tem a coragem de perseguir uma ideia, mas que está paralisado pelo medo do fracasso, que todos os erros possíveis nos negócios já foram cometidos, que as soluções para seus problemas já foram encontradas – muitas delas, pelos fundadores que você conhecerá nas próximas páginas – e que aprender com os erros dos outros em vez de passar sozinho por eles talvez seja o único atalho que existe na jornada do empreendedorismo.

Agora que você sabe como este livro foi criado, vamos mergulhar nele para saber como esses inovadores, empreendedores e idealistas brilhantes construíram alguns dos negócios mais incríveis do mundo, para que um dia, em breve, você possa construir o seu próprio negócio.

Vamos começar a escrever a *sua* jornada do herói.

GUY RAZ
Primavera de 2020

PARTE I

O CHAMADO

O empreendedorismo não é algo muito natural. Põe em xeque muitos dos nossos instintos mais humanos. Nosso desejo de segurança. Nosso medo de correr riscos insanos. Nossa tendência a fluir com a corrente sem causar muito tumulto. Podemos nos ver como indivíduos únicos, mas também gostamos de nos encaixar nos padrões e ser escolhidos – por aqueles que se encaixaram e foram escolhidos antes de nós.

No entanto, é comum conhecermos alguém que segue o caminho oposto. Que se orienta por instintos diferentes. O tipo de pessoa que, por milênios, levou os seres humanos a sair de casa, a ultrapassar limites e a construir algo. Durante a maior parte da história, chamamos esse tipo de pessoa de explorador. Contudo, no século XXI, em que não há mais fronteiras físicas abertas à exploração, mas, sim, fronteiras tecnológicas, sociais, intelectuais e econômicas, demos a essa pessoa um novo nome: *empreendedor.*

O empreendedor é alguém que segue por conta própria, decidido a cruzar essas fronteiras do progresso, ciente dos riscos e das recompensas de fazer isso sozinho. Ele é motivado por descobrir o que pode ser encontrado. Ouve o chamado para fazer algo com o que encontra – algo novo, melhor, mais rápido, mais eficiente – e disponibilizá-lo ao mundo de uma forma que possa beneficiar a todos. Pode ser um produto, um serviço ou uma ideia que leve a outra exploração, de outra natureza, reiniciando o ciclo.

Não importa. O que importa é que qualquer um pode ser um empreendedor. Os empreendedores não são escolhidos, eles são feitos. Eles mesmos se fazem. Você pode ser um empreendedor. Talvez já seja um. Talvez você já tenha ouvido o chamado de uma ideia que o empolga. De um problema que precisa de uma solução. De um amigo que precisa de uma ajuda que só você pode dar. De todo modo, o que se segue é uma série de ideias para você levar em conta enquanto se prepara para cruzar o abismo em direção ao empreendedorismo e adentrar um território verdadeiramente desconhecido.

1

MANTENHA-SE SEMPRE ABERTO A IDEIAS

As pessoas abrem empresas por todo tipo de razão. Para realizar um sonho, para resolver um problema ou para preencher uma lacuna no mercado. Algumas pessoas querem melhorar algo que lhes parece obsoleto e outras querem reinventar um setor inteiro. Existem literalmente dezenas de entradas para a jornada empreendedora. No entanto, independentemente de sua escolha, em algum momento você vai precisar de uma ideia. Algo específico. Algo concreto, único e original. Uma ideia que torne a vida melhor ou mais interessante e que justifique o desejo de abrir um negócio.

Parece simples, não é? Afinal, não faltam ideias no mundo. Ou pelo menos é nisso que muitos de nós somos levados a acreditar: que as ideias são fáceis e abundantes. Que o que importa é a *execução*. E é verdade... até certo ponto. Só não é completamente verdade porque não é fácil ter uma *boa* ideia. É difícil encontrar boas ideias e é difícil acertar. Mas, uma vez que você encontra uma boa ideia, também se torna muito difícil dar as costas a ela. É isso que faz com que as boas ideias sejam tão intimidadoras. Não que você nunca vá encontrar uma; um dia, você encontrará e, quando acontecer, é bem possível que sua vida nunca mais seja a mesma.

Então, onde você encontra uma dessas boas ideias? Onde você deve procurar? Você *pode* procurar? Ou você acha que precisa esperar uma voz angelical sussurrar em seu ouvido e uma lâmpada acender sobre sua cabeça? Algumas pessoas são sortudas e têm essa epifania cedo na vida. Elas têm uma ideia do nada e começam a fazer algo a respeito imediatamente. Mas, para a maioria de nós, a coisa não é tão simples assim. Precisamos sair em busca de uma boa ideia ou pelo menos estar abertos a ela.

É uma das eternas questões do empreendedorismo: você realmente pode encontrar uma boa ideia ou é ela que precisa encontrar você? A resposta é a mesma para as duas opções: sim.

O chef e restaurateur José Andrés me disse que as ideias acontecem "quando você está ativamente em movimento e buscando". Quando perguntei como ele teve a ideia de seu primeiro conceito de restaurante no início dos anos 1990 – um restaurante de porções pequenas chamado Jaleo que revolucionou Washington e em pouco tempo ocasionou o lançamento milhares de concorrentes por todo o país –, sua resposta foi simples: "Eu estava procurando!".

Lisa Price, por outro lado, não estava realmente procurando a ideia que se tornaria a Carol's Daughter, sua marca de cosméticos que a gigante de maquiagem e cuidados pessoais L'Oréal acabaria comprando por mais de 50 milhões de dólares em 2014.[1]

"Achei que havia encontrado a carreira que seguiria pelo resto da minha vida", Lisa me disse. Formada no ensino médio pela Music & Art, em Nova York, ela estava com cerca de 25 anos e tinha passado por uma série de empregos em escritórios pouco gratificantes – primeiro, na American Express, depois, nas Nações Unidas, e então na área da saúde – e uma breve e emocionalmente devastadora tentativa de ser uma cantora no meio-tempo. Ela morava com o futuro marido em um apartamento de um quarto no Brooklyn quando, no fim dos anos 1980, por intermédio de uma amiga, encontrou o que pensou ser o emprego dos sonhos: assistente de redação do *The Cosby Show*.

Isso, é claro, foi muito antes do trágico drama em torno da estrela homônima do programa, que mudou a forma como pensamos em tudo o que Bill Cosby criou. Na época, o *The Cosby Show* era a sitcom mais popular da televisão e, para os afro-americanos, um dos programas de TV mais importantes já produzidos.

"Foi uma experiência pessoal incrível, pelo fato de eu ser uma mulher afro-americana, e entrar na produção daquele programa foi muito importante para mim e para a minha família", Lisa me disse. "Ver afro-americanos retratados de um jeito tão positivo... estar na cozinha dos Huxtable na primeira vez em que vi o elenco ler o roteiro ao redor da mesa... eu estava simplesmente nas nuvens."

Nos anos seguintes, ela poderia ter conseguido vários empregos em produção televisiva: supervisora de roteiro, coordenadora de produção, produtora. "E foi o que eu achei que faria", ela se lembrou.

Então, um dia, Lisa leu um artigo sobre um dos maiores – e aparentemente mais cheirosos – músicos de todos os tempos. "Sou uma grande fã do Prince", Lisa disse. "E o artigo citava que ele sempre estava com um cheiro muito bom. E a razão para isso era que ele mantinha uma variedade de fragrâncias em sua cômoda. Ele usava Chanel número 5 nas botas."

Lisa adora fragrâncias. Sempre adorou. Mas seu fascínio nunca tinha ido muito além da apreciação da perspectiva de uma consumidora. Prince a fez se dar conta de que a fragrância era muito mais do que um acessório. Era uma forma de expressão criativa. *Uma arte.*

"Eu caí de amores pela ideia de fazer uma mistura de fragrâncias e criar aromas únicos", ela disse, refletindo não apenas sobre um interesse que ela compartilhava com Prince (o que obviamente era muito legal), mas também sobre o momento em que realmente o projeto foi posto em movimento por ela.

Lisa passou os anos seguintes lendo e pesquisando os diferentes tipos de notas olfativas em perfumes – notas de cabeça, notas de coração, notas de base – e o modo de combiná-los. Ela aprendeu a arte da aplicação. "Para fazer a fragrância durar no corpo, você precisa aplicá-la em camadas", ela me explicou casualmente durante nossa conversa, como tenho certeza de que explicou para milhares de pessoas antes de mim. "Você se lava com ele, se hidrata com ele e, depois, se borrifa com ele." No começo, ela tentou misturar loções de farmácia com diversas fragrâncias de sua coleção para criar seu próprio hidratante perfumado, mas esse experimento foi um fracasso. "Eles não eram equilibrados do ponto de vista químico, e os elementos acabavam se separando", ela contou. Até que, vasculhando as prateleiras de uma livraria *new age* com o marido em um domingo à tarde em Park Slope, no Brooklyn, ela encontrou um livro sobre óleos essenciais que também continha receitas para preparar coisas como óleo de massagem, óleo de cabelo, cremes, bálsamos e manteigas. Todas as coisas das quais ela gostava.

"Pensei: 'Que legal! Agora, eu posso fazer minhas próprias loções!'", Lisa conta. "As receitas eram básicas, e eu usava ingredientes como parafina e lanolina, dos quais eu não gostava muito. Eu pretendia usar cera de abelha e manteiga de cacau. Então, utilizei as receitas do livro como um ponto de partida e comecei a fazer minhas próprias combinações. Se alguma substância ficasse muito líquida, espessa, oleosa demais ou muito dura, eu começava tudo de novo e ajustava a receita."

No início dos anos 1990, Lisa já havia acertado suas fórmulas: loções e cremes para o corpo com a textura e o resultado que ela almejava. Produtos que ela realmente gostaria de usar. Presumi que aquelas primeiras loções tinham marcado o nascimento do império da Carol's Daughter. Mas não foi bem assim. Nos primeiros anos, Lisa não colocou nenhum de seus produtos para vender. Ela produzia tudo apenas para uso pessoal. Suas criações eram feitas com fragrâncias das quais *ela* gostava, com ingredientes como babosa e manteiga de cacau, os quais *ela* preferia e atendiam às necessidades específicas da pele *dela*. Afinal, aquilo era só um hobby. *Era só para ela se divertir.* Ela não estava tentando agradar ninguém. Fazia aquilo porque gostava. Por que não criar cremes e loções de acordo com suas preferências? Além disso, ela não produzia essas coisas para fugir da vida que tinha ou para ter uma vida diferente. Ela estava muito feliz em sua carreira.

"Eu estava nas alturas. Estava tudo indo às mil maravilhas", Lisa disse. "E acho que, porque eu estava tão feliz com o meu trabalho, quando não estava trabalhando, eu não tinha aquele sentimento desesperador que as pessoas têm quando pensam: 'Até que enfim eu não estou no trabalho! Agora, eu só quero relaxar e não fazer nada!'. Então, eu era muito criativa quando estava de folga."

A satisfação de fazer experimentos e ampliar os limites criativos fez com que Lisa permanecesse no *The Cosby Show* até o fim do programa, que parou de ser transmitido em 1992. Ela passou o ano seguinte como assistente de produção *freelance*, pulando de um programa a outro até o verão, quando a produção televisiva em Nova York costuma desacelerar e o trabalho fica escasso. Foi quando a mãe de Lisa, Carol, sugeriu que ela tentasse vender suas loções e os cremes no bazar da igreja.

Era maio de 1993, e Lisa achou que seria bom ganhar algum dinheiro e ajudar mais nas despesas da casa durante a calmaria do verão. Mas ela ainda não confiava muito no próprio taco: "Eu disse: 'É sério, mãe? Você acha mesmo que alguém pagaria por isso?'". Hoje, sabemos a resposta para essa pergunta e, olhando para trás, parece estranho alguém duvidar disso. Mas, naquele momento, a apreensão de Lisa foi uma reação totalmente razoável para alguém que, pela primeira vez, estava começando a pensar em sua criação pessoal como um produto a ser comercializado para outras pessoas. *Como uma ideia de negócio.*

Desse modo, pelo menos no que diz respeito às histórias empreendedoras, Lisa Price é uma pessoa comum, como você e eu. Ela tinha tamanha paixão pelo que fazia, era uma atividade tão gratificante, que nunca lhe ocorreu levar sua ideia ao próximo nível: vendê-la ou transformá-la em um negócio. Era muito estranho para ela, como ilustra sua resposta à mãe, pensar que alguém poderia se interessar em comprar seus produtos.

Ouvi inúmeras variações dessa história contadas por vários empreendedores. Eu mesmo vivi isso quando, em resposta à popularidade crescente do podcast, decidimos sair em uma turnê com o programa e fazer entrevistas ao vivo em cinemas e teatros. Digo, passei a maior parte da minha carreira chegando ao público como uma voz sem corpo através de alto-falantes do rádio do carro ou de fones de ouvido. Eu achava que ninguém iria querer me *ver*. No começo, eu passava semanas, até meses, antes de cada um desses eventos, preocupado, achando que ninguém se daria ao trabalho de sair de casa para ir ver duas pessoas conversando em um palco. Eu me perguntava em voz alta para quem quisesse ouvir, assim como Lisa Price fez com sua mãe, se alguém estaria disposto a pagar por isso. E não apenas os 50 dólares do ingresso, mas também o custo da babá, do estacionamento e de todas as outras coisas envolvidas em sair de casa à noite para ir ao teatro.

Por sorte, esgotamos quase todos os ingressos para os primeiros podcasts ao vivo, e, sempre que isso acontecia, eu ficava em choque. Porque, se você não está procurando uma boa ideia de negócio, simplesmente não parece real quando uma ideia encontra *você*, mesmo que a prova esteja bem debaixo do seu nariz. E, como aprendi em minha conversa com Lisa, isso ocorre especialmente quando a ideia envolve um produto de consumo. Afinal, produtos são coisas nas prateleiras das lojas, com etiquetas, códigos de barra e preços que terminam em ",99". Em 1993, Lisa fazia loções na cozinha de sua casa e as armazenava em potes de Tupperware que tinha no armário. Ela nem tinha *nomes* para elas – suas loções eram o que eram e ponto final. E, se topasse a ideia maluca de sua mãe de montar uma mesa no bazar da igreja, quais recipientes ela usaria para vender seus produtos?

É claro que nada disso era realmente importante. Essas questões seriam fáceis de resolver com um pouco de tempo e engenhosidade (por exemplo, ela usou potes de papinha de bebê no começo). O que realmente importava era algo que sua mãe, Carol, constatou e que Lisa nunca tinha parado para pensar: *seus cremes e loções eram muito bons*. E Carol tinha como saber. Lisa fez uma série de loções especificamente para a mãe e para os irmãos mais novos; todas produziram excelentes resultados. A pele de Carol nunca ficara tão bonita, e a pele seca e irritada de seus filhos nunca estivera melhor. As loções até podiam ter começado como um hobby para dar a Lisa uma chance de usar sua criatividade, mas logo serviram a um propósito maior. Elas resolviam problemas reais: dela, da mãe e dos irmãos. Os clientes, se eles realmente existissem como Carol acreditava, também se beneficiariam dos produtos.

E esse é o fator crucial para encontrar uma ideia, independentemente de você estar ativamente em busca de uma ou simplesmente aberto à possibilidade. Não importa o tipo de negócio que você esteja pensando em abrir – seja um produto ou um serviço, seja sua atividade secundária ou principal, seja para homens ou mulheres, crianças ou adultos –, é na interseção entre paixão pessoal e solução de problemas que as boas ideias nascem e as empresas duradouras são construídas.

Confiando na intuição da mãe, Lisa investiu 100 dólares em materiais, no aluguel de uma mesa e em flores para decoração, e colocou seus produtos à venda pela primeira vez. E adivinhe o que aconteceu. Ela vendeu tudo. E, assim como o processo criativo de Lisa até aquele ponto, vender os produtos no bazar da igreja também foi uma diversão. Ainda não era um negócio.

Então, em agosto daquele ano, uma revelação – possivelmente predestinada – apareceu na tela da TV de Lisa. Vou deixá-la descrever, porque é bom demais para não compartilhar na íntegra.

"Eu estava vendo um episódio do programa da Oprah, e ela estava conversando com pessoas que tinham aberto um negócio com pouco ou nenhum dinheiro quando uma pessoa disse: 'Bom, é importante ter paixão pela coisa. Sem paixão, você vai desistir antes de ganhar dinheiro!'. E me lembro de ter pensado 'Acho que eu posso dizer que sim, eu sou apaixonada pelas minhas loções. Eu amo fazer isso!'. E outra pessoa disse que definiria paixão assim: 'Se acordasse no meio da noite, você se levantaria da cama para fazer isso?'. Eu sinceramente pude responder que sim a essa pergunta. E me lembro de me sentar na beira da minha cama e dizer 'Espere aí. Talvez isso possa ser um negócio!'. Foi nesse dia que eu percebi que não precisava ser apenas um hobby. Que poderia ser mais."

Na verdade, muito mais.

Com o verão chegando ao fim e animada com seu sucesso no bazar da igreja, Lisa começou a vender seus produtos em feiras de rua, festivais de artes e artesanato e outros bazares por toda a cidade de Nova York. Mas não foi a pura ambição empreendedora que levou à expansão de seu negócio. Foram as duas principais formas de crescimento orgânico: clientes recorrentes e boca a boca. Ou, em outras palavras, foi a paixão de Lisa voltando na forma de demanda do consumidor.

"As pessoas me ligavam dizendo: 'Oi, comprei um pote de creme em tal feira de rua e está acabando. Como posso comprar mais?'. E eu consultava a minha agenda e, se visse que estaria em casa no sábado, dizia: 'Bom, eu trabalho durante a semana, mas, se você quiser, pode passar no meu apartamento no sábado. A que horas você gostaria de dar uma passada aqui?'"

E, quando as pessoas iam ao apartamento dela, quase nunca iam sozinhas.

"Meu marido apelidou isso de 'rede de irmãs'. Alguém sempre trazia uma amiga junto. E quem levasse uma amiga ganhava um brinde ou um desconto", Lisa conta a respeito do crescimento inicial da Carol's Daughter. "Eu fazia o que podia para satisfazer as minhas clientes."

É neste ponto que muitos aspirantes a empreendedor tropeçam ao pensar em ideias para suas startups. Eles se esquecem de despertar esse tipo de paixão em seus clientes e acabam usando apenas a própria paixão para se orientar. É importante ter paixão – você nunca vai me ouvir dizer o contrário –, mas o problema de seguir a paixão às cegas é que ela pode levá-lo a se concentrar em coisas que só interessam a você ou em problemas que só você tem.

Basta assistir a alguns episódios do imensamente popular game show de negócios *Shark Tank* para ver esse fenômeno acontecendo em tempo real. Alguns participantes que cometeram esse erro queriam abrir startups como, por exemplo, o serviço de concierge funerário chamado Good Grief Celebrations, a empresa de bonecos personalizados chamada The

Bobble Place, a fábrica que produzia um travesseiro de bronzeamento e massagem chamado Podillow, a dos produtores de uma bebida energética para mulheres chamada Cougar Limited, um serviço de chapelaria com sistema digital chamado CoatChex e talvez a ideia mais diametralmente oposta aos produtos perfumados de cuidados com a pele de Lisa Price, o No Fly Cone, uma armadilha que usava cocô de cachorro como isca para pegar moscas de forma eficaz e não tóxica.

Um dos juízes, Daymond John (que conheceremos mais adiante, no capítulo 3), identificou imediatamente o maior problema daquela ideia em particular. "Quer dizer que o cachorro precisa fazer cocô no quintal, você coloca a armadilha sobre o cocô e isso atrai as moscas? Mas não seria melhor tirar o cocô do quintal? Quero dizer, você meio que cria o problema deixando o cocô no quintal, não é?"

O inventor do produto, um adestrador de cavalos do Colorado chamado Bruce Gaither, que estava cansado de lidar com mutucas o dia inteiro, deu uma resposta apaixonada à pergunta, mas nenhum dos juízes se convenceu com a explicação. A paixão pela ideia pode ter tirado Bruce da cama todo dia de manhã e, sem dúvida, o ajudou a persistir sempre que sentiu que poderia desistir, mas ele nunca venderia seu produto nem daria lucro a algum investidor porque nenhum cliente pagaria só por uma paixão. *Os clientes pagam por coisas que podem usar.*

No mesmo mês em que o episódio do *Shark Tank* com Bruce Gaither foi ao ar, Paul Graham, cofundador da aceleradora de startups Y Combinator e uma espécie de Confúcio do empreendedorismo, escreveu um longo artigo intitulado "Como ter ideias para startups" em seu blog. O texto começa com uma discussão sobre problemas e dá a impressão de que Graham tinha acabado de ver Bruce em *Shark Tank* e escreveu o artigo inspirado nele.

"A melhor maneira de ter ideias para startups é não tentar pensar em ideias para startups", Graham escreveu. "É procurar problemas; de preferência, problemas que você mesmo tem... Parece desnecessário dizer que você só deve tentar resolver problemas que existem. Mas, de longe, o erro mais comum que as startups cometem é resolver problemas que ninguém tem."[2]

Pelo que sei, muitas pessoas cometem esse erro porque procurar problemas —*procurar ideias*— tende a levar tempo, às vezes uma boa dose de sorte, e sempre dá muito trabalho. Se você não usar a inteligência em sua busca, ou pelo menos não se mantiver aberto às possibilidades e perspectivas ao seu redor, será muito mais difícil encontrar algo que funcione.

Bruce Gaither encontrou um problema que deveria ser resolvido – ele acertou essa parte –, só que não era um problema que um número suficiente de pessoas tinha. Era, em muitos aspectos, uma solução em busca de um problema, ou, como diria Daymond John, uma solução que exigia que Bruce criasse o problema que estava tentando resolver.

Lisa Price, por outro lado, foi receptiva à sugestão de sua mãe, ouviu o conselho daquele episódio do programa da Oprah e, durante o processo, conseguiu resolver problemas que não eram apenas dela, mas também de milhões de mulheres afro-americanas e de outras pessoas não brancas, ainda que não fosse essa a sua intenção original.

"Eu não comecei dizendo que o produto era para mulheres afro-americanas. Eu dizia que era para pele seca e que, se a pessoa tem mais melanina na pele, a pele ressecada se destaca mais. A pele fica sem vida. Fica um pouco cinza. A pessoa fica literalmente acinzentada. E não dá para fugir disso. Acho que foi assim que acabei atingindo um público de pele mais escura, porque as pessoas que compõem esse grupo encontraram um produto que resolvia esse problema."

Existe um nome para uma pessoa que cria algo puramente por paixão: *amador*. Existe um nome para uma pessoa que cria algo por paixão e que resolve um problema que só ela tem: *cientista maluco*. Existe um nome para uma pessoa que cria algo por paixão e que resolve um problema que ela e muitas outras pessoas têm: *empreendedor*.

Em diferentes momentos, Lisa Price foi essas três pessoas diferentes. Prince a transformou em uma amadora apaixonada. Fazer experimentos com ingredientes para resolver seu problema de pele seca fez dela uma cientista maluca inveterada. Quando combinou sua paixão amadora com seu talento de cientista maluca para resolver problemas e depois aplicou isso às necessidades das mulheres do Brooklyn e de Nova York como um todo, ela acabou tendo uma excelente ideia. O que construiu foi um negócio espetacular. O que ela se tornou foi... uma empreendedora.

No entanto, as loções de Lisa também tinham uma camada adicional de genialidade. Não só resolveram o problema de pele seca para mulheres negras como também criaram um mercado completamente novo que Lisa poderia dominar. "Não era algo que alguém via em uma farmácia e dizia 'Ah, veja só isso. Isso é fantástico!'", ela se lembra. "Você não encontrava meus produtos nas prateleiras de uma farmácia. Sem dúvida, havia toda uma comunidade que não estava sendo atendida."

Agora, porém, as necessidades dessa comunidade poderiam ser satisfeitas. Uma comunidade que não parava de crescer em tamanho e poder aquisitivo e que acabaria por exigir mais e melhores opções também em outras áreas; incluindo marcas de cuidados com a pele como a Bevel, criada para *homens* não brancos pela Walker & Company,* fundada em 2013, apenas um ano antes da aquisição da Carol's Daughter pela L'Oréal. São vinte anos de crescimento constante em um segmento de mercado que foi sistematicamente ignorado por gerações.

O romancista francês Victor Hugo escreveu em 1862: "Resiste-se à invasão de exércitos; não se resiste à invasão de ideias". Lisa Price, aberta à inspiração em todas as frentes, identificou essa nova ideia antes de qualquer outra pessoa. Ela acolheu essa ideia e tomou a decisão de canalizar seu poder e liderar a investida em um novo mercado, tudo de frente.

---

* Conheceremos Tristan Walker, o fundador da Walker & Company, no capítulo 15.

2

É PERIGOSO OU SÓ ASSUSTADOR?

Por que costumamos ter tanta dificuldade para diferenciar coisas que nos aterrorizam de coisas que representam um verdadeiro perigo? Temos medo de viajar de avião, mas não vemos problema algum em dirigir em uma rodovia a 140 quilômetros por hora, ainda que se estime que há *oitenta e seis* vezes mais probabilidade de morrer em um acidente de carro do que em um acidente de avião – as chances de morrer em um acidente de avião são de aproximadamente uma em 10 mil,[3] o que é três vezes menos chances do que se engasgar com comida. Temos medo de deixar nossos filhos entrar no mar por causa dos tubarões, mas permitimos que eles tomem banho de banheira, apesar de morrer uma pessoa por dia em uma banheira nos Estados Unidos[4] e os tubarões só matarem uma pessoa por ano, em média.

"As banheiras deveriam ser 365 vezes mais assustadoras do que os tubarões, mas é o contrário. Não temos a 'Semana da Banheira' no Discovery Channel", escreveu o brilhante escritor e estudioso James Fallows em um artigo de 2014 para o *The Atlantic* sobre a diferença entre perigo e medo.[5] A razão para isso é bastante simples: baixamos nossa guarda com as coisas que nos são mais familiares.

Quantas vezes você dirigiu na estrada neste ano? E quantas vezes viajou de avião? Quantos banhos você tomou na sua vida? E quantos tubarões você já encontrou no mar? O número de encontros com tubarões é tão minúsculo em comparação que essa raridade os transforma em mistérios que, por sua vez, se transformam em incerteza na nossa mente. E a maioria de nós não gosta do incerto. Nós nos preocupamos. Preenchemos a lacuna do nosso conhecimento pensando no pior cenário possível. Temos medo. Ficamos aterrorizados. E nos recusamos a colocar o pé na água.

Muitos empreendedores iniciantes se veem nessa posição quando pensam em deixar a relativa segurança de um emprego estável para abrir um negócio. Eles são forçados a encarar a lacuna de familiaridade entre o salário caindo na conta todo mês e só fazer o que o chefe mandar, por um lado, e ser seu próprio chefe sem nenhuma garantia, por outro. Para alguns, essa lacuna pode parecer um verdadeiro abismo. E cruzá-lo parece ser a coisa mais assustadora e idiota que alguém poderia pensar em fazer.

Em 1984, Jim Koch, o criador da cerveja Sam Adams, estava diante do abismo. Era primavera. Era o início da temporada de beisebol em Boston, e as coisas pareciam estar começando a melhorar nos Estados Unidos. Ronald Reagan estava se preparando para o que seria uma reeleição esmagadora para a presidência, a economia finalmente se recuperava depois de anos em recessão, a equipe olímpica dos Estados Unidos estava prestes a ganhar um número recorde de medalhas nos Jogos Olímpicos de Verão em Los Angeles, e Jim estava em seu sexto ano como consultor de gestão do Boston Consulting Group (BCG), já ganhando 250 mil dólares por ano (o que equivaleria em 2020 a mais de 600 mil dólares) antes de seu 35º aniversário.

Tudo indicava que Jim Koch havia chegado ao topo. Seus pés estavam plantados na terra firme do mundo da consultoria de negócios. "Nós viajávamos de primeira classe. Prestávamos consultoria para diretores executivos. Todo mundo nos tratava muito bem", Jim se recorda. Foi uma época interessante e inebriante no BCG. A empresa tinha acabado de se tornar totalmente propriedade dos funcionários, incluindo um plano de participação acionária para os empregados, o que abriu caminho para consultores como Jim enriquecerem. Ao mesmo tempo, ele já havia trabalhado com um quarteto de futuras celebridades: um jovem Mitt Romney; um Benjamin Netanyahu de trinta e poucos anos; o futuro lendário professor de administração e autor Clayton Christensen, cuja obra seminal, *O dilema da inovação*, ajudou a moldar o empreendedorismo do século XXI; e o futuro bilionário de fundos de cobertura John Paulson, que faria fortuna praticamente da noite para o dia apostando contra o mercado de empréstimos subprime comprando *swaps* de crédito cerca de 25 anos depois. Jim Koch também estava longe de se perder em meio à multidão. Ele tem três diplomas pela Harvard (bacharelado, pós-graduação em direito e MBA) e, para qualquer pessoa que estivesse prestando atenção – incluindo o fundador do BCG, seu atual CEO e o homem que seria o próximo da fila –, o céu era o limite para esse jovem de Cincinnati.

"Foi um emprego muito bom por um tempo", disse Jim com o comedimento que lhe é característico.

Por um tempo? Com o salário de Jim e com as opções de compra de ações ainda à sua frente, ele estava se aproximando do território de "comprar uma casa para os pais e abrir uma fundação". O que mais alguém poderia querer de um emprego? Bem, Jim Koch não queria mais; ele queria algo diferente. Quando entrou no BCG, Jim era pago para aprender a criar estratégias de negócios, desenvolver categorias de produtos, resolver questões organizacionais e outros problemas empresariais. Entretanto, quando subiu para a gestão, seu trabalho ficou... como dizer?... chato. Ele passou a vender os serviços do BCG em vez de mergulhar nos problemas e encontrar soluções. "Parei de aprender", ele disse. "E aí eu tive uma epifania. Eu me perguntei: 'Será que eu quero mesmo passar o resto da minha vida fazendo isso?'. A resposta foi não. E minha conclusão foi: 'Bom, se eu não quero fazer isso pelo resto da minha vida, acho que não quero fazer isso amanhã'."

Foi uma virada bastante abrupta para alguém que tinha três diplomas pela Harvard e todas as razões do mundo para se proteger na segurança e no conforto de seu emprego. Mas alguma coisa precisava mudar. "Eu sabia que não queria mais trabalhar no mundo corporativo", ele disse. Foi aí que ele começou a pensar em largar o emprego. Então, não muito diferente do que aconteceu com Lisa Price, um artigo com um timing perfeito, dessa vez, na revista *Inc.*, sobre uma pequena porém bem-sucedida cervejaria artesanal em São Francisco chamada Anchor Brewery, despertou algo em Jim e se transformou em uma ideia: uma nova cerveja artesanal.

Como qualquer bom consultor, Jim fez uma pesquisa sobre a situação da indústria cervejeira e, assim que decidiu que era isso que desejava fazer, foi visitar o pai e lhe falar sobre o plano de abrir uma cervejaria. A reação do pai foi categórica: "Ele me olhou e disse: 'Jim, você fez algumas grandes burrices na sua vida. Essa é a maior delas!'". E o pai de Jim sabia do que estava falando, porque cerveja era o negócio da família Koch.

O pai de Jim Koch era um mestre cervejeiro de quinta geração. Cinco gerações de primogênitos da família Koch foram cervejeiros. Jim seria o sexto – caso seu pai não conseguisse dissuadi-lo. E ele tinha muitas razões para tentar. Quando o pai de Jim saiu da escola de mestres cervejeiros em 1948, havia mil cervejarias espalhadas pelos Estados Unidos. Em 1984, esse número tinha despencado para *cinquenta*. Nesse meio-tempo, seu pai foi forçado a se mudar com a família de uma cidade para outra à medida que as cervejarias foram fechando, antes de, por fim, sair totalmente da indústria cervejeira.

"Meu pai me disse que aquela era uma forma terrível de ganhar a vida", Jim contou. "A última coisa que ele queria que eu fizesse era fabricar cerveja." Jim era casado e tinha dois filhos pequenos. Estava ganhando bem. Isso era inegável. Para que sair do emprego nesse momento, quando tudo estava dando certo e só podia melhorar? Era arriscado demais. Assustador demais.

Mas era mesmo?

No que se referia a medo e risco, essa não seria a primeira vez que Jim daria um grande virada, se afastando do caminho seguro e conhecido. Com seus vinte e poucos anos, enquanto fazia uma pós-graduação em Direito e MBA ao mesmo tempo, ele largou a Harvard para se tornar um instrutor da Outward Bound, uma ONG dedicada a ensinar por meio de experiências ao ar livre. "Eu não queria tomar decisões que me prenderiam pelo resto da minha vida enquanto ainda tinha outras possibilidades a trilhar", ele explicou. "Também percebi que há algumas coisas que você pode fazer aos vinte anos e que, se perder a chance, nunca mais vai poder fazer."

Jim passou os três anos e meio seguintes ao ar livre, fazendo escalada, andando de caiaque, mochilando, vivendo uma vida de aventuras que deve ter deixado seus pais morrendo de preocupação. Mas, com essa experiência, ele aprendeu que "você não precisa de muito para viver se curtir o que está fazendo". Ele também aprendeu que nada é permanente e que sempre é possível voltar caso você decida ir por um caminho diferente e dê de cara com a parede. Foi uma experiência que mudou a vida de Jim. E o levou à decisão, cerca de dez anos depois, de ignorar o conselho do pai, largar o emprego no Boston Consulting Group e criar a cerveja Sam Adams e a cervejaria que se tornaria a Boston Beer Company.

Qualquer pessoa que tenha uma pitada que seja de aversão ao risco, inclusive eu, pensaria que foi uma péssima decisão. Pense no velho provérbio "mais vale um pássaro na mão do que dois voando". Só que o pássaro que Jim tinha na mão não era um pássaro qualquer. Era uma galinha dos ovos de ouro. Dava dinheiro, poder e influência. E ele deixaria isso tudo sair voando? Para fazer cerveja? Para trabalhar no mesmo ramo que o pai e o avô? Sabendo que os pais se sacrificaram tanto para que ele pudesse ter uma vida melhor? Para Jim, no entanto, aquela galinha dos ovos de ouro se parecia mais com algemas de ouro. O risco não estava na decisão de sair do BCG, mas em ficar.

2 É perigoso ou só assustador? • 17

"É a diferença entre coisas que são assustadoras e coisas que são perigosas. Há muitas coisas que são assustadoras, mas não são perigosas. E há coisas que são perigosas, mas não são assustadoras. A armadilha está nestas últimas coisas", disse Jim, a título de explicação. Eu entendi, pelo menos na teoria, o que ele estava dizendo, mas ele esclareceu por meio de uma analogia com a escalada de seus dias na Outward Bound.

"Uma das coisas que ensinávamos as pessoas a fazer era descer um penhasco de rapel. É uma coisa muito assustadora, mas a corda consegue suportar o peso de um carro. Então, descer de um penhasco de costas é assustador, mas não é perigoso. Por outro lado, andar na neve em um ângulo de trinta e cinco graus numa bela tarde de primavera sob um céu azul e um sol brilhante não é nada assustador, mas é muito perigoso, porque a neve está derretendo; mais cedo ou mais tarde, ela vai encontrar uma camada de gelo, a água vai lubrificar esse gelo e você vai ter uma avalanche. É perigoso, mas não é assustador."

Jim estava descrevendo para mim exatamente o mesmo tipo de cenário comparativo que James Fallows descreveu para seus leitores alguns anos antes. Todo mundo, em algum momento, já saiu para passear em meio à natureza quando o tempo está bom. É claro que é seguro! Mas quantas pessoas já desceram um penhasco de rapel? E quantas pessoas fizeram isso mais de uma vez? A coisa parece ter tudo para ser perigosa. Do mesmo modo que nadar no mar, onde, como no rapel, você não consegue ver o que tem no fundo. Só que Jim Koch não precisava ver o fundo para saber o que havia lá, e ele não tinha nem um pouco de medo de chegar ao fundo.

"Na minha situação", ele disse, "ficar no BCG era perigoso, mas não assustador. O perigo estava em continuar fazendo algo que não me fazia feliz, chegar aos 65 anos, olhar para trás e pensar 'Caramba! O que foi que eu fiz com a minha vida?'."

Fracassar é assustador. Desperdiçar a vida é perigoso.

A grande ironia, é claro, é que a história do empreendedorismo moderno está repleta de outras histórias de fundadores cujo sucesso celebramos hoje, mas cujos entes queridos se preocuparam no início com a mesma coisa com a qual Jim se preocupou – que eles desperdiçariam sua vida –, mas só caso eles *realmente* dessem esse salto para concretizar suas ideias.

Quando Steve Jobs e Bill Gates largaram a faculdade em 1972 e 1975, respectivamente, para fundar a Apple e a Microsoft, pode ter certeza de que os pais deles não comemoraram nem dormiram tranquilos naqueles primeiros anos, e o mesmo deve ter acontecido com os pais de Mark Zuckerberg uma geração depois, quando ele largou a faculdade para abrir o Facebook. Ou com os pais de Evan Williams, quando ele abandonou seus estudos na Universidade de Nebraska depois de um ano e meio para trabalhar no emergente setor de startups de tecnologia antes de finalmente fundar o Blogger, o Twitter e, depois, o Medium.

Abandonar uma carreira estável e bem remunerada ou largar uma faculdade de prestígio nunca foi algo que alguém costumava fazer se quisesse ter sucesso na vida, mesmo se tivesse uma ideia com o potencial de mudar o mundo. Apesar de muitas histórias de sucesso que provam o contrário e de uma longa lista de bilionários que nunca chegaram a se formar, essa ideia é tão viável hoje quanto era em 1984. E não apenas para Jim Koch, mas também para um calouro de 18 anos da Universidade do Texas chamado Michael Dell, que tinha acabado de ouvir um sermão muito mais duro do que aquele que Jim ouviria de seu pai.

Da mesma forma como Jim veio de uma longa linhagem de cervejeiros, Michael veio de uma longa linhagem de médicos. "Eu estava fazendo medicina", Michael me contou, "e parte disso foi resultado da criação que meus pais me deram, porque meu pai era médico, meu irmão mais velho era médico, muitos dos meus primos eram médicos e eu cresci achando que seria médico".

Só que Michael havia descoberto os computadores alguns anos antes, no ensino médio, e tinha se apaixonado por eles. Ele comprou seu primeiro computador, um Apple II, quando tinha 15 anos, e desmontou tudo para ver como funcionava. Michael era uma *daquelas* crianças. Depois, como um calouro de medicina, ele começou a fazer upgrade de computadores em seu quarto no dormitório da universidade. "Eu me divertia, e era um jeito de ganhar um dinheirinho", ele disse. "Eu comprava computadores novos, fazia upgrades e revendia. Eu colocava mais memória e instalava discos rígidos nas máquinas."

Hoje em dia, nem paramos muito para pensar em memória e no poder da computação. As empresas dão, de brinde, em conferências, *drives* de 2 gigabytes como se fossem balas de menta. No entanto, no fim de 1983 e início de 1984, quando Michael Dell era um calouro, máquinas como os microcomputadores originais da IBM sequer tinham unidades de disco rígido.

"Então, o que eu fazia era um sistema de unidade de disco rígido que dava para instalar dentro de um computador da IBM e, em vez de duas unidades de disquete de 160 K ou 320 K, a máquina teria um disco rígido de 10 megabytes, o que naquela época era incrível."

Era tão incrível que Michael logo encontrou clientes em outras universidades da região e em escritórios de advocacia, consultórios médicos, empresas de arquitetura e em outras profissões abastadas que requeriam o uso intensivo de tecnologia. ("Poucos estudantes compravam computadores na época, e a maioria dos estudantes que eu conhecia não tinha muito interesse", Michael contou.) Ele estava até entrando em licitações para governos estaduais, e, considerando sua idade na época, era algo incrivelmente precoce. Em pouco tempo, ele começou a ganhar algo entre 50 mil dólares e 80 mil dólares por mês com as vendas. Era quase um negócio de um milhão de dólares. E tudo isso em um quarto de dormitório da faculdade. *Em 1983.*

Parece um excelente negócio, não é mesmo? Bem, mas pelo menos duas pessoas teriam discordado: a mãe e o pai de Michael. Ele sabia disso, e foi por isso que nunca contou aos pais o que estava fazendo nem quanto dinheiro ganhava. Eles só ficaram sabendo quando ele teve de explicar por que havia tirado notas tão baixas naquele primeiro semestre.

"Eles ficaram furiosos e disseram 'Você tem que parar com isso e se concentrar nos estudos!'. E também disseram: 'Você precisa rever suas prioridades. O que você acha que está fazendo com a sua vida?'. Esse tipo de coisa", Michael contou. Justiça seja feita, Michael até que tentou. Ele tentou fazer o que os pais mandaram.

Durou uns dez dias.

"Acabei me dando conta de que aquilo era mais do que um hobby ou um bom jeito de ganhar um dinheirinho extra enquanto eu fazia faculdade", Michael disse. "Na verdade, era uma grande paixão para mim. Então, passei aqueles dez dias traçando um plano: eu terminaria o primeiro ano, mas depois lançaria a coisa como um negócio de verdade e oficial. E acabei fazendo um acordo com os meus pais: eu tentaria isso e, se desse certo, eu continuaria; se não desse, eu voltaria para a faculdade."

Em janeiro de 1984, ele batizou sua pequena operação improvisada no seu quarto de dormitório de "PC's Limited". Em maio, apenas um mês depois que Jim Koch decidiu sair de seu emprego no BCG para criar a Sam Adams, Michael Dell concluiu seu primeiro ano de faculdade, abriu oficialmente a Dell Computer Corporation, transferiu sua operação para uma sala comercial na zona norte de Austin e abandonou a faculdade para sempre.

As diferentes visões de mundo entre Michael Dell e seus pais, e acredito que a principal questão que frustra muitos jovens aspirantes a empreendedor, referem-se a um mal-entendido no que diz respeito à diferença entre perigoso e assustador. É o mesmo que confundir medo com maluquice, risco com imprudência. É achar que, se algo nunca foi feito antes, é porque não pode ou não deve ser feito. Se você tiver uma boa ideia que o empolga, que o compele a se desviar do conforto de uma existência comum no caminho mais trilhado, primeiro você precisará navegar por esse campo minado de perspectivas diferentes, independentemente de ele se encontrar dentro de você ou entre você e as pessoas cuja opinião você valoriza e respeita. Porque, embora seja impossível saber com 100% de certeza no que está se metendo quando se trata de abrir um negócio, você deve pelo menos saber que tem como cair fora se tudo der errado. Essa é a diferença entre perigoso e assustador.

Para os pais de Michael – vindos de uma família de pessoas instruídas em uma época na qual o computador pessoal era, em grande parte, uma curiosidade, muitas vezes vista apenas como um modismo passageiro –, largar a faculdade para fazer o upgrade de computadores com o objetivo de revendê-los deve ter dado a impressão de que o filho estava correndo o perigo de jogar sua vida fora. E o que é mais perigoso para os pais do que um filho dando seus primeiros passos na corda bamba da vida adulta sem uma rede de segurança?

No entanto, para Michael, não havia nada de perigoso nessa ideia. Ele adorava trabalhar com computadores. Ele os conhecia tão bem que profissionais adultos – como advogados, médicos e arquitetos – que tinham muito mais a perder do que ele confiavam em sua visão e em seu trabalho. *Michael estava resolvendo os problemas dessas pessoas.* Além disso, depois de ter experimentado o sucesso tão cedo na vida e visto o que havia do outro lado desse grande salto, era impossível voltar a ver o mundo como antes, como seus pais viam. Como ele conhecia bem as regras desse novo mundo, todo vestígio de perigo se desfez. E se, por qualquer motivo, não desse certo, ele sempre poderia voltar para a faculdade e se formar em medicina. Ele tinha 19 anos; tinha a vida toda pela frente.

A realidade era que a parte mais assustadora de abrir a Dell Computer Corporation era a mesma coisa que assusta qualquer um que abre qualquer negócio: o desconhecido. O que o jovem Michael Dell sabia sobre administrar uma empresa? Sobre contratar pessoas? Sobre liderar pessoas? Sobre encontrar e alugar um ponto comercial? Sobre tributação de pessoas jurídicas? O que eu e você sabemos sobre essas coisas antes de enfrentá-las? Nada. Isso é muito assustador para qualquer empreendedor de primeira viagem. Mas também pode ser aprendido – se você optar por aprender.

O perigo para Michael estava em ceder às exigências dos pais, tornar-se um médico, odiar cada segundo enquanto testemunhava a revolução da computação pessoal se desenrolar à sua frente e ressentir-se de sua família pelo resto da vida porque eles o forçaram a seguir um caminho que ele sabia que não era o certo para ele.

Se tem uma coisa que aprendi com minhas entrevistas com empreendedores é que qualquer pessoa que teve sucesso depois de deixar a relativa segurança de uma faculdade ou de um emprego não se surpreenderia com as escolhas que Jim e Michael fizeram em 1984. Quando esses empreendedores se lembram do momento em que deram o salto – quando, na corda bamba da vida, eles finalmente levantaram um pé para dar um passo adiante –, todos eles falam daquela incerteza inicial e do medo do desconhecido. Mas as preocupações se dissipam quando eles pensam nos perigos ainda maiores do arrependimento e da oportunidade perdida e, como disse Jim, de acordar aos 65 anos e perceber que desperdiçaram a vida.

Embora venha de uma antiga palavra francesa, "empreendedorismo" é um termo relativamente novo no vocabulário dos negócios. Os fundadores de hoje se dizem empreendedores de uma forma que as gerações anteriores têm dificuldade de entender, principalmente por desconhecer a palavra para descrever o que estavam fazendo enquanto construíam seus negócios. Só que eles estavam basicamente fazendo a mesma coisa. Eles estavam escolhendo entrar por um desvio, dando o salto – para se distanciar de uma vida profissional que não queriam para si e para se aproximar de algo novo, empolgante e que eles poderiam chamar de seu.

Juntos, eles tornaram o empreendedorismo ao mesmo tempo menos assustador e menos perigoso. Ao desenvolver um léxico para o processo de abrir uma empresa, dando um nome a isso, muitos dos fundadores contemporâneos que você conhecerá neste livro ajudaram a desmistificar a possibilidade de dar o salto. Ao abrir novos caminhos e explorar novos territórios, a geração mais veterana de fundadores – da qual Jim e Mike fazem parte – fez com que a atitude de dar o salto parecesse quase normal.

Eles levaram as pessoas a ter confiança – nos especialistas que prenderam a corda no mosquetão, nos mentores que fazem o contrapeso e nas pessoas que vieram antes de você e que fizeram a ancoragem na face do penhasco – para dar aquele primeiro grande passo de costas para o penhasco em direção ao desconhecido. Porque eles sabem o que significa tomar o destino nas próprias mãos e sentir que tem controle sobre essa ideia que, por sua vez, controla a sua alma e o seu coração.

3

SAIA DA SUA ZONA DE SEGURANÇA... MAS FAÇA ISSO COM SEGURANÇA

Reid Hoffman, que saiu do PayPal para fundar o LinkedIn, resumiu muito bem o romantismo da ousadia empreendedora quando disse: "Abrir uma empresa é como se jogar do penhasco e, enquanto cai, ir construindo um avião".

Há certo romantismo na luta para fazer algo novo, não é mesmo? No salto. Em algum momento, todos nós, apaixonados pela busca de grandes ideias, nos encantamos com a história de origem de uma empresa de sucesso: as maratonas de codificação; as noites em claro que se estendem por uma semana inteira; os quatro amigos espremidos em um apartamento minúsculo, tomando decisões sobre a empresa, tarde da noite, ao redor da mesa da cozinha, que faz as vezes de "sala do conselho". Em discursos de formatura e palestras, fundadores famosos falam com nostalgia sobre esses momentos memoráveis e cruciais. Investir o último dólar na empresa; estourar o limite de todos os cartões de crédito; passar meses a fio sobrevivendo com uma dieta de macarrão instantâneo e refrigerante.

Aqueles eram os bons velhos tempos...

Algumas pessoas ficam empolgadas e inspiradas com essas histórias; outras ficam aterrorizadas. Durante muito tempo, eu teria me colocado no segundo grupo. E, até certo ponto, ainda o faço. Digo, que tipo de maníaco jogaria a cautela no lixo, como Reid descreveu? Quem, em sã consciência, correria um risco tão grande? Se abrir uma empresa ou criar algo grandioso e inovador é como pular de um penhasco *na esperança* de conseguir montar um avião antes de chegar ao chão e ter uma morte horrível, a pergunta que sempre quero fazer aos fundadores e criadores é: *por que fazer isso? Onde você está com a cabeça? Por que você pularia?*

Tudo bem, talvez eu queira fazer mais de uma pergunta.

Mas descobri que, para cada pessoa que dá o salto às cegas, existe outro tipo de empreendedor. Aquele que não anda de costas em direção ao penhasco como se andasse na prancha de um navio pirata. Aquele que não se limita a fechar os olhos, tapar o nariz e entregar seu destino à gravidade. Os olhos desse empreendedor estão bem abertos. Ele já calculou o salto. Como um ginasta experiente, ele já sabe onde vai cair. E, ainda mais importante, ele sabe que, se não conseguir pousar em segurança, se não conseguir montar o avião a tempo e o negócio gerar um enorme fracasso, nada disso vai anular sua vida. Ele está dando o salto de fé consciente de que tem um paraquedas – um paraquedas que ele já verificou meticulosamente para garantir que está tudo certo.

Correndo o risco de expandir essa metáfora a ponto de deixá-la irreconhecível, o que estou dizendo é que a maioria dos empreendedores de sucesso que conheci deixou o conforto de sua vida da maneira mais segura e inteligente possível. E fizeram isso de duas formas: ou permaneceram em seus "empregos de verdade" até suas startups começarem a demandar mais tempo do que eles tinham para dar, ou mergulharam de cabeça com um plano alternativo na manga, o que lhes possibilitou encarar os riscos inerentes ao empreendedorismo e conseguir dormir à noite.

Daymond John fez as duas coisas.

Em 1989, muito antes de ser um dos tubarões mais experientes do programa *Shark Tank*, Daymond John foi um dos garçons mais ambiciosos da Red Lobster, uma cadeia de restaurantes especializada em frutos do mar. Aos 20 anos de idade, morando com a mãe no Queens, em

Nova York, Daymond passava as noites servindo lagostas no restaurante e os dias desenvolvendo uma ideia para uma nova marca de roupas de hip-hop. Ele a batizou de FUBU – acrônimo de "for us, by us", "para nós, por nós" – em resposta a algumas empresas de roupas sofisticadas que não gostavam que "rappers, garotos de bairros pobres, afro-americanos" usassem suas roupas. "Comecei a me cansar da postura dessas marcas", disse Daymond. "Eu queria criar uma marca que amasse e respeitasse as pessoas que amam e respeitam o hip-hop."

Seu primeiro produto nasceu mais ou menos por acidente. Era um tipo específico de gorro feito de lã ("não com uma bola em cima, mas com um lacinho, como um cadarço") que era relativamente barato e estava se popularizando entre muitos rappers, mas ainda era impossível de ser encontrado em lojas de roupas. "Andei pela Manhattan inteira", lembra-se Daymond. "Quando finalmente encontrei um, somando o combustível e os pedágios, paguei 30 dólares por ele. Mostrei à minha mãe e ela disse: 'Você não pode se dar ao luxo de pagar tanto por uma coisa que dá para fazer por 2 dólares!'."

A lâmpada acendeu. Havia uma oportunidade ali. A mãe de Daymond o mandou ir a uma loja comprar 40 dólares em tecido e o ensinou a fazer os gorros. Em três horas, ele tinha oitenta gorros. E, em vez de 2 dólares, ele fez um monte de gorros por 50 centavos cada. Agora, ele só precisava vendê-los.

O dia seguinte seria uma Sexta-feira Santa. Sabendo que todo mundo do bairro iria ao shopping Jamaica Colosseum fazer compras para a Páscoa, Daymond foi para lá. "Fiquei na esquina de um modo que as pessoas que entravam e saíam do shopping precisavam passar por mim", ele contou. "Coloquei os gorros à venda por 20 dólares, mas, para quem não tinha 20 dólares, eu cobrava 17. Para quem não tinha 17 dólares, eu cobrava 15 dólares. E, para quem não tinha 15, eu vendia por 10 dólares. Cobrei 3 dólares pelos dois últimos gorros." No fim do dia, Daymond tinha 800 dólares – 760 dólares de puro lucro. Um retorno de vinte vezes sobre o investimento. Em alguns meses, ele usou o dinheiro de algumas dessas vendas iniciais para melhorar a qualidade de seus gorros e do logotipo da FUBU, e começou a vender camisetas.

Daymond percebeu que estava no caminho certo. Ele começou comprando modelos básicos de camisetas e moletons da Champion em lojas de roupas do bairro e costurando sua marca FUBU por cima da marca da Champion. Quando vendeu o suficiente, ele pegou o dinheiro dos lucros e comprou camisetas e moletons em branco de alta qualidade de fornecedores do país todo. Contratou serviços de bordado e serigrafia para melhorar a qualidade dos produtos.

"Meu plano, na época, visava aos negros corpulentos da vizinhança", Daymond explicou. "Eles não tinham muitas opções para se vestir com estilo e eram forçados a ir a lojas especializadas em roupas plus-size e comprar uma grande camiseta branca ou preta, ou precisavam desembolsar uma boa grana para mandar fazer roupas sob medida. Encontramos um lugar que fazia camisetas tamanho 4X, 5X, 6X e fizemos vinte de cada." Imagine isto: eram sessenta camisetas enormes com o logotipo da FUBU estampado na frente em uma fonte também enorme. Seria difícil deixar de ver, certo? Era justamente isso que Daymond queria. "A gente sabia que, se déssemos essas camisetas de graça para esses caras, que eram guarda-costas e seguranças de casas noturnas, eles não as usariam só uma vez. A gente sabia que esses caras iriam usá-las para sempre. Então, nos primeiros seis meses, foi o que a gente fez. E aqueles caras viraram verdadeiros outdoors ambulantes."

Mas esses caras não eram uns seguranças ou guarda-costas quaisquer. Eles não estavam lá só para checar se as pessoas eram maiores de idade nem só para apartar uma briga. Eles ficavam à vista dos artistas de rap que estavam redefinindo a cultura pop americana. Eles decidiam quem entrava nas baladas que estavam se tornando as mais badaladas de Nova York – os Studios 54 de sua geração. Em outras palavras, quando usavam as camisetas de Daymond, cada um deles era como um outdoor na Times Square para a FUBU. Um desses outdoors humanos acabou chamando atenção de Ralph McDaniels, o influente cofundador do icônico programa de TV nova-iorquino *Video Music Box*, responsável por lançar ao estrelato praticamente todos os artistas de hip-hop da Costa Leste desde 1983. Ralph apresentou Daymond e seus sócios no programa em 1993 e disse a todos os espectadores que a FUBU era a próxima grande novidade na moda.

"Ele nos deu um destaque imenso, e, depois daquilo, todos os rappers – todos eles – queriam usar nossas roupas por causa do selo de aprovação de Ralph", disse Daymond.

Ele não estava exagerando. Você deve se lembrar de que, entre 1992 e 1993, o rap e o hip-hop estavam entrando com tudo no mainstream. Naqueles anos, o mundo conheceu os primeiros álbuns de artistas icônicos do hip-hop como Dr. Dre, Arrested Development, Common, House of Pain, UGK, Snoop Dogg, E-40, Bone Thugs-n-Harmony e The Roots. Sem falar nos álbuns de artistas seminais como Beastie Boys, Eric B. & Rakim, Public Enemy, Too Short e Ice Cube. Não quero que isso se transforme em um programa da MTV sobre a história do rap, mas é importante saber que a FUBU começou a se estabelecer como a marca característica da moda hip-hop na mesma época em que muitos dos artistas que moldaram a era de ouro do hip-hop ganharam destaque usando as roupas da empresa.

Nesse ponto, já havia mais de quatro anos que Daymond estava em sua jornada da FUBU. Ele conquistou uma série de vitórias para seu novo negócio, algumas tão grandes que, se fosse no ambiente empresarial moderno, poderiam muito bem inspirar seus beneficiários a largar a faculdade ou pedir a demissão de seus empregos, mudar para o Vale do Silício e tentar levantar um bom dinheiro. Basicamente, dar aquele salto correndo do penhasco que Reid Hoffman descreveu.

Mas isso nunca esteve no leque de possibilidades para Daymond. Nem a onda de atenção, nem as vendas resultantes de aparecer no *Video Music Box* foram o suficiente para convencê-lo a largar seu "emprego de verdade" – ele apenas reduziu as horas de trabalho. Ele estava acomodado no emprego fixo. "Eu passava quarenta horas por semana na Red Lobster e seis na FUBU. Quando começou a entrar dinheiro, passei para trinta horas na Red Lobster e vinte na FUBU", ele contou a uma plateia de empreendedores na conferência iConic da CNBC em 2017.

Diversas grandes mentes dos negócios que se viram em posições comparáveis no início da carreira adotaram abordagens semelhantes para equilibrar seu antigo emprego com o novo empreendimento. Quando Phil Knight fundou a Blue Ribbon Sports, a empresa que se tornaria a Nike, ele passou cinco anos como contador, "trabalhando seis dias por semana na Price Waterhouse", e todo o seu tempo livre na Blue Ribbon. "Na maioria dos dias, eu não me importava", ele contou em sua biografia, *A marca da vitória*, porque "eu investia uma boa parte do meu salário na Blue Ribbon, aumentando meu precioso patrimônio, aumentando o caixa da empresa".[6]

O ramo de calçados é difícil, mas, no que diz respeito ao dinheiro, poucos setores são mais arriscados do que o negócio de transporte aéreo. Como brincou o fundador da Virgin Atlantic, Richard Branson: "Se quiser ser um milionário, comece com um bilhão de dólares e abra uma nova companhia aérea!". O cemitério de companhias aéreas extintas comprova a veracidade da piada de Branson.

O que faz a conquista do finado Herb Kelleher, cofundador da Southwest Airlines, ser ainda mais impressionante. Durante grande parte dos primórdios da Southwest, Herb continuou trabalhando em seu escritório de advocacia. Nos primeiros quatro anos e meio, enquanto ajudava a companhia aérea a decolar garantindo financiamento, aprovações da Administração Federal de Aviação e arrendamento de aeronaves, ele também defendeu a empresa de uma série de ações judiciais.

Em 1969, a companhia aérea ficou sem dinheiro, e o conselho de administração da Southwest pensou seriamente em fechar a empresa. Foi a disposição de Herb de "defender a empresa de graça e pagar todos os custos judiciais do próprio bolso" que manteve as luzes acesas. Ao manter seu emprego fixo por tanto tempo, ele deu à Southwest a pista de decolagem da qual a empresa precisava para alçar aos céus como a mais nova (e, na época, a única) companhia aérea de baixo custo. Hoje, a Southwest transporta mais passageiros do que todas as companhias aéreas do mundo inteiro, exceto duas.

Herb só desistiu da advocacia em 1981, quatorze anos após a fundação da Southwest Airlines, e só o fez a pedido do conselho de administração. Daymond John não resistiu por tanto tempo. Ele parou de trabalhar na Red Lobster em 1995, seis anos depois da criação da FUBU. Mesmo assim, foi só depois disso que ele conseguiu uma rodada multimilionária de financiamento do diretor da divisão de têxteis da gigante de tecnologia sul-coreana Samsung, como parte de um acordo que Daymond e seus sócios estavam buscando fechar para atender a um pedido de 300 mil dólares que ele havia aceitado alguns meses antes na MAGIC, a feira de moda em Las Vegas.

E chegamos ao que realmente levou Daymond a decidir continuar trabalhando na Red Lobster por tanto tempo e descobrimos por que ele concluiu sua palestra na conferência iConic exortando a plateia a *não* largar seu emprego fixo. Apesar de seus sucessos iniciais, apesar de toda a atenção da mídia e de formadores de opinião, apesar da crescente visibilidade da marca na comunidade hip-hop, a FUBU nunca esteve muito longe da insolvência. O empreendimento sempre precisou de dinheiro.

"Entre 1989 e 1992, fechei a empresa três vezes porque fiquei sem dinheiro por causa de todos os custos de desenvolvimento", Daymond me contou. "Como acontece com muitas empresas, meus sócios e eu acumulamos uma dívida de mais de 50 mil dólares nos nossos cartões de crédito a juros altíssimos, o que não é a coisa mais inteligente de se fazer." E aquela feira comercial em Las Vegas? Daymond e seus sócios entravam escondidos todos os dias usando metade das roupas da FUBU que tentariam vender aos varejistas porque não tinham dinheiro para comprar os ingressos, muito menos para alugar um estande de expositor. Ah, e aquele acordo que eles fecharam com a Samsung? Foi o fruto de um anúncio classificado que a mãe de Daymond publicou no *New York Times*: "Milhões de dólares em pedidos. Precisamos de financiamento!". O anúncio custou 2 mil dólares. Daymond passou um mês trabalhando na Red Lobster para pagar esse custo.

Daymond diria que seu emprego na Red Lobster fez pela FUBU o que o escritório de advocacia de Herb Kelleher fez pela Southwest: deu à empresa uma pista para decolar e só depois ele passou a dedicar-se totalmente ao negócio. Mas, ao mesmo tempo, Daymond também diria que o emprego na Red Lobster foi a corda de paraquedas que ele poderia ter puxado a qualquer momento se achasse que a FUBU iria cair. Seria possível argumentar que ele deveria ter puxado a corda mais vezes do que de fato puxou; ele certamente teria se saído melhor no curto prazo. "Se a FUBU tivesse fracassado no começo", ele disse à plateia do iConic, "eu não estaria devendo para todo mundo; não teria esse déficit enorme; meu *score* de crédito não teria passado sete anos no chão". Ele também teria um emprego para pagar por um teto, comida e roupas. Um trabalho que ele fazia bem, do qual até gostava. "Eu curtia muito ser garçom", ele disse sobre aqueles primeiros anos.

Saber que ele sempre poderia retomar um trabalho que lhe fazia bem, no qual tinha muita experiência, não tornou o salto para a FUBU menos assustador, mas eliminou grande parte do perigo. Ele tinha uma rede de segurança, um plano B. O mesmo pode ser dito de Jim Koch. Saber que ele poderia voltar a trabalhar no Boston Consulting Group ou em alguma outra empresa de consultoria de gestão sempre que quisesse fez com que a decisão insana (na ocasião) de abrir uma cervejaria artesanal parecesse menos maluca. Para Sara Blakely, a bilionária fundadora da Spanx, vender aparelhos de fax era seu plano B. Para Mark Cuban, empreendedor da internet e colega de Daymond John no *Shark Tank*, seu plano B era voltar a trabalhar de bartender. O fundador da JetBlue Airways, David Neeleman, sabia que, se a ideia de abrir uma companhia aérea de baixo custo com voos saindo de grandes mercados não decolasse, ele sempre poderia voltar a ser um agente de viagens.

Esses planos B ofereceram vários níveis de segurança psicológica aos brilhantes fundadores que puderam contar com eles, mas o dinheiro que eles poderiam ganhar era muito menos importante do que saber que poderiam ganhar o suficiente para pagar as contas. Foi esse conceito que Jane Wurwand, criadora da Dermalogica, aprendeu com sua mãe durante a infância no Reino Unido. "As cinco palavras que mudaram minha vida foram as que minha mãe dizia para mim e para minhas irmãs quando éramos crianças: 'Aprendam a fazer alguma coisa!'", disse Jane. "Ela acreditava com todas as suas forças que cada uma de nós precisava desenvolver alguma habilidade para que, não importa o que acontecesse, em qualquer lugar do mundo, tivéssemos uma carta nas mãos que nos permitisse trabalhar imediatamente e ganhar algum dinheiro para botar comida na mesa."

A habilidade de Jane estava relacionada aos cuidados com a pele. Ela começou a carreira nessa área ensinando tratamentos de cuidados com a pele para esteticistas licenciados em Marina del Rey, na Califórnia, no International Dermal Institute, um pequeno centro de treinamento que ela abriu com o marido. Três anos depois, ela viu uma oportunidade de criar uma linha completa de cuidados com a pele – 27 produtos ao todo – que pudesse vender para seus alunos e que eles, por sua vez, pudessem apresentar a seus clientes em salões de beleza espalhados pelos Estados Unidos. A ideia era boa. No entanto, em 1986, nada garantia que uma linha de cuidados com a pele não seria um fracasso estrondoso. Para a sorte de Jane, se isso acontecesse, ela ainda saberia como ensinar às pessoas como ter cuidados com a pele e, com o International Dermal Institute ainda em funcionamento, ela sempre teria um lugar para trabalhar. E ela sempre teria algum dinheiro entrando.

Essa é a segurança que você obtém ao não largar o emprego imediatamente e ter um plano alternativo para quando isso acontecer. Não é para você ter outra maneira de fazer algo *novo* ou até enriquecer. Mas é uma forma de ter outra chance de fazer algo que você já fez *antes* para não ir à falência enquanto se recompõe para tentar de novo. Ao avançar com inteligência e segurança, você terá mais tempo e mais espaço para atuar, ao mesmo tempo que reduzirá as chances de um fracasso arruinar sua vida.

Ter um plano alternativo não significa criar uma saída de emergência para escapar do seu sonho. Não é uma desculpa para não se esforçar, nem é uma justificativa para desistir. Só quer dizer que você deu a si mesmo uma rede de segurança abaixo do seu salto de fé empreendedor para que, caso erre o salto, você possa se recuperar para a próxima batalha.

4

FAÇA SUA PESQUISA

Eu adoro conversar com empreendedores e me aprofundar nos detalhes para descobrir como eles criaram seus produtos. Sempre que aprendo algo novo ou inesperado com eles, que costuma ser algo absolutamente impressionante, eu me reclino na cadeira e simplesmente digo: "Uau!". Eu vivo por esses momentos. Eu adoro ser surpreendido por pessoas que já eram muito inspiradoras antes de entrarem no meu estúdio ou de subirem no palco para uma entrevista.

Cada fundador que conheci me surpreende à sua maneira, mas, se há algo que eles têm em comum e que sempre me impressiona, é que todos eles fizeram sua lição de casa – sobre seu produto, seu negócio, seus clientes, sua indústria como um todo –, o que lhes deu uma enorme confiança na viabilidade de suas ideias. Fiz milhares de perguntas a esses inovadores e idealistas ao longo dos anos e acho que dá para contar nos dedos de uma só mão as vezes em que eles duvidaram de suas criações. Eles sabiam que suas ideias dariam certo porque *sabiam o que faziam.* Acho que eu não devia me surpreender com isso. Se os fundadores de maior sucesso olharam antes de pular do penhasco empreendedor de Reid Hoffman, faz sentido que eles também tenham pensado no tipo de avião que construiriam durante a queda.

Isso é o que eu chamo de "fazer sua pesquisa" – em outras palavras, saber o que você vai fazer antes de sair fazendo. Muita e muita pesquisa. Todo fundador pesquisa antes. Os fundadores não têm como deixar de fazer isso. Mas acredito que existe um tipo específico de fundador cuja história reflete com mais clareza a importância da pesquisa. É o tipo de história que acredito ser mais motivadora para criadores apreensivos e aspirantes a empreendedor, porque envolve fundadores que começaram um negócio em um setor no qual não tinham absolutamente experiência alguma.

Pode ser o fruto de uma paixão, como foi para Lisa Price e sua linha de cuidados com a pele, a Carol's Daughter.

Pode ser o resultado da falta de opções, como foi para os fundadores da Ben & Jerry's, os amigos de escola Ben Cohen e Jerry Greenfield. Ben abandonou vários cursos na faculdade e acabou como motorista de táxi em Nova York. Jerry foi reprovado em vários vestibulares de medicina e trabalhava como técnico de laboratório na Carolina do Norte. No fim dos anos 1970, os dois se propuseram a "juntar tudo o que tinham" por alguns anos, como Jerry ironicamente descreveu, "para abrir uma lojinha".

Mas também pode ser uma consequência da curiosidade e da coincidência. Alguém sai em busca de alguma coisa – um produto, um serviço, um programa de TV, até um videogame, qualquer coisa – e descobre que essa coisa ainda não existe. E começa a falar a respeito em conversas casuais para quem quiser ouvir – amigos, parentes, motoristas de Uber, baristas, colegas de trabalho – e descobre que não é o único que procurou essa coisa e voltou de mãos vazias. Percebendo que não está sozinho, algo acontece: a ausência dessa coisa evolui de uma pequena chateação da vida a um problema real, que, segundo essa pessoa, *precisa* ser resolvido. E ela tem uma ideia de como resolver o problema.

Sempre fico fascinado com as histórias que seguem esse arco. Elas quase soam como parábolas. E, para mim, o que é mais empolgante – na verdade, o mais impressionante – sobre os heróis dessas histórias é que, mesmo sem experiência nem conhecimento institucional, teórico ou sobre o setor, eles não se deixaram abater. Na verdade, essa falta de conhecimento e experiência acabava sendo uma bênção. Acabava sendo *libertadora*. Porque, sem as restrições tradicionais dos procedimentos operacionais padrão ou das expectativas criadas por gerações anteriores de ofertas semelhantes, esses curiosos ficavam livres para ignorar todas as suposições sobre o negócio no qual estavam entrando e para descobrir como criar a melhor versão possível da coisa que queriam, da maneira que fizesse mais sentido para eles.

Foi o que Jen Rubio fez quando abriu a empresa de malas Away com sua amiga Steph Korey.

No início de 2015, Jen Rubio tinha vinte e poucos anos e uma carreira estelar. Ela também estava desempregada. Alguns meses antes, ela havia deixado um emprego como diretora global de inovação da varejista de moda britânica AllSaints – um cargo que a fez se mudar de Nova York para Londres em meados de 2013, depois de sair da varejista de óculos Warby Parker (um comércio on-line), onde ela foi diretora de mídias sociais. Jen estava entre empregos e entre cidades. Ela viajava muito a trabalho e tinha centenas de milhares de milhas de companhias aéreas, mas nunca havia pensado em trabalhar no negócio de malas.

Um dia, ela foi esquiar nos Alpes suíços com os amigos por uma semana. "Eu estava viajando para todos os cantos do mundo, fazendo entrevistas para empregos que não tinham nada a ver comigo, e decidi sair de férias", Jen contou. Foi então que, voltando para casa, as malas entraram em primeiro plano em sua vida.

"No aeroporto de Zurique, minha mala quebrou", ela contou. "Imagine a cena: eu correndo pelo aeroporto, deixando um rastro de calcinhas e sutiãs atrás de mim. Quase morri de vergonha. Quando cheguei em casa, decidi comprar a melhor mala que pudesse encontrar para que isso nunca mais acontecesse. Entrei no Facebook e pedi indicações de boas malas aos meus amigos. Todo mundo respondeu algo como 'Não sei!' ou 'Eu tenho essa mala, mas não recomendo. É uma droga!'."

Nem uma única pessoa de sua ampla e diversificada rede de amigos estilosos e influentes teve uma boa resposta para lhe dar. Ela poderia comprar uma mala da Tumi, que custa mais do que a maioria das passagens de avião, gastar 100 dólares em uma mala da American Tourister, que não tem nada de especial, ou economizar comprando uma mala barata na esperança de que chegasse inteira ao destino. Essas eram as opções, e todos os seus amigos disseram que eram opções terríveis.

"Fiquei de queixo caído. Não acreditei que todas aquelas pessoas, inclusive eu, que adoram viajar não tivessem nenhuma conexão positiva com essa coisa que levavam consigo em todas as viagens", disse Jen. Então, ela saiu em busca da mala perfeita. "Foi como uma missão para mim. Eu fiquei, tipo, 'Não é possível que não exista uma marca de malas incrível!'. E não consegui encontrar nenhuma." Ela começou a analisar a indústria de malas e a fazer perguntas tanto para si mesma quanto para todos os seus conhecidos:

"Como é que uma marca de malas como essa ainda não existe?"

"Por que a experiência de comprar malas tem que ser tão ruim?"

"Como é que pode você ir ao porão de uma loja de departamentos ou àquelas lojas turísticas enormes de Nova York, ver uma mala de 500 dólares ao lado de uma mala de 50 dólares e todas elas parecerem exatamente iguais e o vendedor falar baixinho no seu ouvido: 'Posso dar 30% de desconto se você comprar agora!'?"

"Por que tem que ser tão horrível?"

Então, ela ligou para sua amiga Steph Korey, com quem trabalhou na Warby Parker nos primeiros anos da empresa. Steph tinha se mudado para Nova York e estava estudando na escola de administração da Universidade Columbia. Ela também prestava consultoria à Casper, uma startup de colchões, como especialista em cadeia de suprimentos. Jen só pretendia perguntar se Steph estava bem e talvez saber o que ela achava de sua ideia. Seria uma ligação de uns dez minutos. Mas elas passaram três horas conversando.

"Eu basicamente liguei para ela a fim de falar sobre a minha pequena ideia de criar uma marca de malas", Jen contou, "e Steph disse: '*É isso!* Podemos repetir o que fizemos na Warby Parker, só que desta vez com malas!'".

Cabe esclarecer que nenhuma das duas estava pensando seriamente em abrir um negócio. Jen estava nos estágios finais de uma série de entrevistas para uma vaga de vice-presidente de marketing de uma grande empresa de moda. Steph estava recebendo ofertas para assumir um cargo como vice-presidente de cadeia de suprimentos de algumas startups. Tudo o que Jen queria, ou pelo menos era o que ela achava que queria, era uma mala que ela considerasse incrível. Steph, por sua vez, estava mais interessada em encontrar outro setor para revolucionar, da mesma forma como a Warby Parker havia revolucionado os óculos.

Mas, sem contar nada uma à outra, quando elas desligaram o telefone depois daquela longa conversa, as duas se puseram a pesquisar intensamente a ideia das malas – Jen do lado do marketing e da marca, Steph do lado da cadeia de suprimentos e desenvolvimento de produtos. Elas não puderam se conter. Com a escassez de opções de boas malas, quanto mais perguntas essas duas mulheres com habilidades únicas e experiência na criação de marcas modernas e acessíveis faziam, maior era a oportunidade que elas viam.

Algumas semanas depois, Jen foi a Nova York para participar de uma entrevista para *outro* emprego (ela recusou o anterior, mas ainda não sabia ao certo se Steph tinha se empolgado com a ideia das malas), e decidiu ir ao apartamento de Steph assim que a entrevista terminasse. Depois, ela decidiu passar a noite lá. Elas passaram a noite inteira conversando sobre a ideia das malas. E Jen passou mais *três semanas* no apartamento de Steph. Durante esse tempo, no sofá da sala de Steph, elas basicamente fundaram a empresa que se tornaria a Away.

"Passamos as primeiras semanas fazendo uma intensa pesquisa de mercado", Jen contou, "e saíamos todos os dias para ver malas. Fomos a todas as lojas de departamentos. Fomos a todas as lojas de malas. Fizemos mapas no Google com diferentes lojas de malas de Nova York e comparamos todas as experiências e todos os preços. Anotamos meticulosamente tudo o que vimos". Ao mesmo tempo, elas pesquisaram e visitaram fábricas para descobrir o que seria necessário "para eliminar as lojas de departamentos e as lojas que vendiam malas baratas no porão e todos os markups de atacado e varejo e licenciamento que não faziam sentido algum", que, de acordo com Jen, é mais ou menos como a Warby Parker consegue "fazer óculos de alta qualidade a um preço muito mais acessível" – eles eliminaram os intermediários. Era mais ou menos o mesmo modelo de negócio que Steph estava ajudando a Casper a implementar na tentativa de revolucionar o mercado de colchões.

Jen e Steph ainda precisavam decidir como sua mala seria em termos de aparência e funcionalidade. "Não tínhamos experiência em fazer malas", Jen disse. "Nossa única experiência com malas era usando-as para viajar." Então, elas bolaram um questionário para saber o que os consumidores queriam. O questionário incluía uma lista de "todos os recursos imagináveis com base no que descobrimos com nossas pesquisas, e enviamos a pesquisa para, tipo, uns cem amigos", Jen contou.

Boa ideia, não é?

"Foi a ideia mais burra de todas", ela disse. Uau, tudo bem. "Se você lançar um questionário perguntando 'O que você gostaria de ter na sua mala?', as pessoas vão marcar todas as opções. Mas isso não quer dizer que elas realmente almejam obter esses recursos ou que pagariam por eles."

O questionário revelou todas as combinações possíveis de recursos que uma mala poderia ter, mas as duas amigas não teriam como usar essas informações se não soubessem o que os consumidores pensavam sobre cada recurso individualmente e em relação a todos os outros recursos. É como abacaxi na pizza: muita gente gosta de abacaxi. E, claro, uma pessoa *pode* colocar abacaxi na pizza. Mas será que dá certo? Jen e Steph logo se deram conta de que precisariam restringir o universo de possíveis recursos e definir quais *deveriam* ser incluídos. Para fazer isso, elas precisariam descobrir como as pessoas realmente usavam suas malas – viagens de negócios, férias, férias em família, em todo e qualquer tipo de viagem. Elas passaram os próximos meses conversando com quase oitocentas pessoas e fazendo as seguintes perguntas:

Como você faz as malas?
O que você faz assim que chega ao seu quarto de hotel?
O que você faz com sua mala?
O que você coloca nela?
Quais são as suas maiores dificuldades durante uma viagem?

"Conversávamos com as pessoas sobre viagens e fazíamos todas essas perguntas abertas", Jen explicou. Os mesmos tipos de perguntas que Jen fez para entender a indústria como um todo. "Chegamos a ir à casa de alguns conhecidos para ver como eles faziam as malas. E foi assim que descobrimos todas as coisas que precisávamos fazer para ter nossa mala perfeita."

É claro que a mala não era realmente perfeita. Jen e Steph ainda fariam várias iterações e melhorias na mala depois da primeira versão, como qualquer bom criador faz. Isso não quer dizer que elas tenham errado na pesquisa que fizeram ou que os resultados da pesquisa não tenham sido tão aplicáveis quanto deveriam. Na verdade, a pesquisa foi importantíssima. Foi o primeiro passo concreto que elas deram em um processo de várias etapas que as ajudou a ajustar seu design, concentrar-se no que realmente importava e deixar de fora todas as coisas que não fariam muita diferença. Com isso, elas se colocaram em posição de dar o próximo passo e transformar a ideia em um negócio de verdade.

É exatamente isso que a pesquisa deve proporcionar. A pesquisa não deve ser usada como uma muleta ou acatada às cegas como se fosse mais relevante do que a experiência, a intuição ou o talento. Quando um criador segue por esse caminho, como aprendi conversando com criadores de vários setores e diversas áreas, ele corre o risco de cair na armadilha do *crowdsourcing* do processo criativo. E, apesar de a voz do povo acertar em alguns casos, não é prudente delegar a criatividade a ela. No que diz respeito à aparência e à funcionalidade, que podem envolver preferências muito pessoais, a opinião de uma multidão de pessoas pode se transformar em uma turba disforme com um poder que nem o empreendedor mais experiente pode prever. Imagine o que poderia ter saído daquela lista original de recursos que Jen e Steph usaram na primeira pesquisa com seus cem amigos: zíperes, bolsos e repartições por toda parte, infinitas opções de cor por dentro e por fora, um monte de rodas, mosquetões, puxadores telescópicos retráteis e alças para levar nas costas. Seria uma verdadeira obra do doutor Frankenstein – ou, como eu diria, uma *franken-mala*!

Steve Jobs falou, a respeito dessa armadilha: "Algumas pessoas dizem 'Dê aos clientes o que eles querem!', mas essa não é a minha abordagem... As pessoas só sabem o que querem quando você mostra a elas!". O que muita gente não percebe é que há um insight importante no fim dessa citação que, inexplicavelmente, sempre fica de fora, e esta parte da declaração de Jobs é especialmente relevante aqui: "É por isso que nunca confio em pesquisas de mercado".

Toda a pesquisa de mercado que Jen e Steph fizeram – todas as relações de preços, design e experiências – não foi só para que elas pudessem comparar esses fatores e regurgitá-los de volta ao mercado para dar às pessoas o que elas *disseram* que queriam. Foi para construir uma base de conhecimento com o objetivo de alavancar seus instintos criativos e sua experiência profissional e realmente inovar e entregar o que os compradores insatisfeitos de malas, como elas, realmente *precisavam*.

Minha conversa com Jen Rubio sobre o papel da pesquisa para criadores e empreendedores me lembrou de como os atletas falam sobre o treino ou como os atores abordam o ensaio. É o trabalho duro e a repetição que gravam os fundamentos na memória muscular deles. Você passa a entender melhor como fazer as coisas e por que elas devem ser feitas de uma determinada maneira e, quando as luzes se acenderem e for a hora de fazer algo de verdade, você pode colocar toda a preparação de lado e só atuar, jogar ou construir. Você pode criar livremente, sem reservas ou hesitações.

A primeira mala de Jen e Steph – que viria a se tornar a linha "The Carry-On" – vinha com um carregador USB, um saco removível para pôr roupa suja, uma estrutura externa indestrutível e rodas que davam um giro de 360 graus. Cada um desses recursos, pelo preço de 225 dólares e o sistema de entrega direta ao consumidor, foi deliberadamente selecionado como parte de uma estratégia de marketing de produto que foi desenvolvida com base em toda a pesquisa que elas fizeram, mas não foi definida ou decidida por ela. Jen e Steph não seguiram às cegas os caprichos dos primeiros cem amigos que responderam ao questionário original ou das oitocentas pessoas que elas entrevistaram depois. Elas pegaram todas essas informações e aplicaram os próprios instintos, o senso estético, o conhecimento e a experiência.

Os resultados foram inegáveis. Elas fundaram oficialmente a Away como uma empresa de verdade no início de 2015. Em fevereiro do ano seguinte, já tinham capital semente, um artigo de destaque na revista *Vogue* e cerca de 2 mil malas prontas de um fabricante chinês, sendo que cada mala já havia sido adquirida na pré-venda por clientes que sequer tinham visto uma delas de perto. Naquele primeiro ano completo de operação, elas venderam 55 mil malas. Não muito tempo depois, incluíram mais três linhas de malas: "The Bigger Carry-On", "The Medium" e "The Large". Em três anos, já haviam vendido *um milhão* de unidades.

Uau!

Em muitos aspectos, essa história é um excelente exemplo do uso da criatividade, não importa se você for um funcionário de uma empresa ou se tiver uma boa ideia em um setor totalmente desconhecido e uma vontade irresistível de empreender. É um verdadeiro manual de inovação, não importa quem você é ou o que deseja criar. Mas Jen e Steph não escreveram esse manual. Não é como se elas estivessem tentando, com suas pesquisas, alcançar novos patamares no desenvolvimento de produtos orientados por dados. Também não é a natureza da pesquisa delas que faz com que essa história seja tão inspiradora e relevante; é o fato de que qualquer pessoa pode se identificar com ela.

Quando Daymond John recorreu a serviços de serigrafia e bordado no início da história da FUBU, ele não sabia para onde ir nem o que fazer. Ele era só um garçom do Queens. Então, pegou a lista telefônica (lembram-se dela?) e ligou para todos os serviços que encontrou. Ele os pesquisou. Depois, passou a acordar todo dia às 6h da manhã e pegar o trem para Nova Jersey – que era a autoproclamada "capital mundial do bordado" na época –, e foi visitando todas as lojas até encontrar a loja certa para seu orçamento e suas necessidades.

Pouco mais de uma década antes, quando Ben Cohen e Jerry Greenfield decidiram abrir sua "lojinha", eles "pegaram trinta panfletos da Administração de Pequenas Empresas [o equivalente norte-americano à Sebrae] que detalhavam todos os diferentes aspectos da administração de uma empresa", lembrou-se Ben. Quando decidiram que a loja serviria sorvete (porque o equipamento para fazer bagels – a ideia inicial deles – era caro demais), eles passaram a maior parte do tempo "fazendo muita pesquisa sobre um plano de negócio para uma sorveteria... e fazendo um curso por correspondência sobre como fazer sorvete". Como Daymond, eles "passaram muito tempo folheando a lista telefônica".

Vinte anos depois de Daymond ter pesquisado serviços de serigrafia e bordado na lista telefônica, um jogador de futebol profissional da Nova Zelândia chamado Tim Brown fez algo bem parecido em sua pesquisa para produzir um tênis simples, minimalista e confortável. "Um problema criativo que parecia precisar de uma solução", como disse Tim, o levou à busca de uma fábrica de tênis que abrisse suas portas para uma visita a fim de que ele pudesse aprender os meandros de como os tênis são feitos. "Foi como procurar um emprego: era atirar para todos os lados e rezar." Até que uma fábrica da Indonésia aceitou receber Tim, e ele entrou "nesse mundo que era intrigante e surpreendentemente complicado e incrivelmente antiquado em suas operações. E ouvi meu alarme da inovação disparando, porque eu fazia umas perguntas muito básicas e ninguém conseguia me dar uma resposta clara". Como Jen e Steph, Tim decidiu que resolveria essa questão criativa e responderia às perguntas que os fabricantes de calçados não conseguiam responder. Cinco anos depois, ele lançou a ideia no Kickstarter, um site de financiamento coletivo. Dois anos depois, apenas um mês depois que a Away entregou suas primeiras duas mil malas, Tim, agora com um sócio chamado Joey Zwillinger, transformou a ideia em uma empresa, a Allbirds. E, mais dois anos depois, a empresa já valia 1,4 bilhão de dólares.

Roupas. Sorvetes. Tênis. Malas. São todos diferentes, mas todos iguais. Não há nada de especial em nenhum desses setores que faça deles especialmente adequados para novos ingressantes ou para a disrupção. E Jen e Steph, Daymond e Tim ou Ben e Jerry não nasceram com algum talento especial que os levasse a ser especialmente adequados como criadores e assumir a liderança de seus respectivos setores. Mas eles são exemplos fantásticos de fundadores que fizeram sua lição de casa para preencher as lacunas de seu conhecimento e, desse modo, garantir que as coisas que se propuseram a construir não desabassem por falta de uma base sólida.

Eles fizeram sua pesquisa para aprender a construir um avião – o que lhes deu confiança para contar com seus instintos e suas visões criativas quando chegou a hora de decidir exatamente o tipo de avião queriam construir e pilotar. Vi essa combinação vencedora incontáveis vezes na história de novas ideias. E qualquer um de nós pode fazer isso ao nos propor a criar algo novo – ao decidir dar nosso próprio salto no penhasco do empreendedorismo.

5

ENCONTRE SEU COFUNDADOR

Quando pensamos na fundação das empresas modernas mais famosas, é incrível ver como só nos vêm à mente um pequeno punhado de nomes: Zuckerberg. Jobs. Bezos. Musk. Gates. Ellison.

A verdade é que adoramos histórias de origem quase tanto quanto adoramos heróis e a ideia de algo excepcional e único. E é por isso que tendemos a exaltar muitos dos nossos fundadores modernos. Nós os consideramos figuras míticas com habilidades especiais. Chegamos a chamar as empresas que eles criam de *unicórnios* quando fazem um enorme sucesso. No entanto, vez após a outra, quando conheço o fundador de uma empresa incrível que fez coisas espetaculares, ouço não tanto a história de uma grande ideia nascida de uma genialidade incomparável, mas o triunfo de uma boa ideia nas mãos de uma parceria perfeita. Pela minha experiência, parece que as parcerias são a regra, não a exceção; e, como Paul Graham escreveu em seu famoso artigo de 2006 sobre os erros que matam as startups ("fundador único" sendo o primeiro da lista), "Parece improvável que seja uma coincidência!".[7]

Faz sentido quando pensamos que não somos criaturas solitárias. Os seres humanos são animais sociais. Vivemos em grupos. Trabalhamos em equipes. Nos acasalamos em pares. Prosperamos quando estamos juntos. E isso vale tanto para a vida quanto para os negócios. "Até as empresas que achamos que têm um único fundador, como a Oracle, geralmente têm mais de um", Graham escreveu. A verdade é que praticamente nenhuma empresa é a criação de um único indivíduo, mas, sim, o produto de uma parceria ou até de um grupo de cofundadores. Basta olhar para os empreendedores que conhecemos até agora neste livro.

 Jen Rubio provavelmente não *precisava* de Steph Korey para desenhar a primeira mala da Away. Afinal, era Jen que tinha experiência em marketing e design. É possível que Jen não precisasse de Steph nem mesmo para construir a mala. Mas e para fabricá-la em larga escala? No nível de preço certo? E distribuí-la diretamente aos consumidores? Quem fez isso tudo foi Steph. E, se formos parar para pensar, Steph provavelmente também não precisava de Jen. Jen disse brincando que, se Steph tivesse sido recrutada por Billy McFarland em 2015 e não por ela, era bem provável que Steph teria salvado o Fyre Festival do famoso fiasco logístico que chegou a virar um documentário da Netflix. De todo modo, sem Jen, a mala não teria sido criada. E sem Steph não haveria modelo de distribuição. E sem *as duas* a Away não existiria, e ponto final.

 Lisa Price fazia loções e cremes fantásticos, mas nunca passou por sua cabeça vendê-los como *produtos* até que sua mãe a convenceu a montar uma mesa no bazar da igreja. E o novo negócio provavelmente nunca teria conseguido a tração da qual precisava entre a "rede de irmãs" sem o marido de Lisa, Gordon, que não apenas ajudou Lisa a identificar essas pessoas como sua primeira base de clientes como também trabalhou duro anotando pedidos deixados na secretária eletrônica para que Lisa pudesse atendê-los.

 Jim Koch tinha cinco gerações de conhecimento cervejeiro às quais recorrer e uma antiga receita de família para adaptar ao criar a Samuel Adams Boston Lager, mas o ingrediente secreto da Sam Adams como uma empresa iniciante veio na forma de Rhonda Kallman, sua assistente de 23 anos no Boston Consulting Group. À primeira vista, um consultor de gestão e uma assistente largando os empregos para abrir uma empresa juntos soa como algo tirado de uma comédia romântica de Hollywood. É uma história que tem uma *vibe* de *Jerry Maguire*. Na verdade, de todas as pessoas que Jim conhecia, não havia ninguém melhor que Rhonda para acompanhá-lo nessa jornada empreendedora.

"Passei os olhos pela BCG, uma consultoria repleta dos melhores e mais brilhantes talentos formados nas melhores escolas de negócios", lembrou Jim, "e vi uma pessoa que era enérgica, talentosa, criativa, extrovertida – ela era tudo o que eu não sou. Era a minha secretária. Nós nos complementávamos à perfeição". Jim era o mestre cervejeiro; Rhonda cuidava dos aspectos práticos do negócio. Juntos, eles fundaram a Boston Beer Company, que foi lucrativa desde o primeiro mês.

Quer ele soubesse ou não, Jim havia chegado à principal razão pela qual todo empreendedor procura um cofundador quando tem uma ideia e está pensando em abrir um negócio: você precisa de um sócio cujo conjunto de habilidades complemente o seu. Alguém que não apenas compartilhe sua visão, mas a eleve e o force a concretizá-la; que faça o que você não tem como fazer; que pense e veja as coisas de uma forma diferente; cujos pontos fortes compensem suas fraquezas e vice-versa.

Vemos esse tipo de abordagem yin-yang o tempo todo no empreendedorismo. Por exemplo, você não poderia encontrar duas pessoas mais diferentes e complementares do que Adam Lowry e Eric Ryan. Eles são os cofundadores da fabricante de produtos de limpeza doméstica Method, famosa por seu frasco de sabão líquido em forma de lágrima que é bonito o suficiente para ficar exposto no balcão e não escondido debaixo da pia com todos os outros produtos de limpeza.

Adam e Eric, dois amigos de infância que cresceram em Grosse Pointe, no Michigan, foram fazer faculdade em lados opostos do país com objetivos muito diferentes – Adam foi estudar engenharia química em Stanford, e Eric foi estudar administração em Rhode Island – antes de se reencontrarem em São Francisco no fim de 1990 totalmente por acaso. "Acho que foi em 1997 ou 1998, era o feriado de Ação de Graças. Entrei no avião e dei de cara com o Eric", Adam me contou sobre como eles se encontraram voltando a Grosse Pointe para passar o feriado. "Ele tinha acabado de se mudar para São Francisco apenas algumas semanas antes. Tinha um assento vazio. Acabei me sentando ao lado dele no avião e passamos as cinco horas de voo conversando. Descobrimos que morávamos exatamente no mesmo quarteirão."

Em um ano, eles passaram a ser colegas de quarto, com Eric se juntando a Adam e três outros jovens em uma república que Adam descreveu como "tão limpa quanto seria de se esperar de uma república". Mesmo assim, apesar do reencontro, suas carreiras continuaram em direções diferentes. Adam trabalhava com questões ambientais no Carnegie Institution for Science. Eric trabalhava em campanhas de produtos em uma agência de publicidade chamada Hal Riney & Partners. Suas perspectivas sobre o empreendedorismo também eram diferentes.

"Desde os 8 anos de idade, eu sempre soube que queria ser um empreendedor", disse Eric. "Eu era aquele moleque irritante do bairro que vivia vendendo botões ou qualquer outra coisa. Então, eu sempre soube que queria abrir uma empresa." Em grande parte, foi por isso que ele quis trabalhar com publicidade e branding depois de se formar.

Já a trajetória de Adam foi "menos predestinada", nas palavras dele. Ele não apenas "acreditava firmemente que você não precisa saber exatamente o que quer fazer da vida" como também era "motivado pela ideia de fazer do mundo um lugar melhor de alguma forma". Hoje em dia, esse tipo de mentalidade é praticamente uma porta aberta para o empreendedorismo, mas, na década de 1990, nem tanto.

Então, no Natal de 1999, suas jornadas profissionais começaram a convergir; dessa vez, em uma viagem de esqui. Meses antes, Eric trabalhou em um grande projeto para a Colgate Palmolive, passando muito tempo em supermercados, especificamente na seção de produtos de limpeza. "Era uma categoria gigantesca, mas um verdadeiro mar de mesmice", disse Eric. "Tudo tinha a mesma aparência e o mesmo cheiro. As marcas eram antigas, datadas. E tive a ideia de que era para lá que eu deveria ir."

E foi o que ele fez, da mesma forma como Jen Rubio e Steph Korey fizeram... só que com menos alarde.

Eric comprou uma grande variedade de itens de diferentes categorias de produtos de limpeza e os levou para casa a fim de fazer sua própria versão de uma análise da concorrência – que ele escondeu debaixo da cama porque achava que ninguém entenderia o que ele estava fazendo. "Foi uma bobagem", ele disse sobre sua ideia. "Não queria que ninguém soubesse que eu estava de olho nessa categoria." Nem sua mãe, que chegou a lhe dizer no início: "Nem a cama você faz. Tem certeza de que é a pessoa certa para abrir um negócio de produtos de limpeza?".

Sozinho? Talvez não. Mas com um sócio, quem sabe?

O famoso escritor e polímata americano Oliver Wendell Holmes Sr.* escreveu em 1872: "Muitas ideias crescem mais fortes quando transplantadas para outra mente do que na mente onde surgiram". No carro, a caminho das férias de esqui, Eric plantou a semente na cabeça de Adam.

"Eu confiava em Adam, e achei que ele seria receptivo à ideia, então, mencionei, como quem não quer nada, que poderia haver uma oportunidade nessa categoria", disse Eric. "E me lembro que Adam me olhou enquanto dirigia e disse 'Você sabia que eu me formei em engenharia química?'." Nem tinha ocorrido a Eric que o diploma de Adam poderia ser útil. E não foi apenas útil; foi imprescindível.

Então, Adam levantou outro ponto. "Eu disse: 'Além de esses produtos serem muito feios, você sabia que eles também são supertóxicos?'."

"Foi quando Adam mencionou isso que eu realmente fiquei intrigado", Eric disse. "Como é que a gente está poluindo enquanto limpa e usando veneno para ter uma casa mais saudável?"

Depois de esquiar naquela manhã, a ideia que Eric plantou na mente de Adam já havia brotado e começado a crescer. Não se tratava mais apenas de produtos de limpeza mais bonitos e cheirosos, mas de fazer produtos melhores para as pessoas e para o meio ambiente.

Quando eles voltaram a São Francisco, alguns dias depois, Adam levou uma mesa para o quarto de Eric, onde passou dias pesquisando a

---

* Se você acha que já ouviu esse nome, é porque ele foi o pai do famoso juiz da Suprema Corte dos Estados Unidos de mesmo nome.

parte química das diferentes categorias de produtos de limpeza* enquanto Eric terminava de trabalhar no projeto da Colgate em seu emprego na agência de publicidade, aprendendo o que podia sobre as marcas do setor e sobre os consumidores. Juntos, à noite e nos fins de semana, eles trabalharam em seu plano de negócio. As coisas avançaram rapidamente depois disso. Em meados de 2000, Eric estava ocupado, procurando o tipo e o formato de frasco ideal, bem como alguém para criar o design, fabricar e produzir. Ao mesmo tempo, Adam trabalhava para aperfeiçoar suas fórmulas de limpeza, misturando em baldes de vinte litros uma infinidade de substâncias diferentes que guardava em frascos individuais de meio litro, tudo na cozinha da casa que eles ainda dividiam com três outros caras.

"Um dia, eu cheguei em casa e Adam estava misturando coisas em canecas de cerveja, e eu pensei: 'Vamos acabar matando um dos nossos colegas de quarto!'", lembrou-se Eric. "Por sorte, o material não era tóxico", ele disse, rindo da loucura da cena. O resultado dos experimentos de Adam acabou se tornando uma linha de quatro produtos de limpeza de superfícies que combinava um belo design com ingredientes não tóxicos. Em 2001, eles lançaram oficialmente os produtos de limpeza da Method.

A Method foi o casamento perfeito das diferentes habilidades e sensibilidades de Adam e Eric. "Gostávamos de brincar dizendo que éramos um bicho de duas cabeças: 'estilo e substância'. Adam fazia basicamente tudo o que viria dentro do frasco e eu fazia tudo em torno do frasco", disse Eric. "Grande parte do que fizemos resultou de pura sorte; da união da paixão de Adam pela sustentabilidade com a minha paixão pelo design."

Nunca desconsidere a importância da sorte para o sucesso de qualquer nova ideia. Mas é bem verdade que sorte, sozinha, não tem como justificar o modo como os produtos de limpeza da Method chegaram

---

* Adam havia deixado seu emprego no Carnegie Institution alguns meses antes na tentativa de se classificar para as Olimpíadas de 2000 com a equipe de vela dos Estados Unidos.

às prateleiras da Target em um ano, como o negócio se tornou lucrativo em cinco anos ou como atingiu 100 milhões de dólares em vendas em menos de uma década. Penso que, para explicar tudo isso, é preciso analisar essa parceria perfeita entre Eric Ryan e Adam Lowry. Dois homens, um extrovertido e o outro introvertido; um que ataca um problema sem hesitar e o outro que "precisa de um pouco mais de tempo para refletir"; um que é um empreendedor orientado para a estética e o outro, um engenheiro socialmente consciente e orientado por um propósito. Os dois igualmente comprometidos com a proposta de disponibilizar uma linha de produtos de limpeza bonita e ecológica – "eco-chic", como a categoria passou a ser chamada – e de fazer todo o necessário para concretizar essa missão em duas frentes. "Os produtos ecológicos não costumam ser bonitos, e os produtos bonitos não são necessariamente ecológicos", explicou Eric. "Foi esse o paradigma que quebramos."

No fim, o que mais gosto da história de Eric e de Adam é o acaso do timing da coisa toda. Eles cresceram juntos na mesma cidade. Cada um seguiu um destino diferente. Eles se encontraram por acaso em um avião e descobriram que moravam no mesmo quarteirão. Tiveram a ideia de criar, entre todas as coisas, *sabão* – ou, como disse Eric, "uma ideia que esteve em alta 120 anos atrás" – em um momento e em uma cidade onde os investidores estavam apostando pesado em startups de tecnologia. Mas, ao mesmo tempo, os consumidores também estavam "começando a pensar mais em suas casas como reflexos de si mesmos", especialmente com a recente entrada da cadeia de lojas de móveis e decoração IKEA nos Estados Unidos e a inclusão da HGTV (Home & Garden Television), um canal de programas de reformas de casas, em pacotes de TV a cabo. Quais são as chances de isso tudo acontecer ao mesmo tempo?

Adam Lowry pode não achar que seu caminho para o empreendedorismo tinha algo de predestinado, mas, para mim, histórias como a dele e a de Eric, histórias como a da Method, sempre parecem ser, de algum modo, controladas pelo destino: a ideia certa no lugar certo, na hora certa, com as pessoas certas. E o que eu acho mais interessante na Method são as pessoas que fazem parte dessa equação, pelo menos no que se refere a trazer novas ideias ao mundo. Porque, assim como a Away é um excelente exemplo, para os inexperientes e não iniciados, de como fazer a lição de casa sobre qualquer setor se eles tiverem uma boa ideia, a Method mostra que encontrar o parceiro certo pode liberar o potencial de *qualquer* boa ideia, independentemente de essa ideia parecer misteriosa, esotérica ou até obsoleta.

E esse não é um insight revolucionário da minha parte. Muitos dos mesmos fundadores que mencionei no início deste capítulo, que na nossa cultura elevamos ao status de divinos, falaram abertamente sobre a importância dos parceiros que tiveram no início de sua batalha para concretizar suas ideias, muitos deles enquanto a batalha ainda estava acontecendo.

"Minhas melhores decisões de negócios têm a ver com escolher pessoas", disse Bill Gates em uma conversa em 1998 com Warren Buffett no campus da Universidade de Washington. "A decisão de trabalhar em parceria com Paul Allen provavelmente está no topo da lista... Ter alguém em quem você confia totalmente, que está 100% comprometido, que compartilha da sua visão e ainda tem habilidades um pouco diferentes das suas e também atua para manter os seus impulsos sob controle – além do benefício de ter alguém com esse tipo de brilhantismo ao seu lado – não só torna o processo divertido como também leva a muito sucesso."[8]

Em uma entrevista em 1985 para a *Playboy*, o cofundador da Apple, Steve Jobs, falou sobre a importância dos diferentes interesses de seu parceiro Steve Wozniak e da *ausência* de uma visão que os dois tinham em comum. "Nenhum de nós sabia se a coisa daria certo ou não", disse Jobs. "A motivação de Woz era encontrar soluções para os problemas. Ele focava mais a engenharia, e isso acabou resultando em uma de suas criações mais brilhantes, que foi a unidade de disco que viabilizou o Apple II. Eu estava tentando construir a empresa... Não acho que teria acontecido sem a contribuição de Woz e não acho que teria acontecido sem a minha contribuição."[9]

O poder da parceria não é apenas um fenômeno moderno exclusivo da indústria de tecnologia. As parcerias são um marco na história da inovação, independentemente do setor. Muitas delas são ícones culturais que conhecemos pelo nome da empresa: Ben e Jerry. Hewlett e Packard. Harley e Davidson. Wells e Fargo. Procter e Gamble (com quem, a propósito, Adam e Eric competiam diretamente). Naquela conversa com Bill Gates em 1998, Warren Buffett concordou totalmente com a importância de escolher pessoas: "Eu tive um parceiro assim, o Charlie Munger, por muitos anos, e essa parceria foi para mim exatamente o que Bill está falando".

Por mais improváveis que muitas dessas parcerias de sucesso pareçam, eu não acho que elas sejam totalmente um fruto do acaso. Adam e Eric eram amigos de infância. Gates e Allen estudaram juntos no ensino médio. Steve Wozniak morava em frente ao único amigo de Steve Jobs na escola de Cupertino, na Califórnia, onde Jobs fazia o ensino médio. Jen Rubio e Steph Korey trabalharam juntas. Charlie Munger trabalhou na loja do avô de Warren Buffett. Muitos casamentos também ocuparam o centro da fundação de grandes marcas: Kate Spade, Dermalogica, Stacy's Pita Chips, Drybar, Lonely Planet, Melissa & Doug, citando apenas algumas. Acho que é possível dizer que há um elemento de lealdade por trás do destino que levou ao sucesso dessas empresas. Um compromisso com um relacionamento preexistente que era uma prova, em virtude de sua própria existência, de que cada parceiro podia confiar que o outro não colocaria os próprios interesses acima dos interesses da parceria e do negócio; saber que sempre teriam um porto seguro em caso de tempestade. Um porto muito mais próximo de casa do que seria de esperar de algo como um empreendimento empresarial.

Essa é a outra razão para encontrar um cofundador. Uma razão cujo impacto você não tem como calcular com base em uma pesquisa de mercado e cujo valor você não tem como mensurar em uma demonstração de resultado. É a verdadeira razão pela qual Jim Koch estava procurando um parceiro quando encontrou Rhonda Kallman bem debaixo de seu nariz. Seu pai, muito experiente em tentar fazer pequenas cervejarias decolarem nas décadas de 1950 e 1960, o aconselhou a encontrar alguém para firmar uma parceria porque começar um negócio é uma empreitada solitária, "cheia de altos e baixos" que são difíceis de suportar quando se está sozinho na montanha-russa empreendedora.

Foi um conselho repetido com veemência por Paul Graham mais de vinte anos depois, quando escreveu: "Abrir uma startup é muito difícil para uma pessoa só. Mesmo se pudesse fazer todo o trabalho sozinho, você precisaria de colegas para fazer um brainstorming, para dissuadi-lo de tomar decisões idiotas e para animá-lo quando as coisas dão errado... Os pontos baixos de uma startup são tão baixos que poucos são capazes de suportá-los sozinhos".[10]

Os parceiros fazem mais do que ajudar sua ideia a sobreviver à inconstância dos consumidores, à brutalidade dos concorrentes, ao escrutínio dos investidores ou à incerteza dos eventos mundiais. Sem eles, *você* também teria dificuldade de sobreviver. E, se a sua ideia se tornar um negócio de verdade, ela precisará de você vivo e funcionando. O que significa que ela também precisará do seu parceiro – do seu cofundador.

6

FINANCIE O NEGÓCIO – PARTE 1: AUTOFINANCIAMENTO

Adam Lowry e Eric Ryan encontraram seu primeiro varejista para a Method em fevereiro de 2001 na forma de uma pequena rede de supermercados na península de São Francisco chamada Mollie Stone's Markets. A primeira loja da rede que aceitou vender os produtos ficava em Burlingame, perto de El Camino Real, que corre como uma artéria pela península, passando por dois dos condados mais ricos da Califórnia e entrando no Vale do Silício, cruzando a famosa estrada Sand Hill Road no caminho. As empresas de capital de risco que se concentram na Sand Hill Road basicamente esnobaram Adam e Eric quando eles saíram em busca de investidores.

    Naquela época, a bolha da internet estava prestes a estourar e, se o nome da sua empresa terminasse com ".com", você teria uma fila de investidores à sua porta para lhe dar dinheiro. Mas, se você estivesse fazendo algo mais analógico, como tentar revolucionar uma estagnada categoria de bens de consumo dominada por dois conglomerados multibilionários – no caso, a Procter & Gamble e a Unilever –, a porta dos investidores não apenas estaria fechada para você como também estaria trancada por dentro e por fora e com as luzes apagadas.*

Adam e Eric não se preocuparam muito com as rejeições iniciais que receberam dos investidores da Sand Hill Road (na época, em sua maioria, homens), porque sabiam que não precisariam de tanto dinheiro para fazer o negócio decolar. Afinal, eles não estavam tentando produzir solventes industriais perigosos. Eles estavam criando produtos de limpeza com ingredientes naturais e não tóxicos, compostos basicamente de água, vinagre, bicarbonato de sódio, extratos de plantas e óleos essenciais – "produtos químicos suaves e comuns... que não precisam de um laboratório profissional para ser combinados", na descrição de Adam. Então, eles começaram investindo 45 mil dólares cada – no caso, Eric havia recebido esse dinheiro de herança do avô, que tinha falecido recentemente – e usaram o dinheiro para iniciar os experimentos.

Nos dois primeiros anos, eles fizeram quase tudo sozinhos: aperfeiçoaram a fórmula, supervisionaram o design e a fabricação dos frascos, imprimiram etiquetas com o número do celular pessoal de Eric para aplicar no frasco como o número de atendimento ao cliente,** promoveram demonstrações em lojas para atrair clientes (Eric até usava jaleco), fizeram apresentações a investidores – como os das empresas da Sand Hill Road –, e visitaram varejistas como a Mollie Stone's Markets. Eles chegaram a cuidar sozinhos do gerenciamento de estoque. Todos os dias, à medida que os produtos eram oferecidos em mais lojas da Mollie Stone's e depois para outros supermercados gourmet, Adam e Eric se revezavam para ir, de carro, a cada um dos supermercados a fim de checar os níveis de estoque e

---

* Entre o momento em que Adam e Eric se encontraram por acaso naquele avião voltando para casa em 1998 e o momento em que eles colocaram seu primeiro produto nas prateleiras das lojas em 2001, a Pets.com nasceu, levantou oito dígitos em capital de risco, foi adquirida pela Amazon, fez uma IPO, entrou em colapso e foi fechada.

** De um modo surpreendente, uma grande parte dos fundadores que entrevistei usou o número do próprio celular como um canal de atendimento ao cliente e o imprimia na embalagem de seus produtos. Ainda mais surpreendente é o tempo que eles passaram fazendo isso!

reabastecer as prateleiras conforme necessário. Eles chamavam isso de "rota do jornal".

E os custos adicionais de todas essas tarefas, se não fossem cobertos pelo dinheiro de amigos e parentes, ficavam por conta dos cartões de crédito de Adam e Eric. Eles fizeram tantas dívidas em seus cartões de créditos pessoais que, quando a empresa finalmente conseguiu um bom investimento (1 milhão de dólares de um único investidor), eles não tinham como pagar a conta do restaurante no tradicional jantar para fechar o negócio porque todos os seus cartões estavam estourados.

Se você nunca abriu um negócio, isso pode parecer o cúmulo da administração irresponsável de dinheiro. Mas existe uma palavra para o que Adam e Eric fizeram. Chama-se autofinanciamento – ou *bootstrapping*, em inglês. Autofinanciamento é o que você faz quando não tem uma agenda de contatos cheia de bilionários para os quais você possa ligar e pedir dinheiro, se for sua primeira empresa e você estiver fazendo tudo sozinho, ou só você e seu(s) sócio(s). Mais especificamente, autofinanciar-se é usar o que você tem à disposição para chegar aonde quer chegar.

O autofinanciamento é um recurso muito comum entre os empreendedores de primeira viagem. Sem o dinheiro de outras pessoas para sustentar o negócio – seja de amigos ou parentes, capital de risco ou algo como um empréstimo bancário para sua pessoa jurídica –, você precisa encontrar outras maneiras de pagar as despesas. Nesse caso, precisa recorrer a cartões de crédito, economias pessoais, reinvestimento dos lucros no negócio, entre outras formas. Contudo, depois de conversar com centenas de empreendedores brilhantes, sei que o autofinanciamento é mais do que simplesmente usar fontes alternativas de financiamento pessoal como o último recurso. Também se trata de manter o controle do seu negócio pelo maior tempo possível. Trata-se de usar outros ativos não monetários para resolver problemas que, de outra forma, você contrataria alguém para resolver ou para os quais teria que gastar dinheiro – ativos como seu tempo, seu empenho, sua rede de contatos, seu talento e sua engenhosidade.

Joe Gebbia, Brian Chesky e Nathan Blecharczyk alavancaram cada um desses recursos em 2007 e 2008 para autofinanciar a plataforma de hospitalidade on-line *peer-to-peer* que hoje conhecemos como Airbnb.

O Airbnb começou como um site chamado Airbedandbreakfast.com, criado para oferecer um lugar em que os participantes de grandes conferências pudessem se hospedar quando todos os hotéis da cidade ficassem lotados. Joe teve a ideia em setembro de 2007, quando estava em casa navegando na internet e se perguntando como pagaria o aluguel para não perder um amigo. O aluguel de Joe tinha acabado de subir 25% poucas semanas depois que Joe convencera seu novo colega de quarto, Brian Chesky, a largar o emprego em Los Angeles e se mudar para São Francisco, para que eles abrissem uma empresa juntos. Uma empresa do quê? Bom, eles ainda não tinham pensado nessa parte.

Por sorte, eles estavam pensando em comparecer a uma conferência de design industrial em São Francisco que ocorreria algumas semanas depois – ele e Brian eram formados pela Rhode Island School of Design (RISD) –, e, quando Joe entrou no site da conferência para ver se ainda havia ingressos disponíveis, viu logo na primeira página, em grandes letras vermelhas, as palavras "hotéis lotados".

Joe teve a ideia imediatamente: "Fiquei pensando 'Caramba. Um monte de designers vai chegar de última hora e não vão ter onde ficar!'. Naquele instante, olhei ao redor da sala e pensei: 'Espere aí, a gente tem muito espaço extra aqui, e eu tenho colchões de ar no armário...'. E foi assim que a ideia de hospedar pessoas em colchões infláveis começou a criar raízes na minha cabeça".

Ele apresentou a ideia a Brian, seu colega de quarto. Brian tinha apenas mil dólares quando se mudou para São Francisco naquele mês. Sua parte do aluguel era 1.050 dólares por mês. Até eu consigo fazer essa conta. Por mais bizarra que essa ideia possa ter soado no momento, a decisão era fácil para alguém que, em pouco tempo, ficaria sem nenhum tostão furado no bolso.

"Vai ser mais do que só um lugar para dormir", Joe pensou na ocasião. "Podemos servir café da manhã, pegar os hóspedes no aeroporto e lhes dar um guia do bairro e mapas de São Francisco."

Foi assim que ele apresentou a ideia a Brian, em um e-mail que ficou famoso quando foi exibido no palco do TED em 2016.

> Brian,
> Pensei num jeito de fazer uma grana – transformando nosso apartamento em um tipo de pousada para designers – oferecendo aos jovens designers que vierem a São Francisco um lugar para passar a noite durante os 4 dias de evento, com wi-fi, uma escrivaninha, um colchão e café da manhã. Não é genial?
>
> Joe[11]

Brian topou a ideia. Juntos, eles usaram a própria experiência em design para criar rapidamente um site simples. O site descrevia quem eles eram, qual era a ideia – basicamente, dormir no chão da nossa sala em um colchão de ar por 80 dólares a diária – e todas as outras coisas que eles forneceriam no pacote.

E quando Joe escreveu "eles", ele quis dizer *só os dois*: Joe e Brian. E foi exatamente assim que tudo funcionou para os três hóspedes que eles receberiam no espaço que tinham. "Eles ficaram hospedados com a gente, e mostramos São Francisco a eles. Então, eles não sentiram que estavam numa cidade desconhecida", Joe explicou.

Tudo o que os hóspedes fizeram fora da conferência foi organizado por Joe e Brian ou com eles como guias. Se fosse um cruzeiro, eles seriam os construtores do navio, os capitães, os organizadores das atividades de entretenimento, os navegadores e engenheiros, os cozinheiros e a equipe de limpeza, tudo isso reunido em duas pessoas. "Nunca vou me esquecer da despedida", Joe disse, "de ver a porta se fechando e pensar 'E se a gente desse a chance a outras pessoas para que também possam compartilhar suas experiências, receber hóspedes em suas casas e mostrar a cidade?'."

Para fazer isso, eles precisariam de um site muito mais robusto, o que exigia um nível de conhecimento técnico que Joe e Brian não tinham.

Sem dinheiro para contratar programadores, eles precisariam alavancar sua rede de conhecidos para encontrar um. Por sorte, Joe conhecia um cara. Um engenheiro formado em ciência da computação pela Harvard chamado Nate Blecharczyk, que por acaso foi o colega de quarto que Brian substituiu quando foi morar com Joe.

Depois das férias, Joe ligou para Nate, e eles se encontraram para um happy hour. "Então, aqui estamos, em janeiro de 2008, com uma ideia e sem um engenheiro", Joe disse. "Eu falei sobre nosso experimento de fim de semana com aqueles três hóspedes, e ele adorou a ideia."

Os três decidiram que a ocasião perfeita para relançar o Airbedandbreakfast.com seria na próxima grande conferência de tecnologia, a South by Southwest (SXSW) em Austin, no Texas, em março. No entanto, quando eles chegaram a essa decisão estratégica, faltava menos de um mês para a conferência. Seria apertado, mas a oportunidade era ideal.

"Foi lá que alguns dos grandes nomes da tecnologia foram lançados antes de nós. Para você ter uma ideia, o Twitter e a Foursquare foram lançados lá, entre outros. A ideia era seguir a trilha desse sucesso", Joe explicou. Além disso, "todo ano é a mesma coisa. Os hotéis esgotam meses antes do evento e as pessoas ficam sem ter onde ficar".

Você consegue pensar em um cenário melhor para uma plataforma on-line de hospitalidade surgida em meio a uma total escassez de quartos de hotel? Eles passaram as três semanas seguintes trabalhando no apartamento de Joe e Brian, dia após dia, reconstruindo o site – Joe encarregado do design, Nate encarregado da codificação e Brian encarregado de todo o resto necessário para transformar a ideia em um negócio. Sem dinheiro. "Praticamente sem nada", como disse Joe.

Eles lançaram o site com seis ofertas pouco antes do início da conferência. Mas só duas pessoas fizeram reservas. E uma delas foi o próprio Brian.

"Foi um verdadeiro balde de água fria", disse Joe. "Ficamos tão empolgados com a ideia... e foi quase como se ela nunca tivesse existido." Mas eles aprenderam algumas lições importantes no processo. Uma delas foi que era muito estranho pagar uma estadia em dinheiro vivo, especialmente na casa de alguém, de modo que seria interessante ter um recurso de pagamento on-line. A segunda lição foi que nem todas as pessoas interessadas em se hospedar na casa de alguém – com ou sem um colchão de ar – viajam para ir a uma conferência, de modo que poderia ser interessante não atrelar a ideia apenas a locais onde ocorrem conferências.

"Então, pensamos: 'Vamos incluir pagamentos on-line e transformar o negócio em um site de viagens!'", Joe contou. "E foi assim que tivemos uma ideia: relançar uma nova versão do nosso serviço no auge de um tsunami midiático."

Em 2008, uma onda gigantesca de atenção estava se espalhando por todo o país. Barack Obama se candidataria à presidência dos Estados Unidos e, em meados daquele ano, a Convenção Nacional Democrata seria em Denver, no Colorado, onde Obama daria um discurso e aceitaria a nomeação para ser o candidato a presidente do Partido Democrata. Os três sócios se viram com uma oportunidade única nas mãos.

"Havia a expectativa de que umas cem mil pessoas fossem ver Obama falar, mas a cidade tinha menos de trinta mil quartos de hotel, sendo que a maioria estaria ocupada pelo pessoal da campanha", lembrou Joe. Seria uma verdadeira crise imobiliária. A certa altura, o prefeito de Denver chegou a considerar abrir os parques da cidade para as pessoas acamparem. De repente, havia uma grande necessidade do serviço que Joe, Brian e Nate estavam tentando criar. Eles só precisariam informar as pessoas.

"Nós pensamos: e se a gente relançasse o nosso serviço durante a convenção democrata? Poderíamos surfar na onda de toda a atenção gerada pela presença de Obama para divulgar nosso serviço", Joe explicou.

E foi exatamente isso que eles fizeram. Enquanto Nate trabalhava para redirecionar o foco do site de conferências para viagens e incluir uma função de pagamento on-line, Joe e Brian foram para Denver. Eles conversaram com todos os repórteres dispostos a lhes dar dez minutos de atenção até que finalmente começaram a ganhar impulso.

"Conseguimos chamar a atenção da imprensa local; depois, da imprensa regional e, na sequência, da imprensa nacional", Joe disse. Joe e Brian chegaram a dar uma entrevista ao vivo para a CNN em sua sala de estar. Em questão de quatro semanas depois da convenção, eles conseguiram acrescentar oitocentas casas ao site e processar cem reservas.

"Achei que tínhamos inventado a pólvora", Joe disse. "Aquele era o nosso foguete para a lua." E eles autofinanciaram a coisa toda. Mais do que isso, eles conseguiram demonstrar a viabilidade da ideia; mostraram que eram empreendedores inteligentes e ágeis e, o melhor de tudo, que controlavam 100% do negócio.

Você consegue pensar em um momento melhor para buscar investimentos (como os fundadores da Method fizeram) do que quando parece que seu novo empreendimento está indo para a estratosfera e você está no controle? Alavancando suas conexões em São Francisco, Joe e Brian foram apresentados a vinte investidores diferentes da Sand Hill Road. Eles enviaram a cada um deles um e-mail explicando o negócio.

Mas os resultados foram decepcionantes. "Dez deles responderam ao nosso e-mail. Cinco nos encontraram para um café. E o número de investidores que topou investir em nós foi zero." Joe recitou a cascata decrescente de números cada vez mais tenebrosos como se tivesse sido costurada em seu DNA empreendedor. "Aquele negócio era a minha vida. E colocá-la diante dos investidores mais experientes do mundo – os caras que escolheram os Googles, os PayPals e os YouTubes do mundo – e vê-los dizer 'Essa ideia de vocês é bem esquisita...'", Joe contou, com a voz embargada. "Dois mil e oito foi o pior ano da minha vida."

Aquilo deveria ter sido o fim do Airbedandbreakfast.com. E, de certa forma, foi. Ou pelo menos foi o começo do fim. Isso porque, em oito meses, o nome seria abreviado para Airbnb; o trio de cofundadores seria aceito na incubadora de startups Y Combinator; e seu site teria 10 mil usuários e 2.500 ofertas. Tudo isso aconteceu, ironicamente, por causa de duas caixas de cereais matinais e uma pasta cheia de cartões de crédito.

"Sabe aquelas pastas que os colecionadores usam para guardar cartas de beisebol?", Joe me perguntou quando eu quis saber como eles conseguiram manter o negócio vivo depois da rejeição dos investidores. "Eu tinha uma dessas pastas, só que não usava para guardar cartas de beisebol. Eu guardava cartões de crédito. A gente passava de um cartão de crédito a outro, de um Visa a outro Visa e, depois, a um Mastercard, a um Amex, estourando os limites de todos eles. Foi assim que a gente financiou o negócio."

Eles chamaram a tática de "rodada de Visas". Eles conseguiam manter as luzes acesas e os servidores funcionando, mas era só isso. "Nada é pior do que receber uma fatura do cartão de crédito que só aumenta, sem nenhuma esperança de quitar a dívida", disse Joe. Um dia, tarde da noite, um pouco antes da eleição presidencial de 2008, Joe e Brian estavam na cozinha fazendo um brainstorming de ideias para agregar valor a seu serviço. Eles já tinham dado um jeito na parte da "cama" do negócio, mas e o café da manhã? O que eles realmente fizeram para resolver essa parte?

"E se a gente desse aos anfitriões algum cereal matinal para servir aos hóspedes?", Joe disse, relembrando sua conversa com Brian. "Não seria divertido se fosse um cereal temático? Tipo... com um tema político? Poderíamos ter dois cereais, um para cada candidato à presidência. Um poderia ser o 'Obama O's: O Café da Manhã da Mudança'. O outro poderia ser o 'Capitão McCain's: Um Dissidente em Cada Colherada'."

Se você acha que isso mais parece um ato de desespero no meio da madrugada do que uma sessão de brainstorming focado, você tem razão. "Àquela altura, tudo o que a gente estava tentando fazer era não desistir", Joe contou. Sem mencionar um pequeno detalhe: eles realmente executaram a ideia do cereal matinal!

E, como se isso não bastasse, também promoveram e comercializaram o novo produto. Brian comprou quinhentas caixas de cereais genéricos. Joe se encarregou da direção de arte e, usando mais uma vez sua rede de conhecidos, contratou um ilustrador – um cara que também se formou pela Rhode Island School of Design e que topou trabalhar por comissão, como um favor. Vendo que tinham uma série de edição limitada em mãos, eles criaram um site para cada marca de cereal, enviaram cem caixas para todos os meios de comunicação com os quais tinham algum contato, incluindo os que tinham lhe dado cobertura durante a Convenção Nacional Democrata um mês antes, numeraram as caixas de 1 a 500 e as venderam na internet por 40 dólares cada.

A ideia deu certo. Eles não só receberam muita atenção da imprensa como também venderam todo o cereal.

Fiquei impressionadíssimo com essa parte da história do Airbnb, mas surgiu uma dúvida: para que tudo isso? Como isso ajudaria o Airbedandbreakfast.com? A resposta de Joe foi que não ajudaria. Ou, mais precisamente, que na verdade não importava. "Ao vender as quinhentas caixas por 40 dólares cada, ganhamos 20 mil dólares com os cereais matinais", explicou Joe, "e isso deu para quitar nossos cartões de crédito".

Os Obama O's e os Cap'n McCain's não abasteceram o foguete do Airbnb, mas mantiveram o empreendimento com as portas abertas por tempo suficiente para que eles fossem aceitos na Y Combinator naquele ano. Tanto que foi a engenhosidade que eles demonstraram ao fazer o cereal e não exatamente a ideia do Airbnb que convenceu o cofundador da Y Combinator, Paul Graham, a encontrar um lugar para eles no programa. "Foi com a venda do cereal matinal que provamos que tínhamos jogo de cintura e determinação", disse Joe. "Se conseguimos dar um jeito de vender cereais matinais por 40 dólares a caixa, conseguiríamos descobrir como fazer nosso site decolar."

Sob a orientação de Graham, eles ficaram ainda mais ousados, ainda mais determinados. Ele lhes deu permissão para fazer coisas que não escalonavam para resolver os problemas imediatos que estavam impedindo seu crescimento. Começaram analisando as pesquisas que as pessoas estavam fazendo no site em busca de tendências positivas que pudessem explorar e tendências negativas que pudessem cortar pela raiz. O primeiro padrão que encontraram foi que as hospedagens com o pior desempenho tendiam a ter as piores fotos.

"Os anfitriões usavam celulares para tirar fotos de suas casas. Eles faziam as fotos à noite. Não tiravam fotos bem produzidas, por isso, ninguém queria ficar hospedado naquelas casas", Joe explicou. A maioria dos problemas com fotos se concentrava em Nova York, que, na época, era o maior mercado de hospedagem. Isso lhes deu uma oportunidade única de eliminar uma tendência negativa ao mesmo tempo em que criavam uma positiva. Joe tinha feito algumas aulas de fotografia na faculdade. Ele estava "inclinado a apostar que bastaria passar um fim de semana em Nova York para tirar algumas fotos melhores. E não cobraríamos nada por isso. Seria de graça".

Então, Brian e Joe pegaram um avião para Nova York, alugaram uma boa câmera, mandaram um e-mail a todos os trinta anfitriões de Nova York se oferecendo para tirar as fotos e seguiram de porta em porta pelos cinco distritos da cidade. Brian e Joe se apresentaram como cofundadores do Airbnb. Joe também se apresentava como o fotógrafo profissional da empresa. E as fotos que ele tirou ficaram muito boas. "Acabei acertando a iluminação, a composição...", ele explicou. "Meio que comecei a encenar um pouco os ambientes, mudando uma coisa de lugar aqui e ali, e, quando mostrava as fotos na câmera, os anfitriões diziam coisas como 'Caramba! Meu Deus! Meu apartamento ficou lindo, não acredito! Vocês aceitam um chá ou um café?'.".

É claro que eles aceitavam o café e acabavam passando, em alguns casos, algumas horas na casa de seus primeiros anfitriões, conversando com eles sobre suas vidas e suas experiências com o site. Brian e Joe entraram de cabeça no que Joe chamou de "modo de pesquisa de design".

"Lá estávamos nós, na sala de um anfitrião, e eles pegavam um laptop e perguntavam coisas como 'Vocês poderiam me mostrar como checar a agenda?', 'Poderiam me mostrar como trocar mensagens com os hóspedes?'", Joe lembrou. "E, assim, vimos como a nossa interface com o design 'perfeito' era uma droga em termos de usabilidade. Coisas que achávamos que levaria apenas dois ou três cliques, as pessoas estavam precisando de dez ou doze cliques para fazer. Elas avançavam às cegas, se perdiam no site." O pior de tudo para Joe, Brian e Nate foi que, até aquele fim de semana fatídico em Nova York, nos primeiros meses gelados de 2009, eles não faziam ideia de que tinham esse problema.

"Mas, quando descobrimos o problema, foi como ganhar na loteria", Joe contou. "Voltamos com tudo o que descobrimos, incorporamos as soluções no design, e nossos números naquela segunda semana passaram de 200 dólares por semana, que é o que passamos seis meses ganhando e simplesmente não era sustentável – três caras não têm como sobreviver com isso em São Francisco – para 400 dólares em uma semana."

Os números *dobraram*. É verdade que isso aconteceu principalmente em virtude do maior número de reservas dos anfitriões que eles conheceram e para os quais tiraram fotos em Nova York. Não por acaso, assim que identificaram e resolveram a questão das fotos, o crescimento orgânico começou a acontecer, os investidores começaram a rondar e o Airbnb que conhecemos hoje começou a tomar forma.

A meu ver, é justo dizer que esse rolo compressor de mais de 30 bilhões de dólares que redefiniu o setor de hospedagem e pôs em xeque todas as expectativas com relação a viagens e turismo no mundo inteiro existe hoje em grande parte graças aos esforços incansáveis de Joe Gebbia, Brian Chesky e Nathan Blecharczyk para manter o empreendimento vivo. Eles passaram nada menos que dois anos autofinanciando o negócio, fizeram mudanças e ajustes no site, pivotaram modelos de negócio, procuraram ativamente a imprensa, deram sessões gratuitas de fotos e se endividaram no cartão de crédito por um bom tempo, sobrevivendo à base de macarrão instantâneo. "E também vendemos cereais matinais", Joe se apressou em acrescentar. No começo, eles usaram o autofinanciamento porque queriam, porque era a coisa mais inteligente a fazer. Depois, eles autofinanciaram o negócio porque não tinham outra opção, porque era a única coisa a fazer.

Muitas das pessoas mais admiradas do Vale do Silício conhecem o valor do autofinanciamento e exortam aspirantes a fundador a adotá-lo. Ron Conway, o "Padrinho do Vale do Silício", deu o seguinte conselho aos empreendedores: "Passar o maior tempo possível autofinanciando o negócio é a melhor coisa para a empresa, porque você é o dono da empresa inteira... Use seus cartões de crédito, faça o que puder para que, quando for falar com os anjos, você tenha construído um protótipo funcional e já tenha alguns usuários. Você aumenta as suas chances de receber uma avaliação maior e sofre menos diluição".[12]

Em 2015, Sam Altman, presidente da Y Combinator, tuitou em defesa do autofinanciamento. "Pela nossa experiência na YC", ele escreveu, "podemos afirmar que as melhores empresas fazem coisas incríveis com pouco dinheiro".[13] Ele continuou: "Gostamos especialmente do fato de empresas competentes conseguirem fazer muito com pouco capital. Elas costumam ser muito melhores do que as que produzem pouco com muito dinheiro".[14]

O autofinanciamento é eficaz, mas também é muito difícil. É preciso um esforço extraordinário para alcançar resultados extraordinários. E é exatamente isso o que define uma startup de sucesso: extraordinário. No entanto, não confunda isso com pessimismo. Sou um otimista cauteloso. Sei que o sucesso é possível. Sei que *você* consegue. Mas também sei que existe um tipo de negócio para o qual o autofinanciamento nunca funciona: o tipo administrado por alguém que não é apaixonado o suficiente por sua ideia para dedicar os dias e as semanas intermináveis necessários; que não se importa o suficiente para entrar naquele avião para Nova York ou estourar o limite de todos os seus cartões de crédito para manter os servidores rodando.

Para autofinanciar seu negócio da maneira correta, e fazer isso bem, você precisa saber o que está enfrentando, o que se espera de você. Pode ser assustador acumular esse tipo de dívida ao tentar abrir um negócio? Sem dúvida alguma. Mas, se você perguntar a Jim Koch, ele dirá que não é tão assustador (ou perigoso) quanto *não* tentar abrir o seu negócio.

Passar um bom tempo sobrevivendo à base de macarrão instantâneo e dormindo pouco parece um pesadelo? Com certeza, não é o melhor para a sua saúde, mas você sobrevive. Se souber fazer alguma outra coisa, como Jane Wurwand, ou puder manter seu emprego fixo pelo maior tempo possível, como Daymond John, sempre terá uma tábua de salvação à qual recorrer se decidir que pretende despertar do sonho do empreendedorismo.

Se você for um fundador de primeira viagem, é justificável ter esse tipo de apreensão. Você se lembra daquele penhasco do qual acabou de pular e daquele avião que está tentando construir? Bem, o chão chega mais rápido do que você imagina. É um fato. Mas, se as experiências dos cofundadores da Method e do Airbnb nos ensinam alguma coisa, é que, se trabalhar com rapidez, inteligência, intensidade e em parceria, você poderá superar o desafio de abrir um negócio antes de cair no chão.

7

DEFINA A SUA HISTÓRIA

Em dezembro de 2019, tive a oportunidade de dar uma palestra sobre storytelling para o time de marketing da Procter & Gamble na sede global da empresa em Cincinnati, Ohio. A P&G é um conglomerado multinacional de 180 anos, proprietária de mais de sessenta marcas, sendo que cerca de vinte delas valem mais de 1 bilhão de dólares cada. A julgar apenas pelos números, a P&G aprendeu algumas lições desde sua fundação, em 1837.

Antes da minha palestra, fiz um tour pelo extenso campus da empresa no centro da cidade, que contém um pequeno museu que traça a história da corporação e mantém um arquivo de todos os produtos que a P&G criou ou adquiriu ao longo dos anos. Percorrendo o museu, fiquei surpreso ao conhecer as histórias da origem de tantos produtos que têm presença garantida em praticamente todos os lares americanos, principalmente da linha Crest Whitestrips e da Swiffer.

A linha de produtos de clareamento dental Crest Whitestrips foi o resultado de uma sessão de brainstorming entre uma pessoa que trabalhava com filmes de PVC e outra que trabalhava na divisão de cremes dentais depois de um almoço no refeitório da empresa. A Swiffer, uma linha de esfregões e acessórios de limpeza, começou como uma combinação rudimentar de um cabo de vassoura preso a um frasco de solução de limpeza

Mr. Clean com absorventes higiênicos femininos Always afixados em uma extremidade – sendo que estes dois últimos são produtos da P&G.

O que acho mais incrível nessas histórias, e nas histórias de dezenas de outras marcas icônicas da P&G, não é apenas o fato de serem frutos de inovação e colaboração interna, mas também o fato de tão poucos consumidores conhecerem esses detalhes fascinantes. A Procter & Gamble é uma das maiores empresas de bens de consumo não duráveis do mundo, mas a palavra "inovação" vem à mente de poucas pessoas quando pensam na empresa. A P&G gasta mais de 1 bilhão de dólares por ano em publicidade, mas nem essa palavra nem nenhuma dessas histórias de origem podem ser encontradas em seus anúncios – nem em anúncios impressos, nem na TV, nem no rádio. Em vez disso, os anúncios da P&G tendem a se concentrar na utilidade e na eficácia. Eles se concentram no que os produtos podem fazer por você e praticamente não mencionam como você pode se identificar com a marca. É uma estratégia que funciona, é claro – a P&G atingiu quase 68 bilhões de dólares em vendas em 2019 –, mas só até certo ponto e só até aonde o dinheiro que você gasta em publicidade pode levar.

Mas e se você não tiver um orçamento de publicidade bilionário? E se não tiver orçamento publicitário algum? Ou se só quiser gastar menos e ser igualmente eficaz em atingir seus consumidores-alvo? Era justamente isso que eu poderia ensinar ao time de marketing da Procter & Gamble sobre storytelling: contar a própria história é uma forma mais econômica de não restringir sua publicidade à utilidade, à eficácia e à eficiência de seus produtos. É um jeito de ajudar os consumidores a se conectar à sua marca de uma forma mais profunda e pessoal, o que, por sua vez, é um excelente modo de diferenciar e descomoditizar seu produto, de criar fidelidade à marca e de se preparar para o sucesso de longo prazo.

Muitas empresas tradicionais têm dificuldade de enxergar as histórias de inovação e de origem que estão bem debaixo de seu nariz, mas toda empresa tem uma história, e isso se aplica tanto às empresas consolidadas quanto às iniciantes. A história, mais do que qualquer outra coisa, é o que conecta todas as pessoas com o que você está construindo. E cada elemento definidor do que você está construindo, do seu negócio, ajuda a contar sua história. Esses elementos incluem desde o nome e o logotipo, passando pela função do produto ou pela abordagem do serviço, pelos sócios que fundaram a empresa, até chegar aos clientes que compram dela. O propósito dessa história muda com o tempo e conforme a quem ela é contada, mas seu objetivo é basicamente responder a uma centena de variações diferentes de uma pergunta simples: Por quê?

Por que eu deveria comprar seu produto?
Por que eu deveria trabalhar nessa empresa?
Por que eu deveria me empolgar por trabalhar aqui?
Por que eu deveria investir nessa empresa?

Essas são apenas algumas das variações identificadas por Ben Horowitz, o brilhante empresário de tecnologia, autor de best-sellers e cofundador da empresa de capital de risco Andreessen Horowitz. Em 2010, ele descreveu o modo como sua empresa avalia CEOs, cujo principal trabalho, segundo ele, é ser "o guardião da visão e da história da empresa".[15]

Alguns anos depois, em uma entrevista à *Forbes*, Horowitz descreveu o papel da história da empresa de forma ainda mais sucinta: "A história precisa explicar em um nível fundamental o porquê da existência da empresa".[16] É uma história que você precisa contar a seus clientes, investidores, funcionários e a si mesmo. Mais ou menos nessa ordem, na verdade – de baixo para cima, como a velha pirâmide alimentar ou a famosa hierarquia de necessidades de Maslow.

Uma das razões dessa abordagem parece bastante intuitiva: como a maioria dos mercados já tem muitas opções para escolher, você precisa dar uma razão muito convincente para os consumidores escolherem a sua. E, nos casos em que você está fazendo algo que ninguém nunca viu antes, quando está criando um mercado totalmente novo, os consumidores nem sempre sabem o que estão perdendo. Desse modo, cabe a você dizer aos consumidores por que eles precisam escolher algo novo.

A outra razão um pouco mais complicada pela qual você precisa de uma história memorável é que há muitas outras perguntas que alguém poderia fazer para entender o porquê da existência do seu negócio, mas as respostas que você está dando não dizem muito: o que, onde, como, para quem você faz o que faz. Essas coisas não passam de fatos que qualquer um pode descobrir. Eu posso procurá-las no Google. Posso comprar relatórios de pesquisa de mercado. Posso contratar alguém para fazer a engenharia reversa do seu produto ou analisar seu processo. Posso ler livros e artigos a respeito.

Mas a pergunta mais importante que deve ser respondida é: *por que você faz o que faz?* Ou *por que deveríamos nos importar?* Eu só posso saber as respostas a essas perguntas se você, o fundador, quiser que eu as saiba, porque elas existem, primeiro, na sua mente. E, como acontece com a maioria dos conceitos que não são quantificáveis, costuma ser mais fácil entender e compartilhar as respostas a essas perguntas com uma história.

Whitney Wolfe tem uma história. Ela sabe muito bem disso. Ouvi-la contar essa história é conhecer Whitney e conhecer a história de seu aplicativo de namoro, o Bumble. É saber o que ela está tentando fazer com seu aplicativo, por que *todos* nós devemos nos importar com ele e como ela conseguiu ter sucesso apesar do fato de que, no fim de 2014, quando o Bumble foi lançado, o mundo não precisava de mais aplicativos de namoro. O mundo já tinha o Match.com, Plenty of Fish, OkCupid, eHarmony e Hinge, além de todos os sites de nicho, como o Jdate, BlackPlanet, Christian Mingle e, do outro lado do espectro, o SeekingArrangement e o Ashley Madison.

E também tinha o Tinder, o gigante, que Whitney ajudara a fundar em 2012[17] e de onde havia saído pouco tempo antes em algumas das piores circunstâncias possíveis não apenas para uma cofundadora, mas para uma mulher e um ser humano.[18] A saída de Whitney do Tinder envolveu uma separação profissional e romântica de um de seus cofundadores,[19] um processo de assédio sexual muito divulgado[20] e um verdadeiro rio de veneno na internet direcionado a ela.[21] Quando finalmente saiu do Tinder no início de 2014,[22] Whitney não queria mais saber do negócio de namoro. Ela não queria mais saber de nada.

"Eu estava no fundo do poço", Whitney me contou em uma entrevista em 2017. "Tinha dias em que eu não queria mais viver. Eu não queria sair da cama. Eu queria morrer." Whitney não tinha nem 25 anos na ocasião, e a internet a havia destruído completamente.

Tudo isso levanta as seguintes questões: por que abrir outro negócio on-line? Por que outro aplicativo de *namoro*? E por que tão cedo?

Bem, parte da agonia que Whitney estava sentindo era essa sensação incômoda de que ela não era a única pessoa a passar por isso. Sua história era muito maior do que ela mesma, maior do que o Tinder, maior até do que a indústria de namoro. Havia uma grande falta de responsabilização na internet e, por mais horrível que tenha sido sua experiência pessoal, ela ficava horrorizada de pensar no conteúdo que meninas de 13 anos passavam o dia inteiro vendo no celular.

"Fiquei muito assustada com isso", ela disse. "Então, parei e falei para mim mesma: 'Eu posso fazer alguma coisa. Posso mudar o que odeio e o que vejo acontecendo neste mundo!'."

No começo, sua nova ideia não tinha nada a ver com namoro. Era uma rede social só para mulheres, que ela chamou de Merci, onde as mulheres só podiam usar elogios para responder às postagens e mensagens umas das outras. "Eu queria construir uma plataforma baseada na gentileza e no comportamento positivo", ela explicou. "Basicamente, um antídoto para a minha experiência na internet."

Ela chegou a desenvolver um plano de marketing completo – Whitney era especializada em marketing – e, em julho de 2014, recebeu uma ligação de Andrey Andreev, o empresário londrino que havia criado várias empresas de sucesso, incluindo o Badoo, o site de namoro mais popular do mundo fora dos Estados Unidos. Andrey queria contratar Whitney para ser a diretora de marketing do Badoo, e Whitney não pensou duas vezes. "De jeito nenhum", ela respondeu. "Não quero nem chegar perto de um aplicativo de namoro. Não consigo me imaginar fazendo isso. Vou abrir meu próprio negócio e quero que ele seja orientado por uma missão e que faça uma diferença no mundo, e *não* quero que seja na indústria de namoro."

Então, ela apresentou *sua* ideia a ele. Ela explicou a visão da Merci e respondeu todas as perguntas difíceis que se esperaria de um empreendedor de sucesso e investidor em startups como Andreev. Whitney contou que, a cada resposta que dava, ficava claro que Andreev podia sentir sua paixão pela ideia e seu compromisso com a missão, o que foi animador.

"Não tenho dúvida de que você precisa criar isso", disse ele, "mas precisa ser um aplicativo de namoro. Não tem jeito. O que você está tentando fazer não tem como deixar de ser algo na forma de um aplicativo de namoro".

Nem consigo imaginar como Whitney se sentiu naquele momento. Sua vida tinha virado de cabeça para baixo apenas alguns meses antes, em parte por causa de sua saída de um negócio de aplicativo de namoro, e agora o fundador de outro aplicativo de namoro queria contratá-la e não parecia estar dando ouvidos ao que ela queria. Para o imenso crédito de Whitney, ela parou para pensar e realmente considerou o que Andrey estava tentando dizer.

"Eu parei e pensei: 'Talvez ele tenha razão. Talvez dê para melhorar a indústria do namoro'", Whitney contou sobre sua primeira reunião com Andrey. "'Talvez o problema não seja apenas garotas adolescentes conversando com garotos. Talvez seja um problema que afeta mulheres de todas as idades.'"

No fim daquela primeira reunião, Whitney e Andrey fizeram um acordo informal. Eles desenvolveriam a ideia dela, mas como um aplicativo de namoro, e fariam isso juntos. Em poucas semanas, eles já tinham reunido uma equipe de designers fantásticos e Whitney já tinha a principal funcionalidade que distinguiria seu aplicativo de namoro de todos os outros. Na descrição dela:

"Eu sempre quis ser a primeira a mandar uma mensagem para o cara. Mas nunca pude, porque a sociedade e meus amigos diziam que não era assim. Então, eu disse à equipe: 'Vamos fazer a engenharia reversa disso: quando der um match, é a mulher que precisa mandar a primeira mensagem. Ela vai ter 24 horas para fazer isso – o que lhe daria uma espécie de incentivo – e, se não ela mandar a mensagem, o match vai desaparecer para sempre'."

Era totalmente diferente de tudo o que existia no mundo dos aplicativos de namoro até aquele momento. Ele estava colocando a bola diretamente no campo da mulher, enquanto antes se esperava que os homens dessem o primeiro passo e as mulheres se fizessem de difícil na melhor das hipóteses e implorassem por atenção na pior.*

"No fundo, você está dizendo aos homens que eles devem ser abertamente agressivos e está dizendo às mulheres que elas devem ser o oposto disso", Whitney explicou se referindo ao antigo modelo que ela estava tentando transformar. "Você está treinando dois seres humanos para que façam o contrário um do outro e, como uma sociedade, está empurrando os dois ao fracasso. O resultado é que você prepara os homens para viver sendo rejeitados. E expõe as mulheres ao abuso."

É por isso que o Bumble precisava existir. É por isso que todos nós devemos nos importar. E é por isso que Whitney era a pessoa perfeita para criar o aplicativo. A dinâmica tóxica e, muitas vezes, destrutiva resultante dos modelos tradicionais de namoro na internet foi exatamente o que quase a destruiu e o que estava fazendo com que tantos aplicativos de namoro se transformassem em espaços tão desagradáveis para tantos milhões de mulheres ao redor do mundo. Alguém precisava dar um fim nisso.

A essência dessa história e a natureza revolucionária do que o Bumble estava tentando fazer – colocar o poder sexual nas mãos das *mulheres* – se refletem até no nome do aplicativo. Porque Bumble não foi a primeira escolha de Whitney. Era Moxie, uma gíria para coragem, caráter, determinação.

---

* A base de usuários do Bumble é, em grande parte, heterossexual, mas vale observar que o aplicativo também tem uma grande base de usuários homossexuais, para os quais a regra da "mulher primeiro" para mensagens não se aplica — qualquer um pode enviar a primeira mensagem —, mas o usuário ainda tem que fazer isso em até 24 horas, ou o match desaparece.

"Tipo, se você tiver 'moxie', você tem coragem", ela explicou. "Porque você precisa de coragem para dar o primeiro passo."

Só que alguém já tinha registrado o domínio na internet e todas as versões possíveis do nome. Então, Whitney e seus colegas foram obrigados a repensar o nome.

"Tínhamos uma lista de umas mil palavras", disse Whitney. "Até que, um dia, Michelle Kennedy, que foi uma grande mentora para mim naqueles dois primeiros anos, entrou no escritório reclamando do marido e perguntou com seu adorável sotaque britânico: 'Por que não Bumble?'."

Em inglês, "bumble" é agir de maneira desengonçada, desajeitada, desastrada. A princípio, Whitney odiou a ideia, por causa das conotações negativas da palavra. No entanto, Andrey, seu parceiro de negócios, adorou. E adorou ainda mais quando pesquisou todos os sites de registro de domínio e descobriu que Bumble estava disponível – o que era um pequeno milagre em 2014. Então, pouco tempo depois, um dia, Whitney estava na casa de uma família de amigos (cuja filha acabaria sendo sua terceira funcionária no Bumble) e perguntou à matriarca o que ela achava do nome.

"Ah, tipo... 'Seja a abelha-rainha do Bumble. Encontre o seu amor no Bumble...'", foi a resposta. Acontece que "*bumble bee*", em inglês, é um tipo de abelha.

"Eu fiquei tipo... 'É... isso aí!'", Whitney lembrou. "Colmeias, abelhas construindo uma colmeia, abelhas-rainhas e mulheres dando o primeiro passo. Era a oportunidade de branding perfeita."

Além do branding, a palavra também representava à perfeição os problemas que o aplicativo resolveria tanto para mulheres quanto para homens. Para as mulheres, todas as conotações da abelha-rainha e da colmeia falavam da centralidade de seu papel no mundo do namoro. Sem uma abelha-rainha, a colmeia entra em colapso. Sem abelhas, o ecossistema todo entra em colapso. Isso se aplica tanto para as abelhas quanto para as pessoas, e já tinha passado da hora de a humanidade incorporar esse fato na arquitetura dos aplicativos de namoro, cujo objetivo era aproximar as pessoas, mas que eram criados principalmente por homens. E, para os homens, as implicações da palavra "bumble" não eram tão ameaçadoras para seus egos vulneráveis quanto a palavra "moxie", que implicava um grau de covardia que a maioria dos homens teria dificuldade de engolir. Quer você goste ou não, esse aplicativo de namoro centrado nas mulheres precisaria de homens para funcionar. Por sorte, a maior dificuldade que os homens enfrentavam no mundo do namoro não envolvia coragem, mas competência social. Especificamente, saber quando uma mulher estava interessada nele (ou por quê) e o que dizer em resposta. Por todas essas razões, o nome "bumble" *era* perfeito.

O nome Bumble é uma parte inerente à história da empresa, mas a história de sua escolha também é um microcosmo da história da empresa como um todo. Exemplifica o poder e a importância de um nome bom e cativante. Especialmente quando se trata de comunicar sua história a clientes, investidores e funcionários à medida que você começa a crescer. Também é importante para você mesmo entender a história, para se manter ancorado no que o leva a fazer o que faz e, como disse Ben Horowitz, nas razões da existência da sua empresa.

Pergunto a praticamente todos os fundadores que entrevisto qual é a história do nome de sua empresa, e, para quase todos eles, a pergunta é um gatilho que remete à história da fundação da empresa. Inevitavelmente, é uma história que revela as razões da existência da empresa e, às vezes, até explica como a empresa e o fundador conseguiram ter sucesso por tanto tempo.

Sara Blakely, por exemplo, escolheu Spanx para sua empresa de cintas e roupas íntimas modeladoras por ser um nome memorável e com o qual as pessoas podem se identificar. Ela sabia que as palavras com um som forte de *K* ressoavam bem com os consumidores. Segundo ela, não é coincidência que a Coca-Cola e a Kodak foram dois dos nomes mais conhecidos do mundo durante a maior parte do século XX. E, como ela me revelou, "todos os comediantes sabem que o som de *K* faz a plateia rir". Quando ela finalmente se decidiu por "Spanx" (ela substituiu "spanks" por "spanx" na última hora porque ouviu falar que palavras inventadas eram melhores para novos produtos do que palavras reais), o nome pareceu muito bom – não apenas porque tinha o som de *K*, mas também porque tinha uma relação direta com seu produto. Afinal, a palavra *"spank"*, em inglês, se refere a dar um tapinha no bumbum, e o primeiro produto que ela criou foi um modelador para o bumbum.

A memorabilidade do nome era crucial para a Spanx porque o produto em si era algo que as pessoas raramente veriam. Ao contrário de uma camisa, uma jaqueta ou sapatos, ninguém vê um produto da Spanx quando ele é usado, o que elimina a oportunidade de desenvolver um amplo reconhecimento da marca por meio de um branding visível nas próprias peças. O nome não tinha como deixar de ser memorável; precisava grudar na cabeça das pessoas da mesma forma como as roupas se moldam ao corpo delas. E "Spanx", para usar as palavras de Sara, "tinha um certo ar de travessura, um quê de diversão, de ousadia" – todos elementos que contribuem para um nome memorável.

Apesar de alguma confusão inicial, os fundadores do Airbnb escolheram o nome abreviado em vez de Airbedandbreakfast.com por evocar diretamente a história da origem da empresa. Era uma história cuja importância eles acabaram acolhendo, mas cujos detalhes eles não valorizaram totalmente no começo. Na verdade, acho que pode ter sido uma grande parte da razão pela qual eles tiveram que autofinanciar o negócio por tanto tempo depois de sua primeira grande vitória na Convenção Nacional Democrata de 2008. Conhecer a fundo sua própria história – saber *o porquê* – costuma ser a ponte entre a fundação e o financiamento, e parece que Joe Gebbia, Brian Chesky e Nate Blecharczyk não tinham as respostas para muitos porquês quando saíram para bater à porta dos primeiros investidores profissionais.

Quando nenhum dos vinte primeiros investidores potenciais que eles procuraram topou investir no negócio, por exemplo, não foi porque o modelo de negócio não era bom ou porque os investidores estranharam a ideia por trás do Airbnb – é claro que eles estranharam. Foi porque, no âmbito cultural, havia uma narrativa profundamente arraigada que essa nova ideia violava e para a qual Joe e Brian ainda não haviam criado uma contranarrativa. Em resumo, eles precisavam de uma *história* e ainda não tinham uma.

"Todos nós aprendemos, desde criança, que desconhecidos devem ser evitados porque significam perigo", Joe explicou. "Ninguém em sã consciência investiria em um serviço que envolve as pessoas divulgando ao público fotos de seus espaços mais íntimos – seu quarto, seus banheiros, os cômodos que as pessoas costumam fechar quando recebem visitas – e convidando desconhecidos pela internet para dormir em suas casas."

Foi essa questão que Paul Graham levantou na entrevista para o programa da Y Combinator no inverno de 2009. "A primeira coisa que saiu da boca de Paul Graham foi: 'Vocês estão me dizendo que as pessoas realmente usam isso? Que esquisito!'", Joe lembrou durante nossa conversa. Brian, relatando aquele mesmo momento durante uma entrevista com Reid Hoffman em sua aula sobre o *blitzscaling* na Universidade de Stanford em 2015, lembrou que Graham havia feito uma pergunta retórica que só uma boa história poderia responder a contento: "Qual é o problema dessa gente?".

"Não é a melhor maneira de começar uma entrevista", disse Joe. "E foi meio que piorando a partir daí."

Foi ladeira abaixo até que Joe voltou correndo para a sala depois da entrevista e entregou a Paul uma caixa de Obama O's, o que deu certo (eles conseguiram entrar no programa) porque o Obama O's tinha uma grande história por trás, uma história que explicava as razões da existência do Obama O's e por que Paul e o time da Y Combinator deveriam dar uma chance a Joe, Brian e Nate.

Quero fazer uma pausa aqui para deixar uma coisa bem clara antes de você começar a se assustar se ainda não tiver descoberto sua própria história: não esquente a cabeça! Você nem sempre vai ter tudo perfeito desde o começo, como aconteceu com Whitney Wolfe. O caso de

Whitney foi especial. Ela teve a vida inteira, toda a sua narrativa pessoal, desconstruída, litigada e reconstruída na imprensa e nas mídias sociais sem seu consentimento, e tudo isso na velocidade da luz durante semanas, se não meses. A história do Bumble é a história de Whitney retomando o controle de sua história e construindo um espaço para outras mulheres também retomarem o controle de suas histórias. É uma história que ajudou a transformar o Merci no Bumble, que hoje tem mais de 20 milhões de usuários cadastrados.

Os caras do Airbnb, por outro lado, demoraram um tempo para definir sua história. Acredito que teria sido mais simples se eles tivessem as respostas para os grandes porquês desde o início – porque dormir em um colchão inflável na casa de alguém, como quem se hospeda na casa de um amigo, faz a pessoa se sentir como se, de alguma forma, pertencesse à cidade que está visitando, enquanto ficar em um hotel genérico pode fazer a pessoa se sentir alheia e distante da cidade –, mas eles levaram um tempo para chegar a essas respostas. Entretanto, quando finalmente encontraram uma solução, quando começaram a ligar mais pontos e esses pontos começaram a se ligar com suas histórias pessoais e com algo mais profundo que estava acontecendo na cultura, a evolução do Airbedandbreakfast.com para o Airbnb começou para valer e os colocou no caminho certo para o negócio se transformar em um unicórnio.

As histórias do Bumble e do Airbnb são únicas, mas o que pode ser dito sobre todos os setores e ao longo da história é que *todos os negócios são histórias e todas as histórias são um processo*. São um mecanismo para você pensar profundamente sobre si mesmo, seu produto ou serviço, seus funcionários, seus clientes, seu mercado e o mundo. Explicam cada um desses elementos a todas as pessoas de uma forma que fatos e números jamais poderiam explicar.

Ben Horowitz está certo: conhecer a história de seu negócio e ser capaz de articular com clareza as razões de sua existência é um dos seus desafios mais importantes como um empreendedor. Não porque o ajuda a vender mais produtos, construir uma marca mais interessante ou ganhar mais dinheiro – embora todas essas coisas sejam verdade.

Mas a história que responde aos grandes porquês é a que cria clientes fiéis, encontra os melhores investidores, constrói uma cultura que mantém os funcionários comprometidos com a empresa e mantém você comprometido e trabalhando duro quando as coisas ficam difíceis e você tem vontade de desistir (o que, sem dúvida, vai acontecer). Qualquer um desses grupos tem um milhão de razões para desistir ou dizer não. Cabe a você lhes dar uma das poucas razões – contar a história a eles – para convencê-los a continuar ouvindo e dizer sim.

8

FINANCIE O NEGÓCIO – PARTE 2: CONSIGA FINANCIADORES EXTERNOS

Muitos empreendedores aprendem rapidamente a seguinte lição à medida que seus negócios começam a ganhar tração: com algumas raras exceções (como a Spanx), o autofinanciamento, apesar de toda a sua eficácia inicial, só o levará até certo ponto. Você pode se matar de trabalhar e se tornar o maior mão de vaca do mundo, pode impulsionar as vendas iniciais e reinvestir toda a receita no negócio, mas inevitavelmente chegará o momento em que você precisará de algo que não tem como fazer sozinho e não tem como pagar. Esse momento chega antes para alguns fundadores do que para outros, mas em todos os casos exigirá o que a mãe de Daymond John apelidou de "dinheiro dos outros", ou, em outras palavras, financiadores externos. Em 1995, depois de cinco anos autofinanciando a FUBU com vários níveis de sucesso, Daymond foi forçado a encontrar outra maneira de atender aos primeiros grandes pedidos na fábrica improvisada que montou na casa de sua mãe.

"Quando eu falo em 'dinheiro dos outros', não estou falando necessariamente de dinheiro", disse sua mãe enquanto ele procurava uma solução. "Podem ser outras pessoas cuidando da fabricação, ajudando a pensar em soluções, ajudando com mão de obra ou marketing." Foi um insight incrível, apesar de ela saber muito bem que, no fim, tudo se resumia a dinheiro. Daymond precisava de dinheiro para pagar pelos insumos, pela mão de obra adicional e pela capacidade de produção. É por isso que, no famoso anúncio classificado que publicou em nome dele, a mãe de Daymond não pediu trabalhadores nem tecido. "Milhões de dólares em pedidos. Precisamos de financiamento." Em outras palavras, Daymond precisava de *financiadores externos*.

Eric Ryan e Adam Lowry precisaram de financiadores externos quase imediatamente para lançar a Method, apesar de fazerem todo o resto sozinhos, porque quase todo o investimento pessoal inicial de 90 mil dólares foi consumido por custos relacionados ao design, aos equipamentos e à fabricação de seus frascos plásticos especiais – algo que eles obviamente não tinham como fazer sozinhos.

Jen Rubio e Steph Korey precisaram de financiadores externos para a Away desde o início, pois estavam tentando fazer uma mala rígida, com quatro rodas e outros recursos, e precisariam ir à Ásia para encontrar um fabricante que pudesse prototipar o produto. Um fabricante que, como a maioria, preferia ser pago com dinheiro, o que, em 2014, Jen e Steph não tinham.

É sempre complicado falar em dinheiro. Por um lado, é um daqueles tabus sobre os quais não se deve falar em ocasiões sociais. Quanto dinheiro você tem, quanto ganha, quanto gasta – é deselegante fazer esse tipo de pergunta, e as pessoas não costumam falar a respeito. Por outro lado, somos totalmente obcecados por dinheiro, principalmente no mundo das startups, em que os empreendedores se vangloriam de quanto financiamento inicial sua empresa arrecadou, a taxa de retorno substitui o "oi" como uma saudação e costuma ser mais fácil de encontrar na internet o *burn rate* de uma empresa do que seu endereço físico.

Estou exagerando (mais ou menos), mas meu ponto é que o dinheiro é uma consideração constante – e em constante mudança – no início de qualquer empreendimento e, como as startups ganharam um lugar de destaque na nossa cultura, o dinheiro que flui para elas também se tornou um objeto de atenção cada vez maior. Chegamos a fazer programas de TV populares sobre isso – como *Shark Tank* e *The Profit* –, e esses programas fizeram muito para desmistificar e ao mesmo tempo confundir a questão do dinheiro.

A desmistificação vem com maior clareza sobre quanto esse dinheiro custará. Vinte e cinco anos atrás, Daymond John e sua mãe não faziam ideia do quanto perderiam ao aceitar financiamento externo. Mas, hoje, até o observador mais casual do mundo empreendedor sabe que, por x dólares, você vai precisar abrir mão de y por cento da sua empresa e/ou z por cento de royalties. Às vezes, é um custo altíssimo. Às vezes, é mais favorável. Tudo depende da qualidade da ideia e da história por trás dela – e da intensa competição para investir promovida por esses dois fatores.

A confusão resulta da sensação criada por esses programas de TV de que é fácil conseguir dinheiro e de que, quando você tem uma ideia, a primeira coisa a fazer é encontrar um investidor-anjo ou uma empresa de capital de risco e pedir um milhão de dólares. Isso leva à ideia de que existe uma montanha de dinheiro parado e que basta qualquer pessoa com uma boa ideia passar o chapéu em qualquer esquina, na TV, por investidores endinheirados de Manhattan ou na Sand Hill Road. E há um quê de verdade nisso. Nunca houve um momento melhor para buscar financiadores externos. (Para você ter uma ideia, os investidores tinham nada menos que 3,4 trilhões de dólares para investir no fim de 2019.) Mas o simples fato de esse dinheiro existir não significa necessariamente que você pode, ou deveria, ir atrás dele – especialmente no início, e particularmente as grandes quantias de investimento profissional distribuídas por investidores como os de *Shark Tank* e *The Profit*. (Falarei sobre investidores profissionais em muito mais detalhes no capítulo 15.) Nesse estágio do seu negócio, pode ser mais interessante não aceitar a ajuda de investidores externos por um tempo. Se você não precisa abrir mão de 5%, 10% ou 20% de sua empresa antes mesmo de ter certeza de como ela será a pessoas que nunca se importarão com o empreendimento tanto quanto você e seus sócios, meu conselho é não aceitar esse dinheiro.

Desse modo, a questão passa a ser: se não for com financiadores profissionais, onde você pode encontrar financiamento externo? É aqui que os amigos e os parentes entram em cena. Pedir dinheiro a amigos e parentes é como uma etapa não oficial entre o autofinanciamento e o aumento de escala com fundos profissionais. Essa etapa liga os pontos quando fazer tudo sozinho só pode levá-lo de 0 a 0,5 (distorcendo uma frase do cofundador do PayPal, Peter Thiel) e você precisa de dinheiro para chegar até o 1.

Foi exatamente isso que os fundadores da Method e da Away fizeram para resolver suas primeiras dificuldades financeiras. "As pessoas estavam investindo cinco mil aqui, dez mil ali", disse Adam Lowry sobre os empréstimos e investimentos iniciais que ele e Eric Ryan receberam de amigos e parentes para a Method. "No total, acho que conseguimos algumas centenas de milhares de dólares desse jeito antes de levantar nosso primeiro investimento profissional." Eles usaram esse investimento inicial para administrar o negócio por dois anos. "Foram literalmente cheques de cinco e dez mil dólares", disse Jen Rubio sobre a Away. Ela e Steph Korey levantaram cerca de 150 mil dólares dessa forma e usaram tudo no processo de prototipagem da primeira mala.

Eles não foram os únicos que aderiram ao plano de financiamento de amigos e parentes, que tem uma longa história empresarial.

Em 1962, Gordon e Carole Segal, os fundadores da Crate & Barrel, decidiram abrir uma loja europeia de móveis e decoração que compraria direto da fábrica e venderia a preços normais de varejo, porque tinham visto o modelo funcionar muito bem em todas as lojas maravilhosas que visitaram durante sua lua de mel no Caribe no verão do ano anterior, e não havia nada parecido nos Estados Unidos. "Tínhamos ganhado cerca de 10 mil dólares em presentes de casamento e achamos que precisaríamos de uns 20 mil dólares", Gordon disse. "O capital de risco não existia naquela época. Não existiam startups. Então, passei seis meses conversando com todos os meus conhecidos que tinham algum dinheiro e oferecendo metade do negócio por 10 mil dólares. (Dá para acreditar? Em 1962, você poderia deter 50% da Crate & Barrel pela bagatela de 10 mil dólares!) Mas ninguém aceitou a proposta, exceto o pai de Gordon, que emprestou 7 mil dólares para ajudar a abrir a loja em uma antiga fábrica de elevadores no bairro de Old Town, em Chicago. "Acho que ele me deu todas as suas economias", Gordon disse sobre o empréstimo de seu pai. Gordon não conseguiu levantar mais dinheiro algum, mas conseguiu levar sua empresa ao sucesso mesmo assim. Hoje, a Crate & Barrel tem 7.500 funcionários e mais de 120 lojas, com uma receita superior a 1,5 bilhão de dólares.

Em 1979, Ron Shaich, o futuro CEO da Panera Bread, largou seu emprego como gerente regional da Original Cookie Company, uma rede de cookies em shopping centers, para abrir uma "loja urbana de cookies" em Boston, onde ele tinha se formado, que se beneficiaria de todo o tráfego de pedestres que as ruas do centro da cidade recebem diariamente. Ron tinha 25 mil dólares para começar, mas precisava de mais para abrir uma loja em uma grande cidade americana. "Eu não tinha crédito no mercado. Não tinha dinheiro suficiente. Não tinha nada para dar de garantia em um empréstimo", ele contou. "Então, procurei meu pai e disse: 'Não sei qual vai ser a minha herança, mas quero receber agora. Quero a oportunidade de usá-la'." E seu pai concordou. Ele deu 75 mil dólares a Ron e, com o total de 100 mil dólares, Ron abriu uma loja de cookies de 35 metros quadrados. Ele chamou sua loja de Cookie Jar e, em dois anos, a transformou em uma grande rede de padarias e cafés chamada Au Bon Pain.

Em 1993, Steve Ells pegou um dinheiro de seu pai, parte como um empréstimo e parte como um investimento, para abrir o primeiro restaurante do que viria a ser a rede de restaurantes de comida mexicana Chipotle em uma velha e dilapidada sorveteria perto do campus da Universidade de Denver. "O lugar tinha 80 metros quadrados, o aluguel era de 800 dólares por mês, estava em péssimas condições e... iria requerer muito trabalho", Steve contou. "Então, convenci meu pai a me emprestar o dinheiro, que acabou sendo 80 mil dólares."

Um ano depois e a mais de 2 mil quilômetros dali, em Seattle, Jeff Bezos procurou sessenta conhecidos pedindo 50 mil dólares para cada um com o objetivo de abrir uma livraria on-line.[23] Quase dois terços das pessoas recusaram o pedido, principalmente por não entender a ideia por trás do que se tornaria a Amazon, a maior varejista on-line que o mundo já conheceu. Mas entre os que disseram sim estavam os pais de Bezos, seu irmão e sua irmã. Eles podiam não ter entendido totalmente a ideia de Jeff, mas conheciam o filho e o irmão que tinham, e era tudo o que precisavam saber. (Por ter acreditado em Jeff, hoje eles são bilionários.[24] Nada mal para uma aposta de 50 mil dólares.)*

Essa é uma das maiores virtudes de convencer amigos e parentes a ser seus financiadores externos em vez de recorrer diretamente ao private equity ou ao capital de risco. Não só costuma ser mais barato, mas, como disse Eric Ryan, é um investimento que vem de "pessoas que acreditam mais em você do que necessariamente em sua ideia", o que facilita caso você mude de ideia no meio do caminho e permite que faça iterações até chegar ao produto ou serviço que eventualmente se tornará o negócio, porque o dinheiro está atrelado a uma aposta em *você*, não a uma descrição específica da sua ideia. O pai de Ron Shaich achou que seria uma péssima ideia para Ron fazer uma parceria e adquirir uma participação majoritária da Au Bon Pain, de quem Ron comprava croissants e outros produtos para que o Cookie Jar pudesse ter algo para vender de manhã (as pessoas só compravam cookies depois do almoço). "Se vale a pena comprar a empresa, você não vai conseguir comprá-la. Se você conseguir comprar a empresa, não vale a pena comprá-la", seu pai explicou. Mas, como Ron disse que via o potencial da Au Bon Pain, apesar de ela estar sendo muito mal administrada, e

---

* Os pais de Bezos acabaram investindo 300 mil dólares, o que na época representava 6% da empresa.

acreditava que saberia resolver seus problemas, seu pai não se opôs à ideia, porque os 75 mil dólares que ele emprestou a Ron foi um investimento em seu *filho*, não em cookies.

Estou ciente de que acabei de mencionar algumas grandes somas de dinheiro aqui. Dez cheques de mil dólares. Sete mil dólares em dinheiro. Setenta e cinco mil dólares como o adiantamento de uma herança. Oitenta mil dólares em investimentos renovados. Nem todo mundo conhece pessoas com tanto dinheiro para emprestar ou investir. O acesso a financiadores externos – especialmente pessoas com muito dinheiro – varia de uma pessoa à outra e costuma estar relacionado a privilégios individuais ou sociais, que podem incluir fatores como uma família rica, localização geográfica, raça, vínculos com escolas de negócios e conexões profissionais.

Ron Shaich se formou na Escola de Administração da Harvard. A família de Gordon Segal tinha experiência no varejo, e ele se beneficiou não apenas dessa experiência como de parte do dinheiro da família. Adam Lowry e Eric Ryan cresceram em um dos subúrbios mais ricos dos Estados Unidos. O avô de Jeff Bezos foi uma figura proeminente nos primeiros anos da Comissão de Energia Atômica dos Estados Unidos e do órgão que viria a se tornar a Agência de Projetos de Pesquisa Avançada de Defesa (DARPA). Ele cultivou o interesse de Bezos pela tecnologia desde sua tenra idade, quando Jeff ia passar as férias de verão no rancho da família, que se localizava cerca de noventa minutos ao sul de San Antonio, no Texas.

É assim que o privilégio pode beneficiar os aspirantes a empreendedor. Em outras palavras, algumas pessoas têm vantagens distintas e concretas que possibilitam reunir financiadores externos suficientes para dar uma base sólida ao empreendimento e fazê-lo avançar na direção certa. Consciente disso, sempre pergunto aos convidados do meu podcast, especialmente aos empreendedores que se beneficiaram de algumas dessas vantagens, o quanto eles atribuem seu sucesso à sorte e ao trabalho duro (um tópico sobre o qual falaremos em mais detalhes no capítulo 26). Reconhecer o privilégio e as vantagens é essencial para entender a natureza do sucesso – tanto o seu quanto o dos outros.

Isso não quer dizer que o privilégio deve definir ou predeterminar o sucesso, do mesmo modo como a ausência de privilégio não deve impedi-lo. É verdade que nem todo mundo tem os mesmos privilégios circunstanciais, mas todos têm vantagens intangíveis de algum tipo das quais podem se beneficiar em sua busca pelo sucesso. A personalidade é uma vantagem. A força de vontade é uma vantagem. Ser simpático, ser capaz de lidar com o desconhecido, ser resiliente, ter uma boa memória – todas essas são vantagens que qualquer pessoa que as tiver pode usar da mesma forma que qualquer um que tiver privilégios pode usá-los.

Mas e quem não tem a sorte de ter um pai disposto a investir 10 mil dólares em um novo empreendimento? O ponto de partida pode não ser o mesmo, mas a corrida é. O acesso ao dinheiro pode diferir, mas o processo para arrecadar fundos é o mesmo, não importa quem você é, onde mora, qual foi a sua criação ou o que você está tentando construir. Em todos os casos, o fundador precisa descrever o que está tentando fazer e pedir uma determinada quantia – na forma de um investimento, um empréstimo, um presente ou alguma outra coisa, para ajudá-lo a chegar lá.

É neste ponto que as primeiras histórias de arrecadação de fundos dos privilegiados e dos menos privilegiados começam a soar surpreendentemente parecidas. Todos esses empreendedores, sem exceção, dizem que a arrecadação de fundos é brutalmente difícil em todos os níveis. O processo exigirá muito de seu tempo, de sua energia, de seu ego e, às vezes, de seus relacionamentos. Você precisará conversar com centenas de pessoas. Terá que contar sua história centenas de vezes e responder a milhares de perguntas, muitas delas repetidas, algumas incrivelmente frustrantes, especialmente de pessoas que você acha que deveriam apoiá-lo incondicionalmente ou que sempre achou que confiavam em você. Você vai precisar desenvolver uma grande resistência a críticas, como o escudo térmico de um ônibus espacial tentando penetrar a incrível resistência da atmosfera sem se desfazer. Não importa se você nasceu em berço de ouro ou teve origens humildes, esse processo começa da mesma forma para todos – uma conversa com pessoas que você conhece.

Primeiro, o pai ou a mãe; depois, um tio ou uma tia; depois, um amigo da família; depois, um mentor; depois, talvez, um ex-colega do ensino médio que também tenha aberto o próprio negócio, e por aí vai, até esgotar toda a sua rede pessoal de conhecidos, sendo que, nesse ponto, se tudo tiver dado certo, você terá conseguido levantar todo o dinheiro do qual precisa. Gosto de pensar nisso como uma série de círculos concêntricos. Você começa com o círculo de pessoas mais próximas a você – as pessoas cujos nomes você não precisa procurar no fundo da sua lista de contatos para encontrar porque estão no topo do seu WhatsApp e no registro das últimas ligações no seu celular. Você pode começar com um melhor amigo e pedir emprestado algumas centenas de dólares. Será que seu amigo não conhece alguém – talvez um parente – com quem você poderia conversar e pedir um pouco mais, talvez 500 dólares? E será que esse parente não conhece alguém interessado em apoiar uma startup como a sua?

Assim, cada pessoa de seu círculo íntimo é um recurso potencial e também um trampolim para você conseguir alcançar alguém um pouco mais afastado do centro do seu círculo. Fazendo isso, você tem como transitar por círculos concêntricos quase infinitamente. É assim que sites de crowdfunding como o Kickstarter, Indiegogo e GoFundMe tendem a funcionar. Esses sites são mecanismos de boca a boca criados para ajudar inovadores e criadores como você a começar, alcançando o quinto, o sexto ou o sétimo círculo de pessoas que você jamais esperaria conhecer ou conversar pessoalmente, mas cujo capital você pode usar para efetivamente produzir o que quer vender.

Os sites de crowdfunding também são excelentes para quem não tem um círculo íntimo com muitas pessoas ou para quem tem muitos conhecidos, mas que não tm muito dinheiro sobrando para contribuir. É sempre penoso e desconfortável sair pedindo dinheiro às pessoas. E é impraticável fazer isso centenas de vezes para coletar pequenas contribuições, de 20 dólares a 50 dólares por pessoa. Quando é que você vai arranjar tempo para administrar o negócio? O crowdfunding consolida todos esses pequenos pedidos em uma única conversa transmitida pelo alto-falante que chamamos de internet. Tanto que foi no Kickstarter que Tim Brown lançou a marca de calçados sustentáveis Allbirds e, como várias outras empresas, como a marca de óculos de realidade virtual Oculus, a fabricante de lençóis e travesseiros Brooklinen e o jogo de cartas Exploding Kittens levantaram fundos inicialmente.

A lição a ser aprendida aqui é que, mesmo sem as vantagens do privilégio, esse processo de arrecadar fundos iniciais na verdade está disponível para qualquer pessoa. Todas as pessoas existem no centro de seu próprio conjunto de círculos concêntricos. As vantagens inerentes ao privilégio não mudam esse modelo, só reduzem o número de círculos externos que o empreendedor pode ter que alavancar para atingir suas metas de arrecadação de fundos. E, por sorte, é nesse ponto que começamos a encontrar os limites do privilégio quando se trata de financiadores externos e empreendedorismo – digo, uma vez que o empreendedor levantou fundos, mesmo se tiver sido fácil ou se a fonte de financiamento inicial for praticamente inesgotável, ele ainda vai ter que fazer algo com isso. De todos os empreendedores que entrevistei, nenhum deles levantou uma montanha de dinheiro de amigos e parentes no início e simplesmente ficou de braços cruzados, sentado em seu privilégio, e viu seu negócio crescer organicamente sem nenhum esforço.

Na verdade, normalmente, o que acontece é o contrário. Assim que você convence as pessoas de sua rede pessoal a lhe dar o dinheiro *delas* para bancar a *sua* ideia, a pressão para ter sucesso começa a todo vapor. Dá para entender que alguns empreendedores não gostem desse tipo de pressão, e essa é uma das razões pelas quais a anonimidade do crowdfunding e a formalidade do investimento profissional podem ser caminhos mais atraentes para eles. Outros usam a pressão como uma espécie de combustível. "Para mim, foi um motivador enorme", Eric Ryan me contou, "porque uma coisa é perder o seu próprio dinheiro ou falir, mas, quando você aceita dinheiro de pessoas de quem gosta, não quer deixá-las na mão. É a melhor motivação para garantir que, por mais difíceis que as coisas fiquem, você vai dar um jeito de seguir em frente."

Eu também acho que a pressão do dinheiro de amigos e parentes, especialmente se você precisou encontrar os financiadores externos nas profundezas de seus círculos concêntricos de contatos, revela vantagens que você não imaginava que tinha ou que nunca pensou em alavancar, e isso vai ajudá-lo em todas as outras áreas do seu negócio deste ponto em diante. Como é mais difícil para você levantar dinheiro no começo do que para alguém com o privilégio de acesso imediato ao capital, você é forçado a melhorar, a *ser* melhor, em tudo. Você precisa lapidar sua ideia até ela tomar forma e ficar clara. Precisa se tornar um contador de histórias muito melhor, porque, quanto mais distante nos círculos concêntricos de sua rede você precisar ir, onde as conexões são mais tênues, menos tempo terá para apresentar sua história. Você precisa conhecer muito melhor sua comunidade e, se fizer isso direito, não apenas encontrará uma base de clientes, mas também um lar.

Essas são vantagens das quais você poderá se beneficiar com ou sem privilégio. Podem nascer da necessidade de conseguir mais financiadores externos, mas também são ferramentas para melhorar. E, se puder melhorar, se puder arrecadar dinheiro de amigos e parentes desde o início para ajudar a levar sua ideia de 0 a 1, tudo sem sacrificar muito seu patrimônio ou sua visão para o negócio, você estará bem posicionado para o sucesso e perfeitamente situado para crescer por muito tempo.

9

NUNCA DEIXE DE FAZER ITERAÇÕES

Dê uma olhada ao seu redor agora. Veja onde você está sentado. A camisa que você está usando. As lâmpadas iluminando o espaço onde você está. O celular no seu bolso. Talvez os fones de ouvido nos seus ouvidos. Até a capa deste livro que você está lendo ou ouvindo.

Se esses objetos têm algo em comum, é que nenhum deles tinha essa aparência quando foram concebidos pelas pessoas que os inventaram ou criaram seu design. Muita coisa acontece entre a concepção e a primeira produção para quase todas as ideias que se transformam em negócios. O formato muda. Os materiais mudam. As ofertas mudam. Os nomes mudam. O processo muda. Os métodos de fabricação mudam. Olhe, sinta e saboreie a mudança.

Enquanto digito estas palavras, estou usando um par de tênis Allbirds de lã. Eles são superconfortáveis. Quando Tim Brown teve a ideia de criar um tênis simples, *clean* e sem logotipo em 2009, o tecido de lã merino que se tornou a marca registrada dos calçados Allbirds desde seu lançamento em 2014 nem tinha sido cogitado. Na verdade, os primeiros calçados que ele produziu nem se chamavam Allbirds; eram botas feitas de lona e pedaços de couro que ele enviava da Nova Zelândia para uma fábrica na Indonésia, que produzia duas versões – de cano alto e cano baixo. Ajuste e conforto também não faziam parte da visão da marca. "Não se tratava de conforto naquela época", disse Tim. "A ideia era usar o design para representar uma categoria que eu considerava supercomplicada, saturada e cheia de logos."

Então, Tim descobriu o que era necessário para fazer calçados, especialmente com couro, e sua visão relacionada aos sapatos começou a mudar. "Quando entrei em uma fábrica de curtume pela primeira vez", disse Tim, "foi uma experiência reveladora. Comecei a entender de onde vinham esses materiais. E percebi que os materiais de que eram feitos os sapatos não eram muito bons para a natureza. E isso me abriu para a ideia de explorar materiais diferentes."

Um desses materiais foi a lã. "Um dia, li uma revista sobre a indústria de lã na Nova Zelândia", Tim disse. "E fiquei, tipo, 'Caramba! Por que ninguém usa lã nos calçados? E se fizéssemos isso? Seria muito interessante...'." Interessante porque, embora o design *clean* de seu calçado e a história por trás dele tenham ressoado com os clientes a ponto de vender praticamente toda a produção inicial de mil pares de botas na loja pop-up em Wellington, onde Tim os vendeu ao público pela primeira vez (ele vendeu seus primeiros pares para seus colegas da seleção nacional de futebol da Nova Zelândia), ele queria diferenciar mais seu calçado. "Eu queria algo a mais, tanto para mim quanto para o produto", ele disse.

Então, Tim solicitou ao governo da Nova Zelândia um subsídio do Conselho de Pesquisa de Lã – eu juro que não estou inventando isso – para desenvolver um tecido de lã para a parte superior de um calçado. Para a maioria das pessoas que não moram na Nova Zelândia, especialmente os americanos, essa ideia pareceria uma maluquice. Lã é grossa, pesada e, muitas vezes, áspera. É para suéteres, cobertores e pantufas, talvez, não para sapatos. Mas as ovelhas merino da Nova Zelândia produzem uma lã incrivelmente delicada e macia com "propriedades milagrosas", como Tim a descreveu. A lã merino absorve a umidade, regula a temperatura do corpo e, o melhor de tudo, como qualquer pessoa que já tomou chuva usando um suéter de lã pode atestar, não tem cheiro.

É claro que Tim não foi a primeira pessoa a descobrir que a lã merino pode ser apropriada para fazer roupas. As ovelhas merino existem desde o século XII; na Austrália e na Nova Zelândia, elas têm uma grande importância na economia desde o final do século XVIII. E, nos últimos anos, alguns fabricantes de roupas da Nova Zelândia começaram a desenvolver tecidos mistos de lã merino, às vezes conhecidos como "lã inteligente", que estavam se tornando cada vez mais populares.* Em 2009 e 2010, porém, ninguém tinha feito um tecido com base em lã merino para calçados. "O problema", Tim acreditava, era que, fora do vestuário, "a lã era muito pouco promovida, apesar da enorme oportunidade de inovação". Foi esse argumento que Tim apresentou ao Conselho de Pesquisa e que o levou a obter um subsídio de pesquisa e desenvolvimento que acabou produzindo o tecido que seria usado nos primeiros tênis Allbirds em 2014 e em todos os outros calçados da empresa desde então.

Existe um nome para o processo criativo que Tim e seu cofundador, Joey Zwillinger, percorreram, de botas de lona e couro em 2009 a tênis Allbirds de lã merino em 2014. Esse processo é chamado *iteração* – a evolução incremental de um produto ou serviço. É um fenômeno natural para a inovação e fundamental para o desenvolvimento de produtos à medida que chegam ao mercado e disputam a atenção de consumidores exigentes (e, muitas vezes, distraídos).

O processo iterativo costuma passar por duas etapas antes do lançamento. A primeira etapa envolve ajustar sua ideia até ela funcionar e você, como criador, ficar satisfeito com o que tem. A segunda envolve expor o protótipo ao público e ajustar o produto com base no feedback das pessoas até a ideia "colar" – seja com um comprador, um grande investidor, um parceiro de varejo ou uma massa crítica de clientes.

O que faz a história da Allbirds ser tão especial é que grande parte de sua evolução ocorreu na primeira etapa, antes de expor os calçados aos

---

* A Icebreaker está entre as marcas de lã inteligente mais populares da Nova Zelândia.

consumidores em geral. Muitas das escolhas que Tim fez – incluindo, mas não só, sua experimentação com a lã merino – foram impelidas pelos objetivos e preferências do próprio Tim. Nenhum de seus colegas da seleção de futebol da Nova Zelândia, por exemplo, reclamou do ajuste, da funcionalidade ou da aparência das primeiras botas de lona e couro. Mas Tim não gostou da ideia de usar couro e não ficou muito animado com o potencial de vendas. Então, ele passou a usar a lã e fez mais de duzentas versões até chegar ao que ele queria. Era a isso que Tim se referia quando disse que os calçados precisavam de algo a mais "tanto para mim quanto para o produto".

Se ele se limitasse a fabricar calçados da mesma maneira tóxica de sempre, só que sem o *swoosh*, as listras ou a estrela na lateral, qual seria a inovação? E até onde essa coisa de fazer calçados sem logotipo poderia levar o negócio? Mais especificamente, Tim pensou, para que se dar ao trabalho? O objetivo, quando se tenta entrar em um mercado já saturado como era o caso de Tim, não é fazer Pumas sem o logo do puma, mas fazer algo que ninguém nunca viu antes. Tim e Joey entenderam isso – sobre o mercado e sobre si mesmos – quase desde o início e fizeram a maior parte dos ajustes em seus tênis Allbirds antes que quase qualquer pessoa tivesse a chance de ver e propor mudanças no produto.

Como Tim deixou claro em nossa conversa, é importante dedicar tempo suficiente nessa primeira etapa para realmente se familiarizar com seu produto e com sua história e para conhecer a fundo o negócio que você está tentando construir. Tim indiscutivelmente passou cinco anos muito produtivos nessa etapa. Whitney Wolfe, por sua vez, levou menos de um ano para lançar a primeira versão do Bumble para o mundo e os celulares das pessoas, em parte porque ela já conhecia o negócio pelo tempo que passou no Tinder e por ter vivido cada momento da história do Bumble desde o dia em que deixou o Tinder para sempre. Mais importante que o tempo que você passa na primeira etapa de desenvolvimento é garantir que você não fique preso lá por muito tempo. Toda ideia, por melhor que seja, tem um prazo de validade. Se você não tirar sua ideia da prancheta e lançá-la ao mundo a tempo, nenhum feedback que você receber na segunda etapa do processo iterativo poderá compensar uma possível falta de interesse ou mitigar a vantagem do pioneiro se alguém chegar lá antes de você.

Passar para a segunda etapa pode ser difícil para pessoas que não lidam bem com críticas ou que tendem a ter aquele nível inatingível de perfeccionismo que todos nós conhecemos e que deixou o próximo grande romance americano preso para sempre na escrivaninha ou no computador de incontáveis aspirantes a escritor. Assim como pedir dinheiro a amigos e parentes, expor sua ideia e o fruto de todo o seu trabalho duro ao feedback das pessoas pode ser muito desconfortável, o que pode levar a primeira etapa do desenvolvimento interno a parecer um espaço seguro do qual você preferiria não sair até ter certeza absoluta do sucesso. Só que a "certeza absoluta" não existe.

Eu adoraria contar a história de um empreendedor que teve sucesso mesmo estando paralisado pelo perfeccionismo – mas não conheço nenhuma, porque essas pessoas geralmente acabam nunca abrindo uma empresa. Os criadores e inovadores com quem falei, mesmo os que tiveram dificuldades com críticas e o perfeccionismo, também se mostraram cientes da importância de permitir que seu produto seja julgado pelo mercado e da oportunidade apresentada pelo feedback dos usuários para melhorar o produto. Eles sabem que precisam de *muito* feedback para fazer os ajustes certos no produto. E fazem de tudo para receber o feedback das pessoas. Porque, apesar de saber o que querem fazer, e saber por que e como querem fazê-lo, eles também estão cientes de que não têm como saber se alguém realmente vai gostar do que estão fazendo. E é crucial ter isso sempre em mente.

Em nenhum outro setor esse aspecto do processo iterativo é mais claro do que no negócio de barras energéticas. De alguma forma, ao longo dos anos, tive a chance de entrevistar os criadores de três delas – Gary Erickson da Clif Bar, Peter Rahal da RXBar e Lara Merriken da Lärabar. Eles são personagens únicos com jornadas empreendedoras semelhantes, e o que me atraiu nas histórias deles, por eu ser uma pessoa que adora cozinhar para os outros, foi a dificuldade de criar uma nova receita e ir fazendo ajustes até as pessoas não só comerem, mas também adorarem. Você acha que é difícil pedir dinheiro a amigos e parentes? Tente pedir para eles provar a sua comida e lhe dar um feedback sincero. Tente fazer com que digam se é bom, se gostaram, do que gostaram e do que não gostaram, se mudariam alguma coisa. Posso dizer por experiência própria que pode parecer uma tarefa impossível – uma tarefa dificultada ainda mais pela necessidade de discernir qual feedback considerar e qual ignorar e depois como aplicar esse feedback de forma a não ter de voltar à estaca zero a cada vez. É um processo difícil, porém necessário, que Gary Erickson levou seis meses, Peter Rahal, sete meses e Lara Merriken três *anos* para completar.

Cada produto começou com uma ideia, é claro. Gary, um ávido ciclista que mora em Berkeley, na Califórnia, teve sua ideia em 1990 enquanto pedalava por uma região montanhosa da baía de São Francisco com um amigo. Eles tinham planejado fazer 200 quilômetros, e cada um levou uma banana e seis PowerBars (que, por coincidência, também é de Berkeley). Na época, as PowerBars eram as únicas barras energéticas fáceis de encontrar no mercado, e todos os ciclistas as consumiam – a maioria, reclamando. "Quando chegamos ao topo do Monte Hamilton, eu já tinha comido cinco PowerBars, olhei para a sexta e disse: 'Sem condições. Não dá mais para comer isso. Prefiro morrer de fome'", lembrou Gary. Na época, as barras energéticas eram ruins e tinham a consistência de um puxa-puxa. "Um remédio amargo", como ele as chamava. "Virei-me para meu amigo e disse: 'Acho que eu consigo fazer uma barra energética melhor do que essa'."

Uma década depois, Lara, na época uma assistente social, teve a ideia de criar sua barra energética enquanto fazia uma trilha em uma montanha nos arredores de Boulder, no Colorado, em um fim de semana prolongado de 2000. "Eu estava comendo um mix de nozes, pensando em comida e alimentos crus e, de repente, uma lâmpada acendeu na minha cabeça", ela disse. "'Por que ainda não inventaram algo feito de frutas, nozes e especiarias – alimentos puros, simples e de verdade –, mas que seja portátil e prático e tão gostoso que dê a impressão de que você não deveria comer?'"

Em 2012, Peter Rahal teve a ideia da RXBar quando, como um entusiasta do crossfit e adepto da dieta paleolítica (como tantos outros crossfiteiros), ele percebeu que não havia nenhuma barra energética ou proteica no mercado que atendesse às restrições dessa dieta. "E a pergunta foi: por quê?", Peter disse. "Todo um grupo de pessoas pratica a mesma atividade e adota os mesmos valores nutricionais, só que as academias vendem água, camisetas, mas nenhuma barra energética saborosa que atenda aos critérios da dieta paleolítica." Não muito diferente dos tênis de Tim Brown, a ideia de Peter era preencher essa lacuna no mercado saturado das barras de energia com algo *clean* e simples.

Curiosamente, conceber a visão e fazer o esboço das receitas iniciais das barras – a primeira etapa do processo iterativo – não levou muito tempo para nenhum desses criadores. Menos de 24 horas depois que Gary chegou em casa de sua longa pedalada, por exemplo, ele ligou para sua mãe, que o ajudava com receitas para a pequena padaria (batizada de Kali's, em homenagem à sua avó) que ele tinha na época, e pediu ajuda para concretizar sua ideia de criar uma barra energética. A reação dela foi perguntar: "O que é uma barra energética?". A resposta que ele deu à sua mãe acabou sendo basicamente o ponto de partida da receita da Clif Bar. "É mais ou menos como aquele cookie de aveia com passas e chocolate que você faz", ele começou, "mas não podemos usar manteiga, nem açúcar, nem óleo". Precisaria levar apenas aveia integral, frutas de verdade e um adoçante feito de arroz, e ele moldaria em formato retangular porque "não seria um cookie – tinha que ser como uma barra".

Lara também não esperou nem um dia para começar seus experimentos. "Desci a montanha correndo", ela disse, "peguei um caderno e comecei a anotar ideias. E, na viagem de volta para Denver, fui anotando ideias tiradas de tortas, cookies e bolos. E eu pensava: 'Tudo bem, como eu pego uma receita de torta, transformo basicamente em uma comida crua e não processada na minha cozinha, e deixo com gosto de torta de cereja, torta de maçã ou pão de banana?'". Uma vez definida essa visão, ela não demorou para criar as receitas.

Para Peter e seu sócio, Jared Smith, a etapa inicial envolveu um processo adicional. "Não tivemos um momento do tipo 'É isso que vamos fazer e ponto final'", disse Peter. "Primeiro, nós pensamos 'Vamos ao Whole Foods, fazer um tour pelo supermercado. Vamos começar a brincar com os ingredientes'. Nós meio que fizemos uma pesquisa preliminar de mercado e começamos a aprender." Mesmo assim, como Gary e Lara, eles começaram o tour pelo supermercado com uma visão clara do produto – uma barra de proteína com ingredientes mínimos, compatível com a dieta paleolítica. "E a filosofia em torno do produto era usar os melhores ingredientes possíveis."

É justamente nesse ponto do processo iterativo que qualquer um desses fundadores poderia ter ficado paralisado, temendo o feedback negativo, e deixado sua ideia ficar presa no que Hollywood chama de "inferno do desenvolvimento". Olhando para trás agora, seria difícil culpar qualquer um deles se isso tivesse acontecido, porque todos enfrentaram resistência à sua ideia por parte de pessoas próximas. A mãe de Gary nem sabia o que era uma barra energética. Quando Lara ligou para contar sua ideia aos pais, eles acharam que ela tinha enlouquecido. "Eles só pensaram 'Nós pagamos para ela estudar em uma escola particular, pagamos para ela estudar na Universidade do Sul da Califórnia, ela se formou, e agora, aos 32 anos... Como assim? O que está acontecendo aqui?'." Muitas pessoas disseram a Peter que sua barra de proteína paleolítica era uma péssima ideia, embora não necessariamente com essas palavras. "Eu explicava minha ideia todo empolgado, e me olhavam com cara de quem estava pensando 'Que ideia idiota'", Peter contou, embora entendesse o ceticismo das pessoas... até certo ponto. "Digo, o mercado não precisava de mais uma barra de proteína. Mas estávamos determinados e, quando alguém nos dava um feedback, se fosse negativo, nós pensávamos 'Vamos fazer mesmo assim!'."

No fim do verão de 2012, Peter estava distribuindo amostras a torto e a direito na academia de crossfit onde ele treinava. Em seguida, ele passou para a segunda etapa iterativa do processo de desenvolvimento. "Nós levávamos os RXBars em Tupperwares e pedíamos a opinião das pessoas", Peter lembrou daqueles primeiros dias – ele em sua academia de crossfit, Jared na academia dele. "Você só faz um monte de perguntas: 'Você gostou disso?', 'Você não gostou disso?', 'O que você mudaria?', 'Você pagaria por isso?'. Coletamos uma montanha de dados." Todos esses dados foram usados para aperfeiçoar a receita do primeiro sabor, chocolate com coco, até meados de março de 2013, quando eles começaram a vender o produto e geraram receitas reais pela primeira vez. A partir daí, eles decolaram, vendendo na internet.

O caminho de Lara pela segunda etapa de iteração levou mais tempo do que o de Peter, já que as soluções de comércio eletrônico para produtos alimentícios não eram tão comuns nem populares em 2000 quanto em 2012. Lara precisaria convencer lojas físicas a vender seu produto ou seu negócio daria de cara com a parede. Mesmo assim, apesar de levar mais tempo, a jornada em si foi a mesma. "Eu fiz muitas amostras. Lote atrás de lote atrás de lote, que eu fazia usando um processador de alimentos* que tinha em casa, mas nunca tinha usado para valer", Lara me contou. "E eu montava grupos de foco. Eu criava meu próprio questionariozinho e perguntava às pessoas: 'Por que você consome barras energéticas?', 'Por que você gosta delas?', 'Por que você não gosta delas?'. Então, eu distribuía as amostras e dizia: 'Sejam sinceros. O que vocês acham?'." E eles diziam tudo o que achavam. "Eles me davam opiniões do tipo: 'Gostei da barra de cereja, mas não consigo sentir o gosto da cereja em cada mordida', e eu pensava: 'Preciso usar mais cerejas'. As

---

* Peter Rahal e Jared Smith também usaram um processador de alimentos doméstico para criar a primeira receita da RXBar.

pessoas precisam sentir gosto de cereja em cada mordida'." Esse foi seu processo de desenvolvimento para os cinco sabores – torta de cereja, torta de maçã, pão de banana, cookie de castanha de caju e chocolate com coco – que ela começou a vender nos supermercados da Whole Foods em Denver em meados de 2003.

Quanto a Gary, uma década antes, ele quase caiu na armadilha oposta do perfeccionismo, que pode ser igualmente perigosa para um novo produto em desenvolvimento. "Tivemos muitos fracassos", disse Gary sobre o período de seis meses depois de sua primeira epifania. "E, às vezes, tentávamos nos convencer de que não era tão ruim assim." Eles diziam a si mesmos "Isso está muito bom", cansados de toda a experimentação e do feedback dos amigos ciclistas de Gary, que, às vezes, diziam que era bom, nunca ótimo e, muitas vezes, muito ruim. "Eu levava umas amostras aos meus amigos em sacos plásticos e dizia 'Experimentem isso, mas é segredo', e eles diziam: 'Isso é horrível!'." Gary voltava à cozinha, apesar de um desejo quase irresistível de declarar que sua nova barra energética era "boa o suficiente". Finalmente, depois de seis meses de amostragem contínua, eles chegaram ao resultado que queriam. "Eu e minha mãe soubemos na hora", ele disse, descrevendo o momento em que finalizaram a primeira receita do Clif Bar. "E aí você assume um risco e coloca o produto em uma embalagem, porque nunca se sabe."

Dê uma última olhada ao seu redor em todas as coisas que você observou no início deste capítulo. As pessoas que fizeram essas coisas estavam tão inseguras quanto Gary Erickson quando colocou a primeira Clif Bar em uma embalagem, pôs uma etiqueta de preço e botou seu produto à venda. Eles fizeram tantos ajustes nos estágios iniciais de desenvolvimento quanto Tim Brown, com base na intuição e nas preferências pessoais, sem saber se alguém gostaria do resultado, quanto mais se se importaria. Como Peter Rahal, eles ignoraram os que duvidaram da ideia. E passaram tempo suficiente na primeira etapa da iteração, mas não tempo demais (muito menos para sempre). Assim, quando passaram para a segunda fase do feedback do consumidor – como Lara Merriken fez com seus grupos focais –, eles estavam dando o melhor de si. Estavam mostrando ao mundo uma versão de sua ideia na qual eles acreditavam, sabendo que sobreviveriam às críticas que estavam pedindo das pessoas. Essa é a verdadeira receita para o sucesso do processo iterativo, e todo criador precisa acertar esse processo se quiser transformar sua ideia não apenas em um produto, mas em um negócio pronto para um crescimento real e sustentável.

PARTE II
OS OBSTÁCULOS

A maioria dos empreendedores que entrevistei tem um medo saudável do fracasso. Eles sabem que podem fracassar a qualquer momento. Que o fracasso chega a ser *provável*. Quando ele acontece – e acredite quando digo que vai acontecer –, eles não ficam contentes. Não é agradável e definitivamente não é divertido. Mas isso nunca os impede.

Os bons empreendedores – os bem-sucedidos – não se deixam desacelerar pelo medo do fracasso. Em vez disso, são definidos por uma crença aparentemente inabalável em sua ideia – a ideia que os arrancou de sua zona de conforto e os impeliu ao desconhecido para explorar novas possibilidades. Eles estão convencidos de que, se conseguirem chegar lá (onde quer que seja esse "lá"), se conseguirem tirar sua ideia do papel, ela terá sucesso.

Se. Esse é o maior temor dos empreendedores nessa etapa. A incerteza de não saber se conseguirão cruzar aquele vasto espaço entre a inspiração e a execução, repleto de provas e armadilhas, reviravoltas e surpresas. Um obstáculo pelo qual todo empreendedor deve passar, com desafios que costumam ser os mesmos para todos, mas que assumem formas diferentes e se apresentam em uma ordem diferente a cada incursão pelo território desconhecido de abrir um negócio.

Cada jornada empreendedora é uma história nova e diferente. Não existem dois caminhos iguais. Todos passarão por muitos dos mesmos pontos cruciais, mas seu caminho será inevitavelmente único para você, para sua ideia e para os momentos e os locais por onde essa ideia passar.

Por sorte, nunca foi tão fácil fazer essa jornada. Muitos empreendedores já fizeram o que você está prestes a fazer. Você tem a chance de se preparar para o que está por vir – caso se disponha a aprender com esses ajudantes involuntários. Eles cometeram todos os erros. Caíram em todas as armadilhas. Entraram em todos os caminhos errados. E os melhores – os que tiveram sucesso – só cometeram esses erros, caíram nessas armadilhas, tomaram as decisões erradas... *uma vez*. Porque eles também aprenderam com os empreendedores que vieram antes deles. Eles ouviram as histórias e aprenderam as lições. Agora é a sua vez.

10

ENTRE PELA PORTA LATERAL

Algo curioso acontece quando você começa a ter sucesso em um novo negócio. De repente, você se vê cara a cara com uma série de pessoas que não ficam muito felizes em vê-lo. Essas pessoas têm um nome. São chamadas de *concorrentes*. E, quer eles admitam ou não, muitos deles tentarão fazer de tudo para legalmente – e, às vezes, não tão legalmente – tirá-lo do jogo. É uma estratégia usada pelos peixes grandes de cada lagoa quando eles veem um jovem peixe nadando e crescendo ao devorar os restos de comida que eles até então consideravam pequenos demais para se preocupar.

Em 1997, quando o negócio de computadores pessoais se aproximava de 100 milhões de unidades em vendas anuais e a bolha da internet começou a crescer sem parar, a Microsoft era um dos maiores peixes em um lago que estava prestes a inundar o mundo. No fim do verão daquele ano, um vice-presidente do grupo Microsoft, chamado Jeff Raikes, enviou um e-mail hoje famoso intitulado "Go Huskers!"* a Warren Buffett, que também é do Nebraska, descrevendo os negócios da Microsoft na tentativa de convencê-lo a investir na empresa.[25] No e-mail, Raikes compara a robustez e o potencial de crescimento da

---

* Nota da Tradutora: Grito de guerra dos Cornhuskers, abreviado como Huskers, o time de futebol americano da Universidade de Nebraska-Lincoln.

operação da Microsoft com a Coca-Cola e a See's Candies (na qual Buffett investia desde 1972), em grande parte porque o revolucionário carro-chefe da Microsoft – o sistema operacional Windows – criara uma "ponte com pedágio" pela qual todo fabricante de PCs teria que passar se quisesse que os consumidores comprassem suas máquinas.

A interface gráfica do usuário que fez do Windows um sistema operacional revolucionário também levou a uma enorme popularidade, o que teve o efeito adicional de criar um "fosso", como Raikes descreveu, entre a Microsoft e seus concorrentes – um fosso que a empresa conseguiu ampliar consideravelmente, conquistando 90% de participação de mercado em programas de produtividade (Word, Excel, PowerPoint, Access etc.) que foram desenvolvidos com base no Windows e eram igualmente populares. Isso, por sua vez, deu à Microsoft um enorme controle sobre os preços não apenas para seus programas de produtividade como também para as taxas de licenciamento do Windows que a empresa cobrava dos fabricantes de computadores.

O que Raikes não disse em seu e-mail, mas que Buffett certamente sabia com base em suas décadas de experiência, foi que, quanto maior o fosso e mais comprida a ponte com o pedágio, mais agressivamente a Microsoft poderia exercer controle sobre os preços para consolidar uma vantagem cada vez maior na indústria de software. A Microsoft poderia usar esse controle como uma cenoura, reduzindo a taxa de licenciamento do Windows como um incentivo para vender seu navegador e seus programas de produtividade já pré-carregados no maior número possível de novos PCs. E poderia usá-lo como um chicote, recusando-se a dar descontos de licenciamento do Windows por volume para punir os fabricantes de PCs que recusavam sua proposta ou oferecendo seus programas de produtividade a preço de custo ou abaixo do custo para tirar concorrentes como a Lotus, a Novell e o Corel (você se lembra deles?) do mercado.

A Microsoft empregou todas essas estratégias com grande sucesso. Um ano depois do e-mail de Raikes para Buffett, a Microsoft ultrapassaria a General Electric como a empresa mais valiosa do mundo e permaneceria nessa posição por cinco anos consecutivos.

Ponte com pedágio. Fosso. Controle de preços. Essas expressões não passam de eufemismos para o termo do campo da economia "barreiras de entrada", que, por sua vez, é uma espécie de eufemismo para todas as formas pelas quais as empresas atuantes dificultam a vida dos concorrentes e impedem a entrada de novas empresas em um determinado setor. Essas barreiras não são apenas estratégias conscientes utilizadas pelos líderes do mercado; também são forças naturais que surgem e se transformam em um mercado à medida que os concorrentes entram e saem, crescem e encolhem, evoluem e pivotam. Elas podem se tornar os maiores obstáculos que você enfrentará como um novo negócio que busca conquistar, proteger e expandir sua posição em um mercado, porque são o mecanismo pelo qual você será esmagado (caso seus concorrentes o vejam chegando) ou ignorado (caso você não seja visto pelo mercado).

Por isso, se, como a maioria dos novos negócios, não estiver fazendo algo *completamente* novo, de uma forma *totalmente* nova ou em um espaço *totalmente* diferente, você deve pensar muito sobre como entrar em seu mercado além de bater à porta da frente e pedir permissão para entrar. Os empreendedores pertencentes a grupos minoritários e as mulheres sempre precisaram lidar com esse problema, quer isso signifique quebrar tetos de vidro ou derrubar muros de preconceito. Tudo isso para dizer que você não será o primeiro a dar um jeito de entrar furtivamente pela porta lateral. Uma legião de gênios criativos já fez isso antes de você. E o que muitos deles descobriram é que a porta lateral não é apenas menos protegida como também costuma ser maior. Ou, como disse Peter Thiel em uma palestra de 2014 no Centro de Desenvolvimento Profissional da Universidade de Stanford intitulada "A concorrência é para perdedores", "Não insista em passar pela minúscula porta pela qual todo mundo está tentando entrar. Dê a volta e passe pelo grande portão que ninguém viu ainda".[26]

Um ano antes, em Chicago, foi exatamente isso que Peter Rahal começou a fazer com sua ideia de uma barra de proteína paleolítica minimalista. Peter não começou em busca de uma porta lateral, mas sabia que, com a RXBar, ele estaria tentando entrar em um mercado relativamente saturado. Peter já tinha admitido que "o mercado não precisava de mais uma barra de proteína". Foi uma conclusão mais ou menos inevitável quando ele e seu sócio, Jared Smith, fizeram sua primeira visita ao supermercado da rede Whole Foods para ter uma ideia da concorrência. Eles descobriram que as barras de proteína estavam entre os setores mais movimentados de toda a indústria alimentícia. A época na qual havia apenas uma marca principal no segmento já tinha passado havia muito tempo, como Gary Erickson descobriu no início dos anos 1990, quando desenvolveu a Clif Bar para enfrentar a PowerBar. Até uma década depois, uma pessoa como Lara Merriken tinha muitas oportunidades que Peter não encontrou em 2013.

Você consegue imaginar as prateleiras daquele supermercado de Chicago quando ele e Jared fizeram sua visita? Quantas prateleiras estavam repletas de incontáveis sabores de várias marcas diferentes de barras de proteína? Você consegue imaginar Peter conseguindo falar com um comprador regional da Whole Foods, como Lara Merriken conseguiu? Especialmente quando o comprador era informado do produto que Peter queria lançar? *Mais uma barra de proteína?*

Peter sabia que não entraria na Whole Foods pela porta da frente. Esse nunca foi seu plano. "Desde o começo, a estratégia era fazer um produto para crossfiteiros e praticantes da dieta paleolítica e desenvolvê-lo na internet", ele disse. "Abrimos uma loja virtual para vender diretamente a academias. Os consumidores é que nos procurariam, não o contrário." A nova barra seria sem cereais, sem laticínios, sem proteínas de ervilha ou feijão e sem açúcar. Não existia nada parecido no mercado.

Era exatamente o tipo de vantagem que uma startup poderia identificar e explorar, mas um concorrente maior não. "Muitas empresas olham para alguns nichos, ou para um pequeno segmento, e constatam que não vale a pena", explicou Peter. "Mas, para nós, era melhor ter uma academia de crossfit na Califórnia do que uma rede de supermercados em Chicago, porque no supermercado estaríamos em um mar de concorrentes. Numa academia de crossfit, no entanto, estaríamos sozinhos. A RXBar foi literalmente pensada e criada para esse público. Foi perfeito."

Essa foi a porta lateral deles. Esses nichos – crossfit, dieta paleolítica e vendas diretas ao consumidor –, que estavam prestes a decolar e se transformar no grande portão ao qual Peter Thiel se referiu, foram a combinação que abriu oportunidades para Peter Rahal e deu à RXBar a chance de criar raízes, se destacar e crescer antes que seus concorrentes diretos pudessem notá-la e eliminá-la. A essa altura, esses concorrentes englobavam grandes multinacionais como a General Mills e a Nestlé, que haviam adquirido a Lärabar e a PowerBar, respectivamente, e poderiam esmagar a RXBar com facilidade erguendo incontáveis barreiras de entrada no mercado de barras de proteína.

Para Manoj Bhargava, fundador da 5-hour Energy, a porta de entrada no mercado de bebidas energéticas não foi um pequeno nicho, mas um pequeno produto. No início de 2003, alguns anos depois de se aposentar em uma empresa de plásticos que ele recuperou e tornou lucrativa, Manoj foi a uma feira de produtos naturais perto de Los Angeles em busca de invenções que pudesse adquirir ou licenciar com o objetivo de abrir um negócio que lhe gerasse um fluxo contínuo de renda residual para complementar sua aposentadoria.

Caminhando pela feira, ele se deparou com uma nova bebida energética de 470 ml que produzia efeitos duradouros os quais ele nunca tinha visto em outras bebidas energéticas. "Adorei esse energético", ele disse para si mesmo, exausto depois de uma longa manhã andando pela feira e, então, com energia suficiente para continuar sua maratona. "Eu poderia vender isso", ele pensou. Os criadores da bebida discordaram. Eles eram "cientistas com diplomas de doutorado", enquanto ele não passava de "um mero comerciante". Eles se recusaram a vender sua invenção para ele e também se recusaram a fornecer uma licença para a fórmula. Quando fecharam a porta na cara de Manoj, ele decidiu ir para o laboratório e criar sua própria versão da bebida energética que o surpreendera tanto.

"Olhei para o rótulo deles e disse: 'Posso fazer melhor que isso. Não deve ser tão difícil assim. Eu dou um jeito!'", Manoj contou. Com a ajuda de cientistas de uma empresa que ele fundou com o objetivo expresso de encontrar invenções como essa, ele conseguiu criar a fórmula de uma bebida energética comparável em questão de meses. Foi a parte mais fácil do processo.

A parte difícil seria colocar sua invenção nas lojas. "Se eu fizer outra bebida", disse Manoj sobre seu raciocínio na época, "vou ter que competir por espaço nos refrigeradores com a Red Bull e o Monster [Energy]. Também vou ter que lutar por espaço com gigantes como a Coca-Cola, a Pepsi e a Budweiser. Eu morreria na praia antes mesmo de começar".

Ele morreria porque estaria lutando por um espaço finito nas lojas físicas contra concorrentes não apenas de seu nicho como também de toda a indústria de bebidas, dominada por algumas das maiores empresas do mundo. Se tiver uma franquia de uma loja de conveniência da rede 7-Eleven ou for o gerente geral de uma loja de uma cadeia de supermercados como a Kroger ou a Tesco, você iria correr o risco de trocar uma Coca Zero, um Mountain Dew ou um Snapple por uma nova bebida energética que ninguém conhece? Especialmente considerando que, em 2003, as vendas de bebidas energéticas ainda não tinham decolado e já havia dois grandes players – a Red Bull e o Monster Energy – nesse novo mercado. Mesmo se você estivesse inclinado a dar uma chance a um peixe pequeno como Manoj Bhargava, quando os representantes de vendas e distribuidores regionais da Coca-Cola e da PepsiCo soubessem da sua decisão, eles provavelmente usariam sua capacidade de controlar os preços à la Microsoft contra você para penalizá-lo ou simplesmente retirariam os produtos de sua loja.

Essas eram as barreiras de entrada que Manoj estava enfrentando. Se quisesse entrar nesse mercado, ele teria que encontrar outra maneira.

Foi quando ele teve uma ideia. "Quando quero ter mais energia", ele se perguntou, "eu necessariamente quero ter mais hidratação também?". Em outras palavras, para que tomar algo entre 300 e 470 ml de uma bebida doce e enjoativa para ter mais energia? "Seria como tomar um Tylenol em uma fórmula de meio litro", Manoj explicou. "Eu quero uma dose rápida de energia. Não quero beber tudo isso", ele pensou. Foi assim que Manoj teve a ideia de reduzir a bebida-padrão de 470 ml para uma dose de 60 ml.

De repente, tudo mudou. Em menos de seis meses, ele contratou um designer para fazer um rótulo diferenciado e encontrou um engarrafador capaz de produzir versões de 60 ml de sua bebida energética. "E um produto de 60 ml", ele explicou, "não é uma bebida, é um remédio".

Essa foi a porta lateral para seu novo energético – o 5-hour Energy – decolar. Por não ser uma bebida, o produto não era uma ameaça direta ao Red Bull ou ao Monster Energy. Com apenas 60 ml, também não precisava ser refrigerado nem receber um grande e exclusivo espaço na prateleira, de modo que os varejistas não precisariam se preocupar com espaço. Eles concordaram que o lugar perfeito para expor o produto seria no caixa, ao lado de *snacks* de carne-seca e ovos em conserva!

"O produto era um complemento perfeito para essas outras coisas", disse Manoj. "Não havia lugar melhor para expô-lo e vendê-lo." Além disso, como os ingredientes do 5-hour Energy eram menos sobre energia e mais sobre foco – "vitaminas para o cérebro", na descrição de Manoj –, ele poderia posicionar seu produto além das verticais de bebidas e fora dos canais de supermercados ou lojas de conveniência. Tanto que a primeira rede que ele procurou para oferecer o 5-hour Energy foi a GNC, a maior rede de lojas de *vitaminas*, que decidiu vender o produto em mil de suas lojas.

A GNC acabou sendo uma porta lateral incrível para entrar no mercado de "bebidas" energéticas por algumas razões. A primeira é óbvia: havia muito menos concorrência em comparação com supermercados e lojas de conveniência. Mas a segunda razão é mais interessante.

"Acontece que a GNC está sempre em busca de novos produtos, porque, uma vez que um produto é distribuído em massa, a GNC acaba ficando meio fora do jogo", Manoj explicou. "Se um produto é vendido no Walmart, ninguém vai comprar na GNC." Basicamente, a GNC era um caminho mais fácil para a distribuição no varejo do que uma rede de lojas de conveniência ou de supermercados, e a tolerância para um produto levar mais tempo para deslanchar também era maior – na primeira semana, eles venderam apenas duzentas unidades. "Foi um resultado horrível", Manoj admitiu. Mas eles aguentaram firme, fabricante e varejista juntos, "e, em seis meses, estavam vendendo 10 mil unidades por semana". De lá, Manoj procurou grandes redes de farmácias, como a Walgreens e a Rite Aid, que agarraram a oportunidade, e hoje o 5-hour Energy é vendido no caixa da maioria das lojas, basicamente em todos os lugares.

Atualmente, a RXBar, adquirida pela Kellogg's em 2017 por 600 milhões de dólares, é uma das marcas de crescimento mais rápido no mercado de barras de proteína, e o 5-hour Energy detém 93% do negócio de shots energéticos.[27] É um domínio de mercado do qual Manoj desfrutou quase desde o início, com apenas uma breve queda para 67% quando todos os concorrentes – Coca-Cola, PepsiCo, Monster Energy, Red Bull – encheram o mercado com suas próprias ofertas de 60 ml... sem sucesso. "Sempre que as pessoas me perguntam com qual produto poderíamos nos comparar, digo que somos o WD-40", disse Manoj quase no fim de nossa conversa, enquanto conversávamos sobre o sucesso fenomenal do 5-hour Energy. "Nós *dominamos* a categoria. Nós somos 'os caras'."

Essa é a grande ironia de contornar as barreiras de entrada erigidas pelo poder de monopólio dos concorrentes e entrar pela porta lateral. Se você conseguir, terá grandes chances de dominar o mercado, de cavar e ampliar seu próprio fosso e construir a ponte com pedágio para cruzá-lo, e de obter um sucesso enorme e inacreditável. Para muitos empreendedores, esse é o objetivo.

Quatro dias depois de Jeff Raikes enviar seu famoso e-mail "Go Huskers!", Warren Buffett respondeu. A resposta incluiu as cordialidades de sempre, comentários entusiasmados sobre a análise de Raikes sobre um possível investimento na Microsoft (Buffett nunca chegou a fazê-lo) e uma descrição elogiosa do poder de monopólio da empresa: "É como se vocês fossem pagos por cada galão de água brotando em um pequeno córrego, mas com fluxos adicionais recebidos na forma de afluentes, transformando o córrego em um rio Amazonas". No início de sua palestra em 2014, Peter Thiel evocou essa ideia em seu próprio estilo. "Tenho uma ideia fixa pela qual sou completamente obcecado no que diz respeito aos negócios", disse ele em seu estilo característico, meio engasgado. "A ideia é que, se você é o fundador-empreendedor que está abrindo uma empresa, seu objetivo sempre será conquistar o monopólio e evitar a concorrência."[28] Você vai querer ser o único a direcionar o tráfego e cobrar pedágios para cruzar o maior fosso possível.

Estou dizendo isso tudo porque conseguir entrar pela porta lateral é uma habilidade incrível e, às vezes, necessária. Mas também pode ser uma faca de dois gumes. Você pode decolar e abrir o caminho para um crescimento fantástico, mas também pode ter muitos problemas. Tanto que, se pesquisar a troca de e-mails entre Raikes e Buffett na internet, verá que essa tensão sempre está presente. Os aspirantes a empreendedor costumam considerar esses dois homens exemplos brilhantes de tino para os negócios e análise estratégica, mas o que muitos não sabem é que esses e-mails só podem ser encontrados na internet – na maioria das vezes, na forma de versões em PDF de conversas inteiras por e-mail – porque foram submetidos em depoimentos e como provas nos tribunais em uma ação coletiva antitruste movida contra a Microsoft no início dos anos 2000 por consumidores de vários estados americanos. Essa troca de e-mails foi uma parte importante da declaração inicial dos queixosos naquele processo, que foi resolvido não muito tempo depois com um acordo de mais de um bilhão de dólares.

Tudo isso para dizer: "*Vá pela porta lateral!*". Faça de tudo para entrar no mercado pelo caminho que lhe dará as maiores chances de sucesso. Mas, quando finalmente estiver com os dois pés firmemente plantados no mercado, não se transforme naquilo contra o qual você teve que lutar tanto para concretizar seu sonho de abrir seu próprio negócio.

11

LOCALIZAÇÃO É TUDO

É uma máxima que definiu todo um setor. *Localização, localização, localização.* No mercado imobiliário, a localização é o fator mais importante para determinar o valor de um imóvel. Uma bela casa de quatro quartos no topo de uma colina com vista para a baía de São Francisco pode custar vários milhões de dólares. Mas pegue essa mesma casa, com um terreno do mesmo tamanho, e leve-a para o sopé dessa mesma colina, ao lado de um corpo de bombeiros, e você conseguirá no máximo a metade do preço, isso se tiver sorte.

Não é a esse tipo de comparação direta que os titãs imobiliários se referem quando falam sobre o valor de um imóvel e a primazia da localização. Eles estão falando sobre o *poder da localização* no contexto das necessidades e preferências subjetivas de compradores individuais. Para pais com filhos pequenos, uma casa mediana de três quartos perto de uma excelente escola é melhor, ou tem mais valor, do que uma grande casa de quatro quartos sem nenhuma boa escola por perto. Para aposentados que procuram a casa de praia dos sonhos, um lugar pequeno perto do mar é melhor do que um lugar grande a três quadras da praia.

O mesmo se aplica a jovens empresas tentando se estabelecer no mercado. Dependendo das necessidades da empresa, certos locais são simplesmente melhores do que outros. Por exemplo, se você fabricar pranchas de surfe, pode ser melhor não abrir sua empresa no estado montanhoso de Vermont. Mas, se você fabricar snowboards, como o finado Jake Burton Carpenter, fundador da Burton Snowboards, começou a fazer em 1977, talvez Vermont seja o melhor lugar. Sem dúvida, é melhor do que o apartamento em Manhattan onde Jake morava quando fez os primeiros protótipos e percebeu que precisaria se mudar para dar à sua empresa alguma chance de sucesso. É interessante observar que Ben Cohen e Jerry Greenfield se mudaram de Nova York para Vermont naquele mesmo ano para abrir a Ben & Jerry's, mas por outro motivo. Enquanto eles faziam um curso por correspondência para aprender a fabricar sorvetes, alguém abriu uma sorveteria perto do local onde eles originalmente pensaram em abrir seu negócio, em Sarasota Springs, Nova York. Era concorrência demais para o gosto de Ben e Jerry, então, eles se mudaram para Burlington, em Vermont.

Como fundador de uma nova empresa, cabe a você encontrar a melhor localização para seu negócio atingir todo o seu potencial. Existe algum lugar específico onde você deveria estar? Como, por exemplo, Jake Carpenter em Vermont? Você está em um espaço saturado do qual precisa sair, como Ben e Jerry em Sarasota Springs? Ou não vê necessidade de se mudar? Como Tobi Lütke, fundador da Shopify, em Ottawa, Ontário.

Se pararmos para pensar, veremos que Ottawa não parece ser o lugar ideal para abrir o que se tornaria uma das maiores plataformas de comércio eletrônico do mundo. Não faria mais sentido uma empresa como a Shopify se localizar, digamos, no Vale do Silício? Foi exatamente o que todas as empresas de capital de risco pensaram quando Tobi foi para a Sand Hill Road levantar fundos em 2008.

"Era impossível alguém fazer qualquer coisa interessante fora do Vale", foi como Tobi descreveu o que eles disseram na época. E, quando ele não era recebido com condescendência, a postura dos capitalistas de risco era de ceticismo sobre a ideia de uma solução de e-commerce que ajudasse as pessoas a abrir suas próprias lojas na internet. Eles diziam: "'Já não sabemos tudo o que tem para saber desde os anos 1990?' ou 'Já não descobrimos que isso não tem como dar certo no início dos anos 2000?'", Tobi lembrou. Ele entendia totalmente a hesitação deles. Afinal, "era difícil desvincular o comércio eletrônico do surgimento e do colapso das pontocoms", e lá estava ele, chegando de bicicleta,* tentando levantar fundos, justamente quando outra grande bolha havia acabado de estourar.

O que esses capitalistas de risco céticos não viam era que a avaliação que faziam do comércio eletrônico no início dos anos 2000 estava correta, mas só em parte. Não tinha dado certo... *ainda*. "Havia mais lojas na internet em 2001 do que pessoas que já tinham usado um cartão de crédito on-line", Tobi explicou. "Não porque as pessoas estivessem erradas, mas porque ainda era cedo demais." A tecnologia ainda não havia chegado lá. A experiência no e-commerce ainda era muito problemática, tanto para o comprador quanto para o comerciante. Esse era o problema que Tobi estava tentando resolver quando decidiu criar o que se tornaria a Shopify, mas que começou como uma vitrine para uma loja on-line de snowboards chamada Snowdevil, que ele fundou em 2004 na garagem de seus sogros.

Na época, os sites de e-commerce basicamente não passavam de versões eletrônicas dos antigos catálogos de produtos. O comprador entrava no site e encontrava uma grade estática de produtos que poderia ocupar dezenas de páginas. A funcionalidade de busca era muito rudimentar e, às vezes, nem funcionava. A qualidade das imagens era ruim. E era muito difícil fazer o pagamento das compras. "Não queríamos nos limitar a apresentar esse tipo de grade anônima de produtos", Tobi explicou. "Estávamos mais interessados em contar histórias – uma boa narrativa em torno de produtos que entusiasmavam as pessoas –, e era fácil fazer isso, especialmente a parte do cartão de crédito."

---

* Tobi literalmente chegou à cidade pedalando. Para sua viagem de duas semanas até o Vale, ele comprou uma bicicleta, e ia pedalando a todas as reuniões.

Depois de quatro anos de ajustes e da transição do negócio essencial de snowboards para o software, o resultado foi a Shopify. E, para a surpresa de Tobi, apesar do ceticismo inicial, várias empresas de capital de risco emitiram termos de compromisso de investimento. Alguns chegaram a ser ofertas com as quais os empreendedores só podiam sonhar – como uma oferta da Sequoia Capital, por exemplo. Mas toda oferta vinha com uma condição. "Todas as ofertas estavam condicionadas a transferir a empresa para o Vale do Silício", disse Tobi.

Ele se recusou a aceitar a condição por motivos totalmente alheios aos negócios. "Sempre desconfio de normas e regras", Tobi explicou. Essa postura levou, por exemplo, à sua decisão, alguns anos antes, de criar um software de e-commerce do zero e, em seguida, abandonar o Java pelo Ruby on Rails como a linguagem de programação para desenvolver o software. "Não reajo muito bem a pessoas me dizendo o que fazer", disse Tobi a respeito das diversas ofertas de capital de risco que recebeu, "por isso, tentei encontrar um jeito de não ter que me mudar".

Esse nível de teimosia pode causar estranheza, principalmente considerando que, durante cerca de seis meses por ano, Ottawa não é o que se pode chamar de um lugar divertido e fácil de se viver – os dias são curtos e faz muito frio, tornando muito mais difícil convencer talentos a se mudar para lá do que para um lugar como o Vale do Silício, onde a temperatura média diária chega a ser trinta graus mais alta durante os seis rigorosos meses de outono e inverno canadenses.

No entanto, Tobi acreditava que Ottawa tinha mais vantagens do que desvantagens. Ele havia se mudado da Alemanha para a capital do Canadá alguns anos antes a fim de viver com sua namorada (hoje, esposa), Fiona McKean, que almejava se tornar uma diplomata canadense. Eles passaram nada menos que uma década morando com os pais dela sem pagar aluguel (mesmo depois do sucesso!). Ele já havia conseguido 400 mil dólares em financiamento de um investidor-anjo chamado John Phillips, cujos pais, por acaso, também moravam em Ottawa. Além disso, Tobi acreditava que não faltavam talentos em

Ottawa. Afinal, era a Ottawa que os melhores e mais brilhantes talentos do Canadá iam a fim de trabalhar para o governo. Embora a maioria dos capitalistas de risco com quem ele havia conversado fosse incapaz de encontrar Ottawa em um mapa, isso não significava que a cidade não tinha nada a oferecer.

Tobi tinha outra vantagem quando se tratava de resistir às exigências de seus pretendentes a capitalista de risco: na verdade, ele não queria o dinheiro deles. Ele não tinha tanto interesse em escalonar a Shopify para transformá-la no tipo de gigante bilionário que a plataforma acabou se tornando. Então, apesar de ser bom poder contar com o investimento de capitalistas de risco, naquele momento, em 2008, ele não estava precisando do dinheiro.

"Acho que as empresas existem para, mais cedo ou mais tarde, ganhar dinheiro, mas também para ser sustentáveis", ele disse. "Era isso que eu queria. Minha intenção era construir a melhor empresa de vinte pessoas do mundo."

Na verdade, ele só falou com alguns desses capitalistas de risco porque até esse número de funcionários – vinte pessoas – era alto demais para um de seus cofundadores, Scott Lake. Até aquele momento, Scott vinha desempenhando muitas das funções de CEO de uma startup; então, decidiu sair da empresa para se dedicar a outras coisas. "Por incrível que pareça, ele acabou se dando conta de que prefere empresas pequenas muito mais do que eu", Tobi disse, "e acho que também percebeu que, do jeito que a indústria de software estava evoluindo, a maioria dos CEOs na verdade era composta de integrantes altamente técnicos das equipes fundadoras". Scott não era técnico. Ele era o cara dos negócios, o cara das vendas, o cara dos relacionamentos. E Tobi sempre seria um programador. "Eu queria brincar com a tecnologia. Era isso que eu fazia bem. Era o que corria nas minhas veias", ele disse. Olhando para trás, essas características faziam dele alguém estranhamente adequado para administrar uma empresa de software, mas, em 2008, ele tinha pouquíssimo interesse nisso, o que o levou ao Vale do Silício. Alguém lhe dissera que, se ele conseguisse um bom capitalista de risco para investir na empresa, esse investidor geralmente teria uma ampla rede de conhecidos a quem poderia recorrer para ajudá-lo a encontrar o CEO certo, se necessário.

Tobi queria um bom CEO, por isso se reuniu com vários excelentes candidatos em alguns happy hours durante aquela viagem, graças às indicações de alguns dos capitalistas de risco que acabariam fazendo ofertas de investimento para a Shopify. No entanto, nenhum dos candidatos (ou dos termos de compromisso) convenceram Tobi a transferir a empresa da gelada planície do leste do Canadá para as costas ensolaradas do oeste dos Estados Unidos.

Não temos como saber o que teria acontecido se Tobi tivesse aceitado a exigência de se mudar para o Vale do Silício, mas acho que sua obstinação provavelmente ajudou a Shopify a evitar o engessamento que pode resultar de um investimento de capital de risco. Ottawa deu a Tobi a distância da qual ele precisava para ser criativo e não convencional no desenvolvimento da plataforma que hoje é usada por mais de 820 mil vendedores,[29] que comercializaram mais de 100 bilhões de dólares em produtos e serviços em 175 países diferentes.[30] Se Tobi tivesse aceitado uma dessas ofertas em 2008 e concordado em se mudar, seria muito provável que a memória institucional do Vale do Silício – que ainda sofria certo transtorno de estresse pós-traumático provocado pelo papel do e-commerce na derrocada das pontocons – tivesse engessado parte dos planos de Tobi e eliminado parte do dinamismo de sua plataforma. Não tenho nada contra transferir uma empresa nem mudá-la para o Vale do Silício; mas é difícil evitar as consequências ao tentar refazer algo de uma forma totalmente nova. Sempre haverá resistência, e a força da gravidade do dinheiro e da memória sempre o puxará na direção do familiar e conhecido. Por isso, se você acredita que o caminho que escolheu é melhor do que o caminho que eles querem que você siga, é importante resistir também.

Às vezes, porém, você precisa ceder à gravidade e deixar que ela o puxe para uma nova direção, para um lugar diferente, para o que

Reid Hoffman chama de "o calor da ação". No caso de Katrina Lake, ao contrário de Tobi Lütke, esse lugar era o Vale do Silício. Para ela, a mudança aconteceu no início de 2011. Ela havia passado os dois anos anteriores estudando na Escola de Administração da Harvard em Boston e estava prestes a concluir o MBA e fundar seu negócio. A princípio, ela o chamou de Rack Habit, mas, logo depois de fundar o negócio, mudou o nome para Stitch Fix porque, como ela me contou, "ficou claro que a Nordstrom nos processaria por isso".*

A ideia para a Stitch Fix era bastante simples. Por 20 dólares mensais, você receberia em sua casa uma caixa com cinco itens de vestuário escolhidos a dedo por um estilista com base em um questionário personalizado que você responderia ao se cadastrar no serviço. Se comprasse todos os cinco itens, ganharia um desconto, e a "taxa de estilo" de 20 dólares seria descontada do total da compra. Se não quisesse nenhum dos itens, bastaria devolvê-los, e você só pagaria a taxa mensal de 20 dólares.

Katrina teve a ideia quando percebeu que "as lojas de e-commerce estavam capturando cada vez mais dinheiro" ao mesmo tempo que "o varejo passava por uma enorme despersonalização" e que, se havia uma categoria na qual essa combinação de fatores era uma grande desvantagem, era no vestuário. Comprar roupas é uma atividade "profundamente pessoal, cheia de nuances e com uma alta carga emocional", disse ela. Desse modo, seu objetivo foi voltar a personalizar as compras de roupas on-line – "oferecer uma experiência pessoal no varejo de vestuário e usar dados e a tecnologia para construir um negócio escalonável e melhor".

Ao lançar o serviço Stitch Fix, Katrina sabia que Boston não era o melhor lugar para esse tipo de negócio. Por ser uma empresa de vestuário, faria mais sentido ficar em Nova York, que era o centro da moda na América. Era para lá que a gravidade de sua ideia original a estava puxando. Mas, com a aproximação da primavera de 2011, Katrina mudou de ideia. "Eu percebi que não precisávamos nos mudar para Nova York.

---

* A franquia de outlets da Nordstrom é chamada Nordstrom Rack.

Muitas marcas são sediadas em Los Angeles, muitas empresas ficam na baía de São Francisco", ela explicou. Ela também percebeu que a Stitch Fix era mais uma empresa de tecnologia do que de vestuário.

Era verdade que a Stitch Fix venderia roupas, mas o negócio se baseava na tecnologia, e, em 2011, só havia um lugar no país que tinha o tipo de concentração de talentos tecnológicos dos quais Katrina precisaria para escalonar na velocidade que ela queria. Esse lugar era o Vale do Silício. Quase da noite para o dia, o centro de gravidade mudou. "Os talentos estão aqui", ela disse. "Os cientistas de dados e os engenheiros estão aqui e, se quiséssemos concretizar a visão de usar a tecnologia para entregar nosso serviço, teria sido muito difícil fazer isso em qualquer outro lugar."

Alguns anos depois, o CEO do Dropbox, Drew Houston, que, como Katrina, teve uma ideia e fundou sua empresa enquanto estudava em Boston e depois se mudou para São Francisco para lançar seu negócio, discursou para a turma de formatura em sua alma mater, o MIT. Drew falou especificamente sobre essa ideia de transferir a empresa, ecoando o conselho que Reid Hoffman dá aos empreendedores a quem presta serviços de mentoria.

"A cidade onde você mora faz uma grande diferença", disse Drew em seu discurso. "Independentemente do que você esteja fazendo, as pessoas que importam, em geral, se concentram em um único lugar. É para lá que você deveria ir. Não se contente com nenhum outro lugar... Se a ação estiver em outro lugar, mude-se para lá."[31]

Faz sentido pensar que centenas de milhares de pessoas do mundo todo se mudaram para o Vale do Silício para lançar negócios desde a virada do milênio exatamente por essa razão. Foi o que Apoorva Mehta, o fundador da Instacart, fez depois de deixar seu emprego na Amazon, em 2010. "Quanto mais eu lia sobre o empreendedorismo, mais eu percebia que todos esses empreendedores e investidores prolíficos tinham uma coisa em comum: todos eles estavam no Vale do Silício", ele contou. "Na minha cabeça foi tipo, se você joga futebol, faz sentido ir morar no Brasil; se quiser ser um ator, é uma boa ideia ir para Hollywood. Então, por que não me mudar para São Francisco?"

Não há novidade alguma nesse fenômeno. E esse conselho não se aplica apenas ao Vale. Foi o que levou Jane Wurwand a se mudar para o outro lado do mundo em 1983, da Cidade do Cabo, na África do Sul, para Los Angeles, a fim de entrar no mercado de cuidados com a pele. (Era o único lugar com uma grande concentração de salões de cuidados com a pele.) Seis anos antes, foi esse raciocínio que levou o lendário editor de revistas Jann Wenner a sair de São Francisco e transferir a operação inteira da *Rolling Stone* para Nova York. "Foi uma daquelas decisões que se tomam sozinhas", ele me disse. "Se você quer acesso a todos os talentos, eles estão em Nova York. Era lá que a indústria ficava."

Em algumas situações, no entanto, é interessante ir aonde a indústria *não* está. Ben Cohen e Jerry Greenfield abriram seu negócio em Burlington, Vermont, porque, nas palavras de Ben, "não havia muito sorvete lá". Os brilhantes compositores e produtores Antonio "L.A." Reid e Kenny "Babyface" Edmonds fundaram a LaFace Records em 1989 em Los Angeles, e então saíram da cidade por motivos que eles não sabiam explicar na ocasião, mas que ficaram claros quando eles se estabeleceram em Atlanta, na Geórgia. "Fazíamos testes em busca de talentos", disse Reid sobre aquele reinício em Atlanta, "e os talentos não demoravam a aparecer, porque éramos a única gravadora da cidade".

Quase vinte anos depois, Sadie Lincoln também deixou a Califórnia, só que foi para o norte, para Portland, no Oregon, a fim de fundar um estúdio de fitness chamado Barre3, desenvolvido com base na barra de balé e utilizando pequenos movimentos isométricos derivados do balé. Hoje, os exercícios na barra são incrivelmente populares. Há várias marcas populares, incluindo a Barre3, com milhares de estúdios em cidades de médio a grande porte ao redor do mundo. Mas, em 2007, quando Sadie, seu marido, Chris, e seus dois filhos pequenos se mudaram, a moda da barra de balé ainda não havia chegado a Portland. Como muitas tendências e muitos conceitos de fitness – ioga, pilates, spinning, HIIT (treinamento intervalado de alta intensidade) –, os exercícios de barra de balé concentravam-se em grandes cidades costeiras como Nova York e São Francisco, onde ela trabalhava. A experiência nessas academias especializadas se tornou um tanto padronizada, como uma resposta às expectativas de uma base de clientes bastante homogênea. Portland ofereceu a Sadie um novo tipo de público fitness e uma oportunidade de recomeçar do zero em todas as frentes.

"Fomos para Portland sabendo que a moda da barra de balé ainda não tinha chegado lá", disse Sadie. "Eu amava usar a barra de balé. Eu adorava o trabalho isométrico, os pequenos movimentos e a música. Nossa ideia foi nos distanciar da indústria do fitness, da ioga, de qualquer herança tradicional do balé e oferecer uma abordagem completamente diferente para os exercícios."

Sadie queria reinventar a experiência da barra para oferecer algo mais holístico e autodirigido, o que ia contra a tendência das marcas de academias de barra de balé de Nova York e Los Angeles na época, que buscavam sistematizar os treinos. "Eu queria criar um estúdio que, em vez de ser 'a resposta' ou uma metodologia, só oferecesse uma boa experiência de exercício", ela explica. "No início de cada sessão, o instrutor começa dizendo: 'Bem-vindos ao Barre. Vocês têm a minha permissão para fazer o que quiserem. Não precisam seguir minhas instruções. Seu único trabalho é ouvir não a mim, mas a si mesmos. Eu sou apenas um guia. A ideia é dar a vocês uma plataforma. Vou botar uma música. Vou mostrar como vocês podem alinhar o corpo. E depois eu quero que vocês façam os seus próprios exercícios'."

Conversando com Sadie, você tem a sensação de que só em Portland uma abordagem como a dela poderia ter se consolidado e, a partir daí, se estendido para o país todo, para "mais de 140 estúdios franqueados, todos administrados por empreendedoras mulheres".[32] Na verdade, foi essa a sensação que eu tive ao conversar com cada um dos fundadores que descrevi neste capítulo sobre a importância da localização para o crescimento de seus negócios: "Só em _____".

Em outras palavras, só em Ottawa a Shopify poderia se tornar a Shopify, sem que os céticos do Vale do Silício se intrometessem no software de Tobi Lütke. Só na baía de São Francisco a Stitch Fix poderia se consolidar como uma empresa de tecnologia para cumprir sua missão de repersonalizar as vendas de roupas na internet. E só em Beverly Hills, ou Nova York, ou Burlington, ou Atlanta, ou Portland, essas outras empresas incríveis também poderiam ter encontrado o crescimento que procuravam.

Quer seja verdade ou não, na mente desses fundadores, só havia *um único* lugar ideal para começar e expandir seus negócios. Mas eles optaram entre *três* maneiras diferentes de chegar a esse lugar: alguns tiveram que se mudar para conseguir entrar no setor; outros tiveram que se mudar para sair de um setor; e houve quem encontrasse a localização perfeita exatamente onde já estava. Cabe a você descobrir qual dessas três opções é a melhor para a sua empresa.

12

CHAME A ATENÇÃO – PARTE 1: CRIE UM BUZZ

Kleenex. Google. Coca-Cola. Xerox. Band-Aid. Gillette. Chiclets. Jet Ski. Cotonetes. Sucrilhos. Post-it. Essas marcas clássicas passaram a ser tão onipresentes na nossa cultura que se tornaram sinônimos de produtos. Quando precisa fazer uma fotocópia, você "tira um xerox". Quando precisa saber alguma coisa, você "dá um Google". Quando quer se lembrar de alguma coisa, anota em um Post-it, não em um "pequeno pedaço de papel com uma tira adesiva". Marcas como essas estão imbuídas em nosso dia a dia de tal forma que muitas pessoas não percebem que são marcas. Inevitavelmente, esquecemos que, em algum momento do passado, alguém efetivamente inventou essas coisas e as lançou em um mundo que nunca tinha ouvido falar delas e não fazia ideia do que eram.

O fato de qualquer marca ser capaz de alcançar esse tipo de status lendário internacional é um feito milagroso. O fato de ter sobrevivido é, por si só, um pequeno milagre. Quer saber algumas estatísticas insanas? Todos os anos, cerca de 850 mil novas empresas são abertas nos Estados Unidos.[33] Delas, 80% chegarão ao primeiro aniversário. A maioria dessas empresas não tem funcionários, o que significa que são empreendimentos de apenas uma pessoa tentando realizar um sonho na garagem da própria casa.

Os números são ainda mais insanos quando os detalhamos um pouco mais e olhamos para uma única categoria, como apps de celular. Hoje, nas cinco maiores lojas de aplicativos, são oferecidos mais de 5 milhões de apps diferentes.[34] Em 2018, esses apps produziram quase 200 bilhões de downloads individuais[35] e 365 bilhões de dólares em receita.[36] Em 2019, enquanto eu escrevia este livro, mais de mil novos apps foram incluídos *todos os dias* apenas na loja de aplicativos do iOS.[37]

Essa é a boa notícia. Os apps de celular tornaram-se parte de um mercado em alta com um potencial enorme que ainda está para ser explorado em países como a China, a Índia e o Brasil, entre vários outros.[38] E, no empreendedorismo em geral, há um enorme apetite por novidades. Aqueles que têm coragem de apresentar suas ideias ao mundo sempre vão encontrar pessoas dispostas a ouvir. Em outras palavras, o que não falta são oportunidades.

Agora, vamos para as notícias não tão boas. Quase 800 mil empresas fecham as portas todos os anos.[39] E, enquanto 80% dos novos negócios sobrevivem por um ano, no quinto ou no sexto ano, apenas 50% desses negócios ainda estão com as portas abertas.[40] É praticamente jogar cara ou coroa para decidir o destino de uma empresa. E quanto ao mercado de aplicativos? Nesse setor, a lei de potência é tão íngreme que faz com que as ladeiras de São Francisco, onde muitos dos maiores aplicativos foram desenvolvidos, pareçam meras subidinhas. Os cinco aplicativos mais vendidos, por exemplo, respondem por 85% de todo o tempo gasto pelos usuários em seus celulares.[41] O que significa que todos os outros 5 milhões de aplicativos estão competindo por uma parcela dos 15% restantes do tempo dos usuários. Não é fácil.

O que eu aprendi, contudo, é que a diferença entre os aplicativos no topo da curva de potência e aqueles perto da base – ou as empresas que ultrapassam a marca dos cinco anos em comparação com aquelas que só conseguem chegar ao primeiro ano – raramente tem muito a ver com a qualidade da ideia, com a paixão do empreendedor ou até com o tamanho do mercado.

Na maioria das vezes, o sucesso de um novo negócio depende de sua capacidade de chamar a atenção – especificamente, *sua capacidade de criar um buzz e de promover o boca a boca*. Apesar de esses dois conceitos costumarem ser usados como sinônimos, acredito que sejam fenômenos distintos que devem ser tratados de maneira diferenciada se um fundador quiser chamar a atenção e expandir seu negócio com eficácia.

O primeiro passo é gerar o buzz, o que é, de certa forma, autoexplicativo.* Trata-se de fazer com que um número substancial de pessoas comente sobre seu produto. Trata-se de criar uma conscientização sobre a existência de sua empresa e sobre você estar fazendo algo legal, interessante ou original (ou todas as opções anteriores).

Mas só porque o conceito de criar um buzz é autoexplicativo não significa que seja fácil ou simples de fazer. Muitas empresas não fazem isso bem porque seus setores, por natureza, não são particularmente empolgantes. Esse foi um dos grandes obstáculos que os fundadores da Method tiveram que superar para se consolidar no mercado. Digo, como empolgar as pessoas com produtos de limpeza? Eric Ryan admitiu que escondia suas pesquisas debaixo da cama porque a categoria era "tão desinteressante e tão chata" que ele chegava a ter vergonha. Mas, mesmo em categorias desinteressantes, a beleza do buzz – e a razão pela qual penso nele como a primeira etapa para chamar a atenção – é que, muitas vezes, você pode começar a gerar buzz antes mesmo de lançar seu negócio, muito antes de o mundo ter a chance de formar uma opinião sobre você ou seu produto.

Um setor que faz isso muito bem é o da indústria cinematográfica. Poucos empreendimentos conseguem atrair a atenção do público com mais eficácia do que um estúdio promovendo um filme. Em 2009, por exemplo, um dos filmes mais comentados da temporada foi *Se beber, não case!*, uma comédia na qual quatro amigos fazem uma viagem de carro para uma despedida de solteiro em Las Vegas. Nos meses que

---

* O segundo passo, o boca a boca, é o tema do próximo capítulo.

antecederam o lançamento do filme, a Warner Bros. encheu outdoors e pontos de ônibus das cidades americanas com fotos hilárias dos personagens principais – o mais famoso, o personagem de Ed Helms, desgrenhado e confuso, com um dente da frente faltando, e o personagem de Zach Galifianakis de óculos escuros, levando um bebê no colo. Depois disso, começaram a exibir trailers, mostrando cada vez mais maluquices e culminando em uma cena em um quarto de hotel destruído em Las Vegas com Mike Tyson e um tigre de estimação.

No dia 2 de junho, na estreia, todo mundo estava falando sobre o filme, que atraiu muitos espectadores aos cinemas no primeiro fim de semana. *Se beber, não case!* ficou em primeiro lugar em bilheteria no primeiro e no segundo fim de semana após seu lançamento. Arrecadou mais de 70 milhões de dólares em ingressos apenas na primeira semana e passou nada menos que seis meses em cartaz nos cinemas, um tempo praticamente inédito para comédias. Tudo isso como resultado do buzz gerado pelo estúdio, que expôs o público a um tsunami de anúncios pagos que se intensificou ainda mais quando ficou claro que o filme teria um bom desempenho nos cinemas.

É claro que a maioria das startups não tem acesso ao tipo de dinheiro que o departamento de marketing da Warner Bros. investiu em *Se beber, não case!* em 2009, mas os princípios envolvidos na criação do buzz continuam os mesmos. São só *táticas* que precisam mudar. Tanto que, cerca de um ano depois, os fundadores do Instagram, Kevin Systrom e Mike Krieger, descobriram uma forma de fazer as pessoas falarem sobre seu aplicativo de compartilhamento de fotos antes de seu lançamento – não enchendo as cidades de outdoors, mas distribuindo convites para um grupo seleto de pessoas.

"Uma das coisas que fizemos foi distribuir cem convites para as pessoas experimentarem o Instagram antes de o lançarmos na Apple Store", Mike Krieger me explicou. "Percebemos que, se você vai dar uma festa, que é mais ou menos o que o lançamento de um aplicativo realmente é, você quer que as pessoas saibam como devem agir e que vejam quem mais vai estar na festa; então, tivemos que decidir como iríamos maximizar esses convites." Em outras palavras, eles precisaram definir qual grupo de pessoas seria mais adequado para contar ao mundo sobre seu novo aplicativo de compartilhamento de fotos.

Eles resolveram distribuir os convites entre dois grupos: jornalistas e designers. Acho que eu nem preciso explicar o motivo de terem decidido convidar jornalistas, não é? Afinal, eles têm plataformas que atingem milhares e, às vezes, milhões de pessoas. Mas designers? Não faria mais sentido convidar fotógrafos? Na verdade, não, segundo Mike. "Achamos que seria um tiro no pé dar acesso antecipado aos fotógrafos, porque eles querem uma resolução muito bem definida quando há outras restrições", ele explicou. "Já os designers adoram fotografia, mas não trabalham necessariamente com isso." Basicamente, os fotógrafos profissionais são meio esnobes no que diz respeito a fotos, e o Instagram, que foi criado para democratizar a possibilidade de tirar fotos legais, permitia que os designers "fingissem" ser fotógrafos.

Kevin e Mike recorreram à sua rede de jornalistas da baía de São Francisco que eles haviam conhecido nos últimos dois anos enquanto tentavam lançar sua primeira ideia, um aplicativo de check-in (compartilhamento de localização) chamado Burbn. Para encontrar designers, eles usaram um site chamado Dribbble. "É um lugar onde os designers exibem seus melhores trabalhos", disse Mike. "Pegamos os top 10 designers e mandamos e-mails. Alguns nos ignoraram, e tudo bem, mas outros responderam dizendo 'Vou querer, sim, experimentar o aplicativo de vocês!'."

Acabou sendo uma combinação ideal para divulgar o Instagram. Por um lado, Kevin e Mike alavancaram um público de jornalistas especializados em tecnologia. Por outro, eles conquistaram um grupo de usuários altamente qualificados que estavam, à sua maneira, falando sobre o app para o mundo por meio de suas imagens.

"Foi ótimo porque, ao entrar no aplicativo no primeiro dia, as pessoas já viam uma página com as fotos mais populares da comunidade", disse

Mike sobre a primeira experiência dos usuários ao ver as fotos dos designers, "e elas ficaram, tipo, 'Dá para fazer tudo isso com meu celular?'".

A resposta do mercado foi imediata. "Nas primeiras 24 horas, tínhamos 25 mil pessoas cadastradas ao redor do mundo", disse Kevin. Não muito tempo depois, eles obtiveram 8 milhões de dólares em financiamento com uma avaliação de aproximadamente 30 milhões de dólares. Em um ano, eles já tinham 10 milhões de usuários cadastrados, e os investidores estavam batendo à porta deles para oferecer mais dinheiro.

Na verdade, o que Kevin e Mike conseguiram fazer ao recrutar designers e jornalistas foi divulgar seu aplicativo em duas frentes. Os designers mostraram às pessoas as coisas incríveis que elas podiam fazer com o celular e os jornalistas explicaram aos usuários potenciais exatamente quais eram essas coisas. Foi a combinação perfeita de demonstração e explicação, que eu acredito ser a receita para criar o tipo de buzz do qual você precisa para se destacar – não importa se tiver um app, um negócio de bens de consumo não duráveis, uma linha de roupas ou uma loja física. Em resumo, você precisa mostrar sua oferta às pessoas e precisa explicar do que se trata.

Dependendo dos seus relacionamentos e dos seus recursos, você pode ter mais acesso a um grupo do que a outro – demonstradores ou explicadores, pessoas que mostram ou pessoas que explicam – e mesmo assim seu acesso pode ser limitado. Mas, por sorte, nem sempre é necessário um grande tsunami de atenção para fazer gerar um buzz. Às vezes, basta estar no lugar certo ou encontrar a pessoa certa.

Para Randy Hetrick, um ex-membro das forças especiais da Marinha e criador do sistema TRX Suspension Training, esse lugar foi a Convenção Mundial da IDEA em San Diego, e a pessoa foi o futuro *quarterback* do Hall da Fama da NFL (Liga Nacional de Futebol Americano), Drew Brees.

A Convenção Mundial da IDEA reúne, todos os anos, mais de 10 mil profissionais de saúde e fitness do mundo todo. Em 2006, munido de dezenas de tiras de treinamento de náilon cordura que desenvolvera enquanto atuava como na Marinha no exterior e depois trabalhando em sua startup enquanto fazia pós-graduação na Escola de Negócios da Stanford, Randy montou um estande de 3 por 3 metros na convenção, armou e ancorou uma porta falsa sobre a qual ele pendurou suas tiras TRX Suspension Training e, nos três dias seguintes, fez demonstrações e deu instruções a todos os personal trainers e donos de academia que pararam em seu estande.

"Foi um momento muito importante", Randy explicou, "porque esses treinadores são muito céticos e, se eles comprassem a ideia, a coisa teria uma chance de vingar". Mas, se eles não gostassem, se achassem a ideia ridícula, perigosa ou ineficaz, tudo o que Randy tinha passado tantos anos tentando construir poderia ir por água abaixo.

Essa é a parte complicada do buzz. Há o buzz positivo e o buzz negativo. O buzz que pode impelir seu negócio e o que pode implodi-lo. É por isso que tanto a demonstração quanto a explicação são tão importantes, especialmente em um caso como o de Randy. Imagine se ele tentasse explicar o sistema TRX usando apenas palavras. O sistema consiste em duas tiras de náilon ajustáveis e resistentes com alças na extremidade que você pode pendurar no batente de uma porta ou em uma barra e usar para fazer centenas de exercícios usando apenas o peso do corpo – abdominais, pranchas, flexões, agachamentos, remadas e por aí vai. Se você tiver uma dessas raras mentes capazes de visualizar a descrição da invenção de Randy, pode parecer bom demais para ser verdade.

Mas, se você tiver a chance de olhar as tiras de náilon e puder ver alguém como Randy *demonstrando* os exercícios enquanto explica como funcionam, é uma história totalmente diferente. Foi o que aconteceu com a legião de profissionais do fitness que viram esse novo sistema de treinamento em prática na Convenção Mundial da IDEA em 2006.

No fim do primeiro dia, Randy já tinha vendido todo o seu estoque de sistemas TRX. Naquela noite, ele pediu para seu assistente enviar todo os itens restantes da loja na baía de São Francisco para seu hotel em San Diego. No segundo dia do evento, o interesse pelo sistema TRX só havia crescido, e Randy estava fazendo pré-vendas para treinadores que ficaram sabendo do buzz, foram ver o sistema em ação e ficaram tão empolgados que se comprometeram em pagar adiantado sem ter o produto em mãos. "Era basicamente como vender contratos futuros na bolsa de valores", lembrou Randy. "Ainda bem que o produto chegou no terceiro dia e o pessoal pôde trocar os vales pelos itens."

Não muito tempo depois, provavelmente devido ao buzz gerado na convenção e à exposição que recebeu de alguns personal trainers de elite que gostaram do produto, o TRX começou a chegar às mãos de alguns atletas. Um deles foi o jogador de futebol americano Drew Brees, que tinha tido uma lesão no manguito rotador do braço de arremesso que ameaçava encerrar sua carreira. A lesão levou seu primeiro time profissional, o San Diego Chargers, a tentar vendê-lo a outro time.

"Ele estava se recuperando e se apaixonou pelo Suspension Trainer", disse Randy. Então, na primavera de 2006, Brees assinou com o New Orleans Saints e entrou em contato com Randy. "Ele disse 'Oi, Randy, vou querer uns seis desses para mostrar aos outros jogadores. Vou ver se convenço o Saints a começar a treinar com eles!'."

Foi um gesto incrível, mas a maior oportunidade para Randy e o TRX surgiu quando a revista *Sports Illustrated* decidiu fazer uma reportagem sobre o retorno de Brees ao futebol profissional. "Drew fez questão de tirar uma foto treinando com o Suspension Trainer", disse Randy. "E, de repente, todos os treinadores de força e condicionamento e os atletas que leem a *Sports Illustrated* foram expostos a essas tiras esquisitas e pensaram: 'Bom, não custa tentar...'."

Em 2007, o buzz em torno do TRX havia saído da Marinha para bases operacionais avançadas ao redor do mundo, para as salas de aula da Escola de Negócios da Stanford, para uma das maiores convenções de fitness do mundo e para as páginas da revista esportiva mais importante dos Estados Unidos. Nesse ponto, a principal preocupação de Randy não era mais chamar a atenção, mas atender à demanda.

E esse é o objetivo, certo? Não adianta só chamar a atenção. O objetivo de criar um buzz é converter essa atenção em demanda e gerar vendas. A mídia, tanto a mainstream quanto as mídias sociais, tem um papel importante nesse processo de conversão. Randy Hetrick e os caras do Instagram usaram os meios de comunicação para divulgar seus produtos, assim como muitos dos empreendedores que conhecemos até agora. Lisa Price teve seus produtos mostrados no programa da Oprah Winfrey. Daymond John e seus sócios foram convidados para o programa *Video Music Box*, de Ralph McDaniels. Os caras do Airbnb foram entrevistados na CNN durante a Convenção Nacional Democrata de 2008.

Até Gary Erickson usou a mídia tradicional para gerar buzz para a Clif Bar no início dos anos 1990, embora de uma maneira não tradicional que quase saiu pela culatra. Ele publicou anúncios em revistas de ciclismo desafiando o único outro concorrente de peso no mercado, a PowerBar. "O título era 'O corpo é seu, você decide'", ele contou. Os anúncios perguntavam ao leitor se ele preferia ingredientes ultraprocessados ou integrais em suas barras energéticas. E chegaram a incluir fotos dos dois conjuntos de ingredientes. "Fomos processados imediatamente", disse Gary, "mas o anúncio gerou um buzz entre os ciclistas, que diziam 'Ei, você já ouviu falar da Clif Bar?'".

Conversei com muitos empreendedores, e uma pessoa que se destacou por saber como alavancar todas as formas de mídia para criar buzz, impulsionar a demanda e gerar vendas foi Jen Rubio. Antes de fundar a Away, ela foi a primeira gerente de mídias sociais da varejista on-line de óculos Warby Parker e, quando saiu, já administrava todas as mídias sociais da empresa. No começo, em 2011, ela só respondia a todas as mensagens, positivas ou negativas, nos feeds do Twitter, do Facebook, do Tumblr e do Instagram da empresa (a Warby Parker tinha acabado de entrar nessas plataformas), para abrir um diálogo com os consumidores e criar uma comunidade vibrante. Quando os clientes postavam fotos usando cada uma das cinco armações de óculos que recebiam da

Warby para provar em casa, ela as repostava nas páginas oficiais da empresa no Tumblr e no Facebook e incentivava a comunidade a votar na favorita. "Basicamente, usamos o *crowdsourcing* para ajudar as pessoas a escolher as melhores armações para elas", Jen lembrou, "e construímos uma comunidade muito fiel e engajada, que nunca parou de crescer".

Jen encontrou uma forma de converter o buzz nas mídias sociais em decisões de compra on-line. Ela também viu o que pode acontecer quando uma empresa chama a atenção da mídia tradicional. Alguns meses antes de ela entrar na empresa – na verdade, antes mesmo de a Warby Parker existir –, os fundadores contrataram uma empresa de relações públicas para conseguir alguma divulgação pré-lançamento na imprensa. Eles foram atrás da *Vogue* e da *GQ*. "Sabíamos que, se saíssemos nessas revistas importantes, seria como um selo de aprovação para a nossa marca", disse o cofundador da Warby Parker, Dave Gilboa, "mas as abordamos oferecendo a oportunidade de serem nossas parceiras exclusivas para o lançamento". A abordagem deu certo. Antes mesmo de a Warby disponibilizar seu site na internet, a *GQ* publicou um artigo que caracterizou a Warby Parker como a Netflix dos óculos. O resultado foram dezenas de milhares de unidades vendidas. "Em apenas quatro semanas, esgotamos nossas armações mais vendidas e tínhamos uma lista de espera de 20 mil clientes", disse Dave.

Mas o que Jen Rubio aprendeu com essa experiência e aplicou no lançamento de seu próprio negócio alguns anos depois foi que "ninguém se importa com o que uma marca tem a dizer sobre si mesma". Com a rodada inicial de financiamento de amigos e parentes que Jen e sua sócia, Steph Korey, levantaram, elas poderiam ter usado todo o dinheiro que sobrou da fabricação de protótipos em publicidade e marketing. Mas, em vez disso, elas se inspiraram na estratégia da Warby e contrataram uma empresa de relações públicas.

"Sabíamos que um grande diferenciador para nós seria conseguir que esses outros veículos nos quais as pessoas confiavam, independentemente de ser a imprensa ou influenciadores, contassem a nossa história", explicou Jen. Essa foi a estratégia que as levou a tentar entrar na lista de sugestões de presentes de Natal de revistas importantes como a *GQ* e a *Vogue* no pré-lançamento. Quando perceberam que essa estratégia não havia funcionado porque elas tinham começado tarde demais – as revistas já tinham feito suas escolhas e as malas só ficariam prontas em fevereiro do ano seguinte –, Jen e Steph criaram um pequeno e elegante livro de mesa de centro em quatro cores sobre o mundo das viagens apresentando histórias de viagens exóticas e fotos de quarenta formadores de opinião. A tiragem seria de apenas 2 mil exemplares – o número de malas do primeiro lote da Away –, e o livro seria vendido a 225 dólares, o preço de varejo da primeira mala da Away. Cada livro era basicamente um cupom para uma mala grátis.

"Quando recebemos os livros da gráfica em caixas enormes", Jen conta, "Steph e eu nos olhamos e pensamos 'Ou esta foi uma ideia brilhante ou vamos ficar com estes livros encalhados para sempre!'."

A ideia de publicar um livro de viagens caro como uma forma de chamar a atenção para uma empresa de malas foi uma aposta ousada, mas se baseou em uma estratégia inteligente para gerar buzz. "Com os formadores de opinião que apareceriam no livro, os editores que procuramos por meio da agência de relações públicas ou os influenciadores nas mídias sociais com os quais eu entraria em contato para falar sobre nós", disse Jen, "todos os nossos esforços no começo foram para convencer *outras* pessoas a apenas falar sobre nós – para não termos que falar tanto sobre nós mesmas."

A aposta se pagou. No dia 9 de novembro de 2015, Jen e Steph acordaram com um artigo no site da *Vogue* sobre uma nova marca de malas chamada Away. No fim do dia, vários outros canais de comunicação já haviam reverberado o artigo da *Vogue*, e Jen e Steph venderam centenas de seus livros de viagem a 225 dólares cada. Em questão de semanas, elas venderam toda a tiragem de 2 mil exemplares e, com eles, todo o seu primeiro lote de malas. Estamos falando de quase meio milhão de dólares em receita gerada a partir de um buzz coordenado envolvendo mídia tradicional, mídias sociais, formadores de opinião e as redes de conhecidos das fundadoras.

Curiosamente, quando Randy Hetrick me contou a história de Drew Brees fazendo questão de ser fotografado com o sistema TRX para a *Sports Illustrated*, pude sentir o alívio dele, mesmo tantos anos depois. Ficou bem claro para mim como pode ser difícil para uma pessoa com uma nova ideia ser incluída na conversa. Foi um sentimento que ele articulou em suas palavras seguintes: "Sabe... para alguém que está abrindo um negócio, principalmente para quem tem um produto totalmente inovador, o maior problema é a obscuridade – tentar sair da obscuridade e aparecer no radar".

Isso me fez pensar sobre aquele antigo exercício de pensamento filosófico: se uma árvore cai em uma floresta e ninguém está por perto para ouvir, ela faz barulho?

Acho que dá para estender essa ideia aos negócios: se uma empresa abre as portas e ninguém fica sabendo, ela realmente existe? Ou ela não passa de uma das 170 mil novas empresas criadas naquele ano que não chegaram ao primeiro aniversário e cuja única diferença que deixou no mundo foi nas estatísticas?

Acredito que a resposta seja *"É claro que ela existiu!"*. Se você saltou do penhasco e tentou construir seu avião durante a queda, você merece ser conhecido. Mas, como o construtor do avião, também cabe a você ser o criador do buzz que vai alçar esse avião ao céu.

Cabe a você garantir que o som das portas se abrindo possa ser ouvido por um número significativo de clientes potenciais. Cabe a você chamar a atenção para o produto ou o serviço que está levando ao mercado.

Não costuma ser fácil fazer isso, e você precisará alavancar todos os tipos de mídia, porque, como Jen Rubio disse, ninguém quer ouvir você falar sobre si mesmo. Mas é possível, especialmente quando você é capaz de gerar um buzz entre muitos clientes *potenciais* enquanto promove um boca a boca entre seus clientes *ideais*.

13

CHAME A ATENÇÃO – PARTE 2: PROMOVA O BOCA A BOCA

Em 2012, em meio a uma explosão de plataformas de redes sociais, smartphones e big data, o estatístico Nate Silver publicou seu livro intitulado *O sinal e o ruído*, sobre a dificuldade de desenvolver projeções precisas. Até aquela época, "relação sinal-ruído" era um termo usado principalmente por cientistas e engenheiros para descrever a potência de um sinal em relação ao seu entorno. Com o sucesso do livro de Silver, no entanto, a expressão passou a ser usada por não cientistas para falar sobre problemas de comunicação, valor e relevância. Em outras palavras, com todas as informações às quais somos expostos, a quais delas devemos prestar atenção? O que vale a pena lembrar? O que realmente é importante ou confiável?

Em meio a todo esse ruído, onde está o sinal (e como diferenciar sinal de ruído)?

Esse é um problema que quase todos os fundadores precisam resolver. Como se destacar no turbilhão sem fim do cotidiano? Como se destacar da concorrência? Como fazer com que os consumidores prestem atenção em você e no seu produto? Como se destacar do ruído e *se tornar* o sinal?

Como vimos no capítulo 12, gerar buzz é um grande e importante passo nessa direção – ajustar a frequência e amplificar o som –, mas não é o único. Há outro passo, indiscutivelmente maior, a dar. Estou falando de promover o *boca a boca*.

Gerar buzz é alavancar relacionamentos (formadores de opinião, contatos na mídia) e recursos (financiadores externos, expertise) específicos para divulgar sua oferta para o maior número possível de pessoas. É sobre outdoors, posts em blogs, entrevistas em podcasts e endossos de celebridades. É criar o que o investidor e autor de best-sellers Tim Ferriss chama de "efeito de som surround". É a sensação de que você está por toda parte quando, na realidade, só está divulgando sua oferta nos poucos lugares em que seus principais clientes passam a maior parte do tempo. "Eu criava a percepção e, até certo ponto, a realidade de que eu era onipresente, inescapável", Tim disse a uma plateia durante uma sessão de perguntas e respostas na sede de uma empresa de design de produtos chamada ZURB em 2011.[42] "Tim Ferriss está em todo lugar. Mas, na verdade, ele só está no TechCrunch, no Gizmodo e no Mashable. E tudo bem."

A propaganda boca a boca consiste em converter em vendas todo aquele maravilhoso reconhecimento que você acabou de obter com o buzz que gerou. É sobre colocar seu produto nas mãos das pessoas para elas poderem colocar seu nome no ouvido de todos os amigos. Foi assim que impulsionamos o crescimento do podcast *How I Built This* e que *continuamos* crescendo para atingir quase 3 milhões de pessoas toda semana. Nossos ouvintes falam aos amigos sobre o nosso podcast. E a propósito... nós os encorajamos a fazer isso! Porque o boca a boca não é um outdoor, um artigo ou uma entrevista. É um diálogo. Uma conversa. É uma mensagem de texto de um amigo a outro dizendo "Você precisa dar uma olhada nisso!".

"Essa simples frase tem um poder enorme... É como um 'Abre-te, Sésamo!'", disse Reid Hoffman em um episódio de seu podcast, *Masters of Scale*, intitulado "Por que o amor do cliente é tudo de que você precisa". "Nem todo o dinheiro e todo o conhecimento de marketing do mundo podem sustentar o crescimento de um produto de sucesso em longo prazo. Não basta chamar a atenção dos clientes. Você precisa conquistar a devoção inabalável deles."[43]

De fato, a diferença entre o buzz e o boca a boca é a diferença entre dar um grande passo em direção à consciência de marca e depois dar um salto quântico em direção à captação de clientes e a uma fanbase duradoura.

Você se lembra do exemplo do filme *Se beber, não case!* no capítulo 12? O sucesso de bilheteria de 45 milhões de dólares só no primeiro fim de semana se deve quase exclusivamente ao buzz inicial. Mas foi a onda de depoimentos empolgados de pessoas que foram ver o filme no cinema no primeiro fim de semana que impulsionou o filme a seu sucesso final. Amigos contaram a amigos, que contaram a outros amigos. Iam ao cinema em grupos; não raro, mais de uma vez. *Se beber, não case!* terminou sua primeira semana com uma bilheteria de 70 milhões de dólares, ficou em primeiro lugar pelo segundo fim de semana consecutivo e ainda passou inéditos (para comédias modernas) seis meses em exibição nos cinemas, arrecadando mais de 275 milhões de dólares nas bilheterias apenas nos Estados Unidos.

Dois anos antes da estreia de *Se beber, não case!*, durante o anúncio de um novo programa publicitário centrado no usuário do Facebook, Mark Zuckerberg disse a um grupo de anunciantes e jornalistas da área de tecnologia que "nada influencia mais as pessoas do que a recomendação de um amigo em quem elas confiam".[44]

Se beber, não case! e suas sequências passariam os próximos anos provando que Zuckerberg estava certo. A franquia desenvolveu uma base de fãs tão fiel que os dois primeiros filmes da série continuam na lista dos dez filmes *R-rated* para maiores de idade de maior bilheteria de todos os tempos, gerando mais de 1 bilhão de dólares em ingressos vendidos em todo o mundo.

"Uma indicação de uma pessoa de confiança é o Santo Graal", disse Zuckerberg ao descrever o que é, na prática, a verdadeira moeda do marketing boca a boca.

Basta conversar com um fundador cujo negócio tenha se beneficiado dessa moeda, alguém que teve um gostinho do Santo Graal, para entender o valor e o poder do boca a boca. Alguém como Jerry Murrell, que, em 1986, decidiu abrir uma lanchonete em Arlington, no estado da Virgínia, com sua esposa e os quatro filhos, que eles chamaram de Five Guys.

Hoje, a Five Guys é uma das redes de *fast casual* mais populares e amadas dos Estados Unidos, com mais de 1.500 lojas em todo o mundo. Mas uma peculiaridade da Five Guys é que a rede tinha tudo para não dar certo. A década de 1980 foi uma era dourada para a expansão do fast-food. Ao mesmo tempo, 1986 foi o ano com a economia mais lenta nos Estados Unidos desde a recessão, quatro anos antes. E Jerry já podia ser considerado um empreendedor fracassado em série, tendo engrossado as estatísticas dos 20% cujas grandes ideias não conseguem se sustentar por muito mais do que um ano.

"Tentei abrir alguns negócios", disse ele sobre seus primeiros empreendimentos em meados dos anos 1970 e início dos anos 1980. "Eu era um planejador financeiro. Abri uma empresa no ramo de petróleo no Texas. Você pode não acreditar, mas tentei até abrir um negócio para vender água. Minha esposa e eu entramos no ramo imobiliário. Nos especializamos em comprar na alta. Eu não tinha ideia do que estava fazendo."

Para um empreendedor com essas características, fazia sentido abrir uma lanchonete na mesma rua do Pentágono e do Cemitério Nacional de Arlington, em um ponto comercial "que ninguém vê", como Jerry descreveu o lugar. Estou tirando sarro, mas na verdade era assim que ele e sua esposa, Janie, viam as coisas na época. Abrir uma pequena lanchonete escondida em um lugar por onde ninguém passa... *era uma boa ideia!*

"Algo nos dizia que era a coisa certa a fazer", disse ele, "e, por algum motivo, a família inteira concordou". Então, eles pegaram 35 mil dólares que estavam guardando para pagar a faculdade dos filhos, consertaram alguns equipamentos antigos, encontraram um lugar com aluguel baixíssimo e usaram o restante do dinheiro para abrir as portas. O raciocínio deles era "Se a gente abrir a lanchonete num lugar que ninguém vê, mas convencermos as pessoas a ir comer lá, vai ser um sinal de que o negócio tem futuro!".

Parece uma grande loucura. A primeira coisa que as pessoas fazem antes de abrir um comércio é encontrar uma vitrine com a maior visibilidade possível, o maior tráfego de pedestres. É a primeira aula de um curso de Introdução à Administração. É o básico do básico. É como gerar um buzz, mas em uma loja física.

No entanto, se olharmos para trás, veremos que eles não só foram perspicazes em sua decisão como também tiveram sorte. Se abrissem a lanchonete em uma rua de tráfego intenso, Jerry e Janie não só estariam competindo com as enormes cadeias de fast-food que dominavam locais com essas características como nunca saberiam se os clientes naqueles primeiros dias cruciais teriam topado por acaso na Five Guys ou a procurado ativamente com base no buzz inicial e no boca a boca. Ao dificultar o acesso à Five Guys, Jerry criou condições para saber com mais precisão se as pessoas estavam indicando a lanchonete aos conhecidos e, se fosse assim, com qual rapidez.

Ele não precisou esperar muito. "Depois de abrirmos as portas, às 11h da manhã, o primeiro cliente só entrou na lanchonete cerca de quinze para o meio-dia. E, por volta de meio-dia e meia, já estávamos quase lotados", ele contou.

No dia seguinte foi a mesma coisa. E no outro dia também... e no outro. Jerry entendeu imediatamente o que estava acontecendo: as pessoas comiam na Five Guys, voltavam para casa ou para o trabalho e falavam aos colegas, amigos e parentes sobre essa nova lanchonete meio escondida que eles não poderiam deixar de provar se gostassem de hambúrgueres e batatas fritas espetaculares. "Era o único jeito de os novos clientes ficarem sabendo da nossa lanchonete", disse ele, refletindo sobre aquelas primeiras semanas, quando eles só tinham dinheiro para os produtos e para pagar os funcionários e não sobrava nada para publicidade e marketing.

Por sorte, a Five Guys gerou lucro desde o primeiro dia. Eles até conseguiram pagar aos filhos um bom salário inicial (em 1986) para trabalhar depois da escola e nos fins de semana junto aos primeiros funcionários. Em pouco tempo, Jerry estava recrutando investidores para abrir uma segunda lanchonete – um cenário tão improvável e inesperado quanto o sucesso inicial. Quando Jerry e Janie foram aos bancos pedir um empréstimo para abrir a primeira lanchonete, foram recebidos com ceticismo. Quando voltaram a esses mesmos bancos e lhes disseram que queriam abrir uma *segunda* lanchonete, o ceticismo foi ainda maior.

"Eles riram de nós", disse Jerry.

Mas tudo bem, porque já havia muitas pessoas dispostas a investir neles, inclusive os pais de vários amigos de seus filhos, porque os filhos tinham falado aos amigos sobre o sucesso da Five Guys e os pais deles resolveram investir. O boca a boca não foi apenas sobre os hambúrgueres; foi também sobre o negócio.

"Acabamos encontrando umas cento e cinquenta ou duzentas pessoas dispostas a investir em nós", disse Jerry. Ao todo, eles levantaram 150 mil dólares com esses investidores para abrir a segunda loja da Five Guys em um ponto igualmente pequeno – dessa vez, em um diminuto e decrépito centro comercial em Alexandria, também no estado da Virgínia –, e a partir daí a cadeia só se expandiu.

A história de Jerry não é muito diferente da história de Carley Roney e David Liu, que, dez anos depois, em 1996, fundaram o The Knot com dois amigos da Faculdade de Cinema da Universidade de Nova York. A princípio financiado pela AOL como um portal para fornecer conteúdo sobre cerimônias de casamento para os assinantes, o The Knot se separou da AOL em julho de 1997, quando Carley e David lançaram o Theknot.com por conta própria, para oferecer um serviço completo de festas de casamentos. Eles já tinham 250 mil visitantes mensais em seu cantinho do universo AOL e recebiam trezentos novos membros por dia. Tudo em apenas um ano.

"Todo mundo que nos conhecia queria falar sobre nós a todo conhecido que estava para se casar", disse Carley. "As pessoas eram muito fiéis e empolgadas com a marca e, desse jeito, estávamos crescendo como fogo na palha."

Por "desse jeito" ela quis dizer com o boca a boca. "O boca a boca era a única maneira que tínhamos de nos promover", disse Carley. Seu cofundador e hoje marido, David, foi ainda mais claro: "Não gastamos nenhum dinheiro com publicidade".

No entanto, eles não precisaram fazer isso. No ano seguinte, em 1998, o The Knot registrou 1 milhão de dólares em receita. Um ano depois, a QVC investiu 15 milhões de dólares para ajudar o site a expandir suas ofertas. Em três anos, o The Knot estava em pleno crescimento, em grande parte impulsionado pelo boca a boca.

Dez anos depois de o The Knot decolar, Alli Webb teve o mesmo tipo de crescimento em seu negócio de modelagem de cabelos (que viria a se tornar a Drybar) antes mesmo de inventarem uma escova secadora. Ela começou em 2008 oferecendo um serviço de atendimento domiciliar chamado Straight-at-Home depois de postar um anúncio em um grupo de mães no Yahoo! chamado Peachhead, que tinha cerca de 5 mil membros em Los Angeles e arredores. "Eu pensei 'Tenho anos de experiência fazendo penteados. E se eu fosse na casa das clientes para pentear o cabelo delas por uns 35 ou 40 dólares? Será que alguém teria interesse?'", Alli me contou.

As mulheres ficaram mais do que interessadas. "Recebi uma montanha de e-mails", disse Alli. Aqueles e-mails rapidamente se transformaram em horários marcados, que se transformaram em indicações para outras mulheres fora da comunidade de mães da Peachhead. "Minha agenda lotou muito rápido, e foi tudo pelo boca a boca", ela disse. "Eu atendia uma mãe, que contava para seis amigas. E essas amigas me procuravam. Cheguei a um ponto em que eu estava dizendo mais 'não' do que 'sim'." Com uma única postagem em um fórum, Alli Webb abriu um negócio, gerou um buzz e colocou em movimento uma máquina de marketing boca a boca que culminaria na abertura dos quatro primeiros salões da Drybar menos de dois anos depois, em 2010, atingindo a marca dos 20 milhões de dólares em receita anual com 25 salões dois anos depois disso.[45]

Falamos de três empresas com fundadores espetaculares em três setores totalmente diversos em três décadas diferentes, sendo que todos eles conseguiram impulsionar as vendas e gerar crescimento sem se valer de truques e sem grandes gastos com publicidade – contando apenas com a divulgação espontânea de pessoas que conheceram seu produto ou serviço e adoraram. Incrível! É um sonho, não é mesmo? Você cria algo, alguém experimenta, adora e conta a todos os amigos, que contam aos amigos e, de repente, você tem 1.500 lanchonetes, como Jerry e Janie Murrell, ou 250 mil usuários mensais, como Carley Roney e David Liu, ou 20 milhões de dólares em receita, como Alli Webb.

Tudo bem, mas como realizar esse sonho?

Imagino que essa seja a pergunta que você está fazendo neste exato momento, depois de ler essas histórias. É a mesma pergunta que eu quis responder quando lançamos *How I Built This* no outono de 2016. Eu sabia que lançar um podcast na NPR geraria um determinado buzz que daria visibilidade ao programa desde o início. Eu sabia que a notícia se espalharia – "Ei, você ficou sabendo que o Guy Raz está lançando um podcast sobre negócios e empreendedorismo?" – e que um número razoável de ouvintes da NPR e fãs do *TED Radio Hour* ouviria pelo menos um ou dois episódios.

Mas eu também sabia que o buzz pré-lançamento só nos levaria até certo ponto. Foi o que eu vi acontecer com o *TED Radio Hour* no início de 2013. As pessoas adoravam as palestras do TED Talks e estavam começando a se acostumar com os podcasts. Junte essas duas coisas e você terá a receita para uma grande audiência desde o início. Só que os números de downloads do *TED Radio Hour*, por mais respeitáveis que fossem, permaneceram relativamente estagnados por um tempo. Foi só depois de algumas semanas, quando as pessoas começaram a falar sobre o podcast com os amigos, que os números de downloads começaram a subir tanto no eixo y quanto no eixo x do gráfico de crescimento.

Precisávamos replicar esse boca a boca para o nosso podcast se quiséssemos que ele atingisse o potencial que acreditávamos que tinha.

Então, voltamos à grande questão: como? Sabemos que o boca a boca é importante, mas como colocá-lo em movimento? Como criar um boca a boca para que mais pessoas comprem nossos hambúrgueres, visitem nosso site, venham ao nosso salão ou, no meu caso, baixem nosso novo podcast?

Eu gostaria de poder dizer que existe um tipo de fórmula mágica para gerar o boca a boca ou um hack de crescimento fácil para acelerar sua disseminação. No entanto, o que descobri por meio da minha experiência e ouvindo as experiências de todos os tipos de empreendedores é que só existe uma forma confiável de gerar o boca a boca: *você precisa fazer um produto muito bom.*

Mas não é só isso. Não pode ser apenas muito bom. Tem que ser *bom* a ponto de as pessoas serem impelidas a recomendá-lo. E, como ninguém se dá ao trabalho de recomendar coisas medíocres ou medianas, precisa ser algo novo e especial e deixar as pessoas com um sentimento que elas possam compartilhar facilmente com os amigos por meio de uma recomendação.

É isso que eu tento manter em mente quando eu e minha equipe pensamos em cada episódio de *How I Built This*. O que a história desse fundador tem de especial? Onde estão aqueles momentos "uau" sobre os quais falei, que tornarão esse episódio verdadeiramente especial e compartilhável – e um registro confiável de uma jornada digna de entrar na página da pessoa na Wikipédia?[*] Eu uso essa abordagem ao podcast não apenas porque desejo que nossos ouvintes adorem cada episódio, mas também porque não quero desperdiçar o tempo deles.

Pense nisso: você passa, em média, dezesseis horas acordado por dia. Dessas dezesseis horas, você passa oito no trabalho ou na escola, uma a duas se preparando e indo de um lugar ao outro, mais uma a

---

[*] Acontece com mais frequência do que você imagina.

duas comendo e bebendo e mais uma a duas fazendo tarefas cotidianas (como fazer compras, pagar contas etc.). Presumindo que você não tenha filhos, isso deixa entre duas e quatro horas de tempo livre, o que sei que parece bastante quando pensamos em nossa vida diária, mas, se você parar para pensar, não é muita coisa. Sendo assim, toda segunda-feira de manhã, quando lançamos um novo episódio de *How I Built This*, eu basicamente peço para os ouvintes dedicarem entre 45 e 60 minutos ao podcast, ou quase 25% de seu precioso tempo livre diário. É uma responsabilidade enorme! E, se eu me esquivar dela, desperdiçarei a chance de conquistar um novo fã que poderia falar a seu parceiro, colega ou melhor amigo sobre a história que acabou de ouvir nesse podcast que ele acabou de descobrir.

Conscientemente ou não, esse é um cálculo que todo fundador de sucesso fez ao criar e construir seu negócio. Ele ou ela descobriu uma maneira de fazer algo novo, algo especial, algo *espetacular*. Algo que criou um burburinho, que, por sua vez, levou a recomendações.

Carley Roney e David Liu criaram, nas palavras deles, "a revista de casamento mais legal do mundo associada a uma comunidade na internet". Depois, quando perceberam que "as noivas pareciam ficar exasperadas com todo o processo de criar listas de presentes nas lojas", eles inseriram um recurso on-line de lista de presentes que, como o comércio eletrônico em si, era uma grande novidade em 1997. Eles livraram as noivas de uma grande fonte de estresse e disponibilizaram um fórum para que elas trocassem informações com outras pessoas que também estavam sendo forçadas a navegar pelo "'complexo industrial' das cerimônias de casamento".

Por outro lado, o serviço que Alli Webb estava tentando fornecer com a Drybar não tinha nada de novo. Ela já tinha anos de experiência indo à casa de amigas para fazer penteados para festas, casamentos e outros eventos importantes. Mas sua ideia foi especial porque resolvia um problema bastante específico que cada uma de suas amigas parecia ter: quando Alli não estava por perto e as amigas precisavam de um penteado, elas tinham que ir a um salão caro, onde eram pressionadas a adquirir outros serviços, como corte e tintura, dos quais elas não precisavam, ou iam a um salão mais barato que inevitavelmente fazia um trabalho medíocre.

"As mulheres só têm duas opções, e as duas são ruins", Alli pensou na época. Não havia um meio-termo: um penteado com qualidade de salão a um preço razoável. Esse foi o diferencial da Drybar, que fez do serviço uma oferta especial e original. Deixar uma mulher linda sem obrigá-la a desembolsar uma fortuna no processo foi tudo o que Alli teve que fazer para conseguir que uma grande parte de suas primeiras clientes falasse a todas as amigas sobre seu serviço.

À primeira vista, também não havia nada de novo em hambúrgueres e batatas fritas. Na verdade, sua onipresença na dieta americana só aumentava em 1986, quando Jerry e Janie Murrell abriram a Five Guys. No ano anterior, a rede McDonald's havia aberto 597 novas lojas, batendo um recorde e elevando o número total de lojas para quase *9 mil*.[46] A Wendy's tinha registrado uma receita anual recorde logo após sua famosa campanha "Where's the Beef?" e a Carl's Jr. finalmente tinha começado a abrir franquias.[47] O fast-food estava em alta. Então, o que Jerry fez? Ele foi para o outro lado. Ele desacelerou as coisas. Abriu uma lanchonete em que os hambúrgueres eram três ou quatro vezes mais caros e demoravam muito mais para ser preparados.

"Colocamos uma placa em uma de nossas lanchonetes com os dizeres 'Se você está com pressa, pode encontrar muitas outras lanchonetes muito boas por perto'", Jerry lembrou. Todo mundo disse que ele tinha enlouquecido por colocar essa placa, "mas ajudou", ele disse. Ajudou porque era uma declaração aberta aos clientes de que a Five Guys estava fazendo algo diferente das outras lanchonetes, algo único.

O que Jerry e Janie estavam fazendo era usar os melhores ingredientes que podiam encontrar para fazer as batatas fritas e os hambúrgueres mais saborosos. Não os mais baratos nem os mais rápidos, nem os mais complexos. Só os melhores. E, o mais importante, eles deixaram que os filhos decidissem como seria.

"A ideia foi deixá-los escolher os melhores produtos entre os quais gostavam", Jerry explicou. Então, eles compraram os picles mais caros. Compraram pães da melhor padaria de Arlington na época. Encomendaram a maionese de um fornecedor de Nova York que se recusava a baixar os preços e que o primeiro representante de compras da Five Guys implorou para eles abandonarem. Mas eles se recusaram a abrir mão daquele fornecedor, porque a maionese aderia mais ao pão e aos outros ingredientes do que as alternativas. Eles usaram óleo de amendoim para fritar as batatas, que, apesar de ser um óleo mais caro, também produzia as batatas fritas mais saborosas.

E as batatas que eles usavam? Eles a encomendavam de uma pequena fazenda em Rigby, no Idaho, porque era onde a Thrasher's, de Ocean City, em Maryland, comprava as batatas que eram servidas fritas. A Thrasher's era uma pequena barraca que servia batatas fritas no calçadão que Jerry e seus filhos descobriram quando se mudaram para Washington. "Devia ter umas vinte barracas vendendo batatas fritas no calçadão", Jerry disse, "mas só a Thrasher's tinha uma fila enorme de clientes. Então, concluí que as batatas que eles usavam deveriam ser boas".

O compromisso de Jerry e Janie de usar os melhores ingredientes produziu as batatas fritas e os hambúrgueres mais saborosos, o que gerou uma fanbase instantânea de pessoas que nunca haviam provado nada parecido em Washington. Não havia nada de novo em hambúrgueres e batatas fritas, mas esse nível de qualidade, sem dúvida, era especial. Foi isso que os diferenciou, que os destacou na multidão e os levou a ser recomendados por pessoas que adoravam um bom hambúrguer. Do mesmo modo como qualquer mulher que adorava ficar linda sem gastar muito sentiu-se impelida a recomendar o serviço de Alli às amigas. Do mesmo modo como os noivos que não sabiam a quem recorrer se apaixonaram pela lista on-line de presentes de casamento e pela comunidade de planejamento de casamentos de Carley e David.

Walt Disney é muito citado por ter dito "Não importa o que você fizer, faça bem-feito. Faça tão bem que, quando as pessoas o virem fazendo, elas vão querer voltar para vê-lo fazer de novo e vão querer trazer outras pessoas e mostrar como você faz bem o que faz!". Essa, para mim, é a característica em comum de todos os fundadores que conheci que consideram o boca a boca positivo uma das principais razões de seu sucesso. Cada um deles fez algo espetacular, muito especial. Eles foram tão bons que se tornaram o sinal que se destacou em meio ao ruído da concorrência e chegaram mais longe do que jamais poderiam ter imaginado.

14

SOBREVIVA ÀS PROVAS DE FOGO

Vai chegar um dia em que você pensará em desistir do empreendedorismo. É tão normal que quase todos os empreendedores que entrevistei disseram ter pensado nisso em algum momento – mesmo que tenha sido só por um instante.

Você não vai querer desistir depois de todo o progresso que fez, mas talvez dê uma olhada no caminho adiante e perceba que o mais fácil seria desistir. Algumas pessoas poderão dizer que desistir é a coisa *mais sensata* a se fazer, pois é o que uma pessoa normal faria. Essas pessoas não se lembram de que quase ninguém abre um negócio se estiver em seu juízo perfeito, então, de que vale esse conselho?

Na verdade, o conselho não é de todo inútil – não como um conselho, veja bem, mas como um sinal de que você entrou oficialmente na etapa da prova de fogo da sua jornada. Você construiu o avião e ligou o motor, mas está sendo difícil ganhar altitude e você não sabe ao certo por quê. É neste ponto que terá uma escolha a fazer: voltar atrás ou persistir e seguir em frente. Ejetar ou encontrar mais potência. A sensação é de que você está entre a vida e a morte.

O poeta Robert Frost diria para seguir em frente. Você já deve ter visto sua famosa citação em incontáveis canecas e pôsteres inspiradores e contas de influenciadores no Instagram: "A melhor saída é sempre seguir em frente". Frost escreveu esse verso em seu poema de 1915 "A Servant to Servants", sobre uma mulher que administra, com o marido, uma pensão à beira de um lago e que se cansou "de fazer repetidamente coisas que simplesmente não se mantêm feitas". Ela começou a se entregar a fantasias de fugir para a natureza – ela quer "largar tudo e viver da terra" –, mas seu marido, Len, "vê o lado bom de tudo" e diz "só mais um pouquinho... a melhor saída é sempre seguir em frente". Ela finalmente concorda com a ideia, mesmo porque ela também "não vê saída a não ser seguir em frente".

Talvez você ainda não tenha chegado a esse ponto, mas, como aprendi com os empreendedores que entrevistei, vai chegar um dia em que esse sentimento ressoará profundamente em você. Imagino que todo fundador de sucesso, em algum momento, se identificou com os dois personagens do poema de Frost. Quando parecia que eles não estavam conseguindo avançar – quando o trabalho simplesmente não se mantinha feito –, eles podem ter sentido vontade de jogar tudo para o alto e ir morar em uma cabana no meio do mato. No entanto, quando olharam para tudo o que construíram, quando viram aonde chegaram e pensaram em todas as pessoas que dependiam do sucesso do negócio, eles decidiram se comprometer com "só mais um pouquinho", porque esse "pouquinho" seria o ímpeto que finalmente os levaria a seguir em frente.

Foi nesse lugar que Gary Hirshberg esteve durante grande parte da década de 1980, enquanto ele e seu sócio, Samuel Kaymen, lutavam para tirar sua empresa, a Stonyfield Farm, do vermelho. Desde o início, a Stonyfield foi o *crème de la crème* do iogurte, literalmente. Foi o iogurte integral natural número 1 em todos os supermercados que o vendiam desde o dia em que Gary e Sam conquistaram um lugar nas prateleiras do varejo. Contudo, por mais esforço que fizessem, eles não conseguiam lucrar com o produto.

No começo, foi porque eles só tinham um produto – embalagens com seis unidades de 1 litro de bebida láctea integral – que eles vendiam mais ou menos a preço de custo para poder entrar no Harwood's Market, a rede de supermercados local de Wilton, em New Hampshire. Essa estratégia gerou receita imediatamente, mas nunca o suficiente para acarretar lucro. "O produto estava vendendo", disse Gary, "mas usávamos tudo o que entrava para comprar grãos para alimentar as vacas ou para comprar óleo, equipamentos, combustível, madeira, o que fosse necessário". Os custos iniciais normais de um negócio de laticínios, vamos dizer.

Cinco meses depois, a dupla havia faturado 50 mil dólares com as vendas, mas tinha 75 mil dólares em dívidas. Eles ficaram sem dinheiro, a ponto de não conseguir mais atender à demanda por seu produto, que não parava de crescer. "O pessoal da Harwood's ligou e disse: 'É uma pena, porque o produto é bom e está vendendo bem'", lembrou-se Gary. "Então, fiz o que qualquer empresário que se preze faz: liguei para a minha mãe e pedi 30 mil dólares emprestados."

E ele continuou pedindo dinheiro emprestado para a mãe e a sogra e literalmente para centenas de outras pessoas, inúmeras vezes, por várias razões, chegando ao total de 2 milhões de dólares.

No segundo ano da empresa, 1984, Gary e Sam encontraram uma forma de entrar em outras redes de supermercados e cooperativas de alimentos naturais da região da Nova Inglaterra; estavam produzindo 360 caixas de iogurte por semana e faturando 250 mil dólares. No entanto, em meados do mesmo ano, eles estavam quase falidos de novo. A solução de Gary foi arrecadar 500 mil dólares para expandir a fábrica com o objetivo de poder produzir outros produtos além da bebida láctea integral e oferecer porções individuais e iogurtes com sabor. Ter dinheiro suficiente só para pagar suas contas não tiraria Gary e Sam desse buraco aparentemente sem saída. Eles teriam que *crescer* para sair. (Acho que Robert Frost teria aprovado.) Então, em novembro, no Dia de Ação de Graças, Gary começou a arrecadar fundos pedindo 50 mil dólares emprestados para sua futura sogra, Doris, a quem Meg, sua futura esposa, havia acabado de apresentá-lo apenas alguns dias antes!

No ano seguinte, as vendas da Stonyfield voltaram a aumentar, para 500 mil dólares, e, para atender à demanda, eles começaram a comprar leite de outras fazendas (uma decisão que, por estranho que pareça, envolveu vender as próprias vacas leiteiras). No entanto, a operação ainda sobrevivia de semana a semana. "Eu precisava pagar os funcionários nas quintas-feiras de manhã e, àquela altura, a folha de pagamento era de uns 5.500 dólares", Gary contou, "e eu nunca tinha dinheiro no banco na noite anterior". Em inúmeras ocasiões, ele saía furtivamente da cama no meio da noite, percorria o corredor até o escritório e ligava para a sogra, para ver se conseguia pegar emprestado mais alguns milhares de dólares para pagar as contas da semana. A situação ficou tão ruim e os pedidos de empréstimo para a sogra começaram a ficar tão frequentes que Meg acabou percebendo e decidiu intervir. "Certa noite, minha sogra colocou minha chamada na espera", contou Gary, "e era porque Meg estava ligando do telefone da nossa casa para dizer 'Mãe, não faça isso!'".

Imagine-se no lugar de Gary Hirshberg. Já faz dois ou três anos que você está nesse negócio, com um produto que todo mundo adora, mas sem conseguir sair do vermelho, e sua esposa basicamente levanta as mãos para o céu e diz "Pare com essa loucura!". Como é que você *não* para? Especialmente considerando que você concorda com ela.

"Ela estava em um pesadelo", disse Gary. "Ela estava vivendo aquela loucura. Nossa chaminé pegou fogo, a bomba do poço quebrou, ficamos sem energia, vivíamos em uma fazenda no alto de uma colina no meio do nada. Era insano."

Mas Gary se recusava a desistir, e as coisas só ficaram mais insanas. Um ano depois, com a popularidade do iogurte Stonyfield ainda em alta, eles estavam faturando mais de 1 milhão de dólares, comprando leite de uma dúzia de fornecedores locais diferentes e haviam atingido o limite absoluto da capacidade de produção da fazenda que eles levantaram 500 mil dólares para expandir. Então, eles contrataram uma fábrica de laticínios na fronteira, no oeste de Massachusetts, que tinha capacidade ociosa para dar conta do restante da produção. E, por um ano e meio, deu tudo certo. "As estradas da região foram asfaltadas, a eletricidade parou de cair e começamos realmente a crescer", disse Gary. As vendas aumentaram de 1,1 milhão de dólares para 1,7 milhão de dólares. "Parecia que estávamos saindo do buraco."

Então, veio o famoso crash da bolsa de outubro de 1987. A fatídica "Segunda-feira Negra". Na quinta-feira da semana anterior, o gerente do banco ligou para Gary para dizer que a Administração de Pequenas Empresas estava cancelando as garantias de empréstimo para a fábrica de laticínios de Massachusetts e perguntou se ele não queria comprar a fábrica. As coisas estavam indo bem, mas não a ponto de comprar uma fábrica por telefone. Gary recusou educadamente a oferta e, na segunda-feira, o mercado de ações despencou, o banco colocou a fábrica de laticínios de Massachusetts em concordata e botou um cadeado no portão com uma montanha de potinhos, tampas, frutas e iogurte de Gary dentro. Em seguida, o estado de Massachusetts exigiu que Gary e Sam pagassem 100 mil dólares em impostos atrasados para retirar o material.

É nesse ponto que você desiste, certo?

Gary não desistiu. Ele voltou a passar o chapéu. E pediu ainda mais dinheiro a seus investidores – incluindo sua mãe e sua sogra. Mas não pediu apenas os 100 mil dólares para retirar as frutas e o iogurte em questão de horas, antes de estragarem. Ele também pediu 100 mil dólares *adicionais* para recolocar a antiga fábrica da Stonyfield Farm em funcionamento para assumir a produção.

"O que poderíamos fazer?", Gary perguntou retoricamente. "Demos uma olhada na antiga fábrica de iogurte na fazenda no alto da colina que tinha sido convertida em um galinheiro e dissemos 'Mas que droga! Não acredito que vamos ter que voltar!'."

E foi exatamente o que eles fizeram, apesar de já terem crescido mais de 100% além da capacidade da fábrica. "Para atender à demanda, tivemos que produzir 24 horas por dia, sete dias por semana", disse Gary. "Volta e meia, eu ou o Samuel tínhamos que fazer o iogurte nós mesmos, e isso continuou por vinte meses."

Vinte meses!

É como se o crash da bolsa os tivesse colocado em uma máquina do tempo e os tivesse mandado dois anos para trás. Não apenas porque Gary e Sam voltaram a fazer iogurte com as próprias mãos, mas também porque voltaram a queimar o dinheiro de caixa só para manter as operações, como nos velhos tempos. "Vinte e cinco mil dólares por semana além dos 200 mil dólares que tínhamos pegado emprestado." No Natal, eles já tinham acumulado uma dívida de 600 mil dólares. No Natal do ano seguinte, esse número havia aumentado para quase 2 milhões de dólares. No Natal de 1989, eles estavam com 2,7 milhões de dólares no vermelho e com quase trezentos investidores muito nervosos começando a questioná-los. E, no meio dessa queda livre – com mais de 1 milhão de dólares do dinheiro de sua sogra que "ela não podia se dar ao luxo de perder", com Meg grávida do primeiro filho deles e enlouquecendo com todos os altos e baixos –, ele e Sam passaram três meses negociando com uma nova fábrica de iogurte em Vermont para assumir a produção e resolver todos os seus problemas de capacidade, apenas para ver a fábrica mudar os termos do contrato no último segundo e basicamente tentar roubar os clientes deles. Notícias que Gary teve que comunicar à esposa ao voltar para casa após a reunião-emboscada – depois de passar duas horas dirigindo à noite em uma nevasca no início da primavera e preparar o lote de iogurte do dia assim que chegou de viagem.

Tudo bem, não tem como você não desistir agora. Quem, em juízo perfeito, continuaria a suportar esse desfile interminável de eventos horrendos, especialmente com um bebê a caminho?

"Eu sabia que estava tudo acabado", disse Gary sobre o momento em que percebeu que eles não tinham outra opção a não ser assinar o contrato suicida. "Aquele foi o pior momento de todos os piores momentos. Estávamos queimando 25 mil dólares por semana. Estávamos usando um dinheiro que jamais poderíamos pagar. Não tínhamos outra escolha."

No mundo das startups, há um nome para esse pântano estagnado, desesperador e não lucrativo do qual Gary Hirshberg passou uma década tentando sair e no qual se via chafurdado até o pescoço. É chamado de "vale da tristeza" – um termo cunhado por Paul Graham para descrever o período no qual as jovens empresas se encontram como resultado da falta de adequação do produto ao mercado. É quando, como Marc Andreessen descreveu em sua série Guide to Startups de 2007,* "os clientes não estão extraindo valor do produto, o boca a boca não está acontecendo, o uso não está crescendo tão rápido, a imprensa não está nem um pouco empolgada, o ciclo de vendas demora muito e muitas vendas nunca são fechadas".[48]

Era nesse lugar que o Airbnb estava depois da Convenção Nacional Democrata em 2008, por exemplo. Eles cadastraram 800 anfitriões em apenas quatro semanas, conseguiram uma batelada de reservas e, então, como Joe Gebbia relembrou, "a convenção terminou e todos os números voltaram a cair". Foi desmoralizante para Joe e seus cofundadores, Brian Chesky e Nate Blecharczyk, porque eles achavam que tinham encontrado uma forma definitiva de sair do buraco e que estavam em uma posição privilegiada para arrecadar fundos e realmente fazer a startup crescer. Mas todos os números voltando à estaca zero pareciam validar o ceticismo de uma parcela considerável do mundo do capital de risco que não entendia a ideia deles. Quando apenas dez dos primeiros vinte investidores a quem eles enviaram sua apresentação por e-mail responderam e quando nenhum deles resolveu investir, acho que ninguém teria culpado os três se eles tivessem decidido ali mesmo jogar a toalha e desistir daquele conceito maluco de compartilhamento de acomodações. Assim como ninguém teria culpado Gary Hirshberg e Samuel Kaymen se eles tivessem decidido desistir de produzir iogurte enquanto voltavam para a fazenda em meio à nevasca naquela noite fria de abril de 1988.

Mesmo assim, nenhum dos fundadores desistiu. Eles continuaram seguindo em frente, tentando atingir altitude, até encontrar uma

---

* Não é por acaso que a parte 4 dessa série tenha sido intitulada de "A única coisa que importa".

solução para seus problemas. Por sorte, Gary e Sam encontraram a solução deles ali mesmo, na estrada, voltando de Vermont para casa. "Eu me virei para o Samuel", lembrou Gary, "e disse: 'Só por curiosidade, como seria a fábrica de iogurte mais barata que poderíamos construir para dar conta da produção?'. E ele respondeu: 'Que coincidência, eu estava pensando a mesma coisa!'. Então, ele acendeu a luz interna do carro, pegou um bloco de anotações e nós começamos a projetar uma fábrica de iogurte".

Gary e Sam chegaram da viagem por volta das 23h naquela noite. Gary ajudou Sam a fazer o iogurte do dia e depois foi para casa, para dar a notícia a Meg. "Ela acordou e disse: 'E aí? Vocês assinaram o contrato?'. E eu respondi: 'Não, não vamos assinar... mas temos uma ideia muito melhor!'."

Gary dormiu sozinho no escritório naquela noite, mas ele não estava errado. Construir a própria fábrica, uma que pudesse atender e se adaptar às necessidades de capacidade em constante mudança, foi uma ótima ideia. Era a peça do quebra-cabeça que estava faltando. Uma peça que levaria dezoito meses e 597 mil dólares (com uma garantia de empréstimo de 85% da Administração de Pequenas Empresas de New Hampshire) para ser construída.

No fim de 1989, a Stonyfield Farm já operava em suas novas instalações em Londonderry, em New Hampshire, onde a empresa está até hoje. Naquele ano, a empresa perdeu 1,4 milhão de dólares, mas tinha 3,4 milhões de dólares em vendas, com linhas de tendência que já começavam a mudar. No ano seguinte, a receita quase dobrou, e a Stonyfield perdeu apenas 900 mil dólares. Então, um ano depois, em 1992, as vendas ultrapassaram a marca dos 10 milhões de dólares e a empresa gerou lucro pela primeira vez em sua história.

Como no caso da Stonyfield, o problema do Airbnb não estava no conceito (havia um mercado para esse serviço), mas na execução. Na verdade, o Airbnb tinha dois problemas: para começar, muitos anfitriões estavam postando fotos ruins, que faziam as casas parecerem feias, ou até um tanto duvidosas. Além disso, os clientes não se sentiam à vontade para pagar os anfitriões em dinheiro quando chegavam para fazer o check-in. Causa certa estranheza dar um maço de dinheiro a alguém que está lhe oferecendo hospedagem. Dá para entender. Joe, Brian e Nate também entenderam. Eles incluíram rapidamente um sistema de pagamento on-line ao site do Airbnb e pegaram a estrada para ensinar alguns de seus primeiros usuários a produzir e postar boas fotos de suas casas.

Os resultados foram imediatos. Os indicadores para cada fator relevante que Marc Andreessen identificou como evidência da adequação do produto ao mercado começaram a melhorar. Eles viram um aumento no número de clientes recorrentes e de indicações; as pessoas não paravam de falar sobre a empresa; visitas ao site, cadastros de novos usuários e reservas dispararam; eles receberam uma nova rodada de cobertura da imprensa; e, não muito tempo depois, começaram a assinar termos de compromisso substanciais com grandes investidores.

É assim que a adequação do produto ao mercado pode ser vital para o sucesso de uma nova empresa, e pode ser simples atingir essa adequação. Um ou dois detalhes podem fazer toda a diferença, tanto para a experiência do usuário quanto para as perspectivas de longo prazo da empresa. "Quando você acerta esses fatores, pode ignorar quase todo o resto", disse Andreessen, mas é preciso consertar essas coisas.

A Stonyfield consertou uma coisa: eles construíram sua própria fábrica de iogurte. Foi só o que eles precisaram fazer para sair do vale da tristeza, para atingir a adequação do produto ao mercado e impulsionar o crescimento do negócio. Eles geraram lucro em 1992, faturaram 44 milhões de dólares em 1995 e 78 milhões de dólares em 1998, e encerraram a década atingindo a marca dos 100 milhões de dólares em receita total.

O Airbnb fez dois ajustes – fotos melhores e pagamentos on-line – e, em poucos anos, deixou de ser uma empresa com três caras que tinham uma ideia esquisita que só parecia funcionar quando os hotéis de uma cidade lotavam e passou a ser um empreendimento com três bilionários à frente de um unicórnio da tecnologia que ameaçava desestabilizar toda a indústria hoteleira.

Quando converso com fundadores como Gary Hirshberg e Joe Gebbia, sempre fico fascinado com as decisões que eles tomaram durante esse período crítico no qual se viram diante de uma prova de fogo. Mas o que mais me intriga é *como* eles souberam o que fazer. Se você perguntar, eles dirão que não sabiam, que só fizeram o que parecia fazer sentido no momento. Das opções disponíveis, eles escolheram as menos piores. Mas acho que não é só isso.

Em 2008, quando passei pela minha própria prova de fogo no jornalismo (no início daquele ano, um executivo poderoso me disse que eu não levava jeito para apresentar um programa de rádio), fiz um curso de liderança na Escola de Administração Pública da Harvard ministrado por um professor chamado Ronald Heifetz. Em uma aula, ao explicar como os líderes podem promover mudanças significativas em suas organizações, ele esboçou sua hoje famosa metáfora da pista de dança e do camarote.

A ideia é que, quando está na pista de dança, você tende a focar o seu parceiro de dança e não trombar com os outros dançarinos girando ao seu redor, o que, muitas vezes, pode lhe dar a impressão de que o salão é um ambiente lotado e caótico ao qual você deve ficar sempre pronto para reagir. Mas, se você se afastar, subir ao camarote e olhar para a pista de dança, terá uma perspectiva totalmente diferente; algumas vezes, de formas que você jamais esperaria. Você pode perceber que a pista não está tão lotada quanto parecia quando você estava lá. Ou você pode ver que ela talvez esteja lotada, mas apenas em determinadas circunstâncias. Inevitavelmente, você começará a enxergar padrões, e, em pouco tempo, comportamentos que antes pareciam aleatórios passarão a ser previsíveis.

Essa é a estratégia de Heifetz para enfrentar os desafios da liderança em tempos de crise, dificuldade e incerteza, independentemente de você praticar um esporte, comandar um exército ou administrar um negócio.

Para saber o que fazer, você precisa *conhecer com clareza* sua situação. E, como escreveu Heifetz, "a única maneira de ter uma visão mais clara da realidade e uma perspectiva da situação como um todo é distanciando-se do tumulto".[49] A ideia é levar essa perspectiva de volta para a pista de dança e aplicá-la aos desafios que o levaram a subir ao camarote.

Mas fique atento, porque sua primeira reação ao se ver mergulhado no caos da pista da dança é resistir a se afastar da ação. Você precisará se forçar a permitir que alguém ou algo o leve até o camarote.

Os caras do Airbnb tiveram a ajuda de Paul Graham, da Y Combinator. Foi ele que os forçou a se distanciar e perceber que seu maior pool de usuários ficava em Nova York e que, para resolver seus problemas de crescimento, eles provavelmente encontrariam a solução lá, não no Vale do Silício. Gary Hirshberg e Samuel Kaymen não tiveram a ajuda de um Paul Graham, mas passaram pela versão empreendedora de uma experiência de quase morte que os arrancou do corpo e os obrigou a encarar a carcaça desfalecida de uma empresa que a fábrica de laticínios de Vermont deixara ensanguentada e moribunda no chão de uma sala de reuniões quando mudou os termos do contrato que deveria salvar a Stonyfield. Foi só nesse ponto que eles conseguiram se distanciar o suficiente das operações do dia a dia e da ansiedade semanal de pagar os funcionários para enxergar a possibilidade de construir sua própria fábrica e resolver seus problemas de capacidade.

Quando esse dia chegar para você, quando você pensar a sério em desistir pela primeira vez, ter uma visão real da situação lhe dará coragem para seguir em frente.

No final do poema "A Servant to Servants", a heroína da pensão finalmente admite, para si mesma e para o visitante com quem está conversando, que não vai desistir de tudo e fugir para morar no mato. Ela não conseguiria fazer isso. Não é da natureza dela. Não tem nada a ver com ela.

"Deus o abençoe, mas o senhor está me impedindo de trabalhar", ela diz. "O problema é que *eu* preciso ser mantida. Há trabalho suficiente para fazer – sempre haverá."

Para mim, isso é o que todos os fundadores de sucesso têm em comum; todos os fundadores que sobreviveram à prova de fogo do crescimento, que conseguiram sair do vale da tristeza, que tiveram dificuldade para encontrar a adequação do produto ao mercado e optaram por não desistir, mas seguir em frente. Todos eles fizeram de tudo para permanecer vivos, para sobreviver, para colocar seus produtos nas prateleiras, para atrair clientes, para pagar fornecedores, para convencer os investidores. Tudo isso na esperança de, ao analisar o que acontece na pista de dança das alturas do camarote, eles poderem saber o que precisam fazer hoje, ou o que podem ter que fazer amanhã, para, enfim, sair do vale da tristeza e seguir em frente.

15

FINANCIE O NEGÓCIO – PARTE 3: CONSIGA FINANCIADORES PROFISSIONAIS

Nem todo fundador consegue criar um unicórnio. Nem deveria precisar. Não há nada de errado, por exemplo, em administrar uma pequena empresa com alguns poucos funcionários, autofinanciando o negócio até se aposentar e vender a empresa ou dá-la de herança aos filhos. Não só não há nada de errado nisso como é o que acontece com a maioria das empresas.

A maioria das pequenas empresas americanas tem menos de vinte funcionários (se é que tem algum funcionário)[50] e gera receitas anuais entre 300 mil dólares e 2 milhões de dólares.[51] Na verdade, é exatamente esse tipo de sucesso que a maioria dos empreendedores que conheci disse almejar. Eles não estavam especialmente focados em todas as coisas que acompanham a expansão de um negócio, como atingir um crescimento ilimitado, desestabilizar completamente o mercado e levantar muitos fundos de investidores profissionais.

No entanto, se o seu objetivo *for* atingir a grande escala, mas os empréstimos bancários e o fluxo de caixa não o levarem até lá, mais cedo ou mais tarde você precisará entrar no mundo do capital de risco.

Afinal, não há muitas maneiras de fazer um negócio intensivo em recursos decolar. Pode ser uma perspectiva assustadora para muitos empreendedores, já que o universo do capital de risco tem a fama de ser uma panelinha fechada com atuação em dois pequenos bolsões nos Estados Unidos (no Vale do Silício e em Manhattan) e ser repleto de regras táticas e jargões aparentemente impenetráveis para qualquer pessoa acostumada a falar em linguagem simples e clara.

Há anjos e rodadas sementes; tabelas de capitalização e saídas; diluição de série A, B e C e ações preferenciais; *burn rate* e *run rate*. Há os investidores de venture capital e de private equity; há a B3, a Ibovespa e a CRM. Há o *crowdequity*, o *crowdfunding* e o *crowdlending*. É tudo muito confuso para um fundador. E essa é a ideia. Esses jargões todos são deliberadamente vagos e mal definidos para criar e manter a opacidade, para que você não descubra a única coisa sobre os capitalistas de risco que eles não querem que você saiba: que eles são humanos, como você e eu. E, como você e eu, eles não são videntes nem super-heróis. Na verdade, os mais bem-sucedidos costumam ser os mais sortudos – sortudos por terem acesso a empresas promissoras logo no começo e sortudos por terem acesso a tanto dinheiro que podem fazer *muitas* apostas ruins e lucrar mesmo assim.

Em resumo, os capitalistas de risco – até os mais experientes – erram mais do que acertam. Digo isso não para semear a dúvida, não para assustá-lo, mas para prepará-lo. Porque este capítulo na verdade não é sobre *como levantar* investimento profissional; é sobre *como pensar sobre levantar* investimento profissional depois de decidir que você pode precisar disso. É sobre entender o mundo do investimento profissional e a mentalidade dos investidores profissionais, pela perspectiva de quem já passou pelo processo, para que você saiba o que esperar quando entrar na reunião, para o bem ou para o mal.

Como Jenn Hyman, que, em 2009, tinha o objetivo de arrecadar 1,75 milhão de dólares para uma empresa on-line de aluguel de vestidos de grife que ela chamou de Rent the Runway, em que ela disponibilizaria a locação de vestidos que poderiam chegar a custar milhares de dólares por apenas uma fração desse custo. A cliente receberia o vestido em casa, o usaria em uma ocasião especial e o devolveria depois de usar. Era como uma combinação entre a Zipcar (um serviço de compartilhamento de automóveis), a Netflix (que dispensa explicações) e a Zappos (uma loja on-line de calçados) com o que acabaria se tornando o maior serviço de lavagem a seco dos Estados Unidos.

Hoje, a Rent the Runway tem mais de 1.200 funcionários e gera mais de 100 milhões de dólares em receita, mas, em 2009, as respostas que Jenn e sua cofundadora, Jennifer Fleiss, receberam dos investidores não foram nada animadoras.

"Tivemos muitas conversas diferentes e bastante condescendentes", Jenn me contou. "Por exemplo, um partner de uma empresa de grande prestígio pegou na minha mão e disse: 'Que lindinha. Você vai poder usar vestidos bonitos. Deve ser muito divertido para você!'."

Elas nunca mais quiseram falar com esse investidor nem com ninguém da empresa dele, mas aquela conversa foi o exemplo mais abertamente arrogante e desdenhoso de toda uma série de respostas que elas receberam do mundo do capital de risco predominantemente masculino.

"A maioria dos investidores disse algo como 'Vou falar com a minha esposa!', 'Vou falar com a minha filha!' ou 'Vou falar com a minha secretária!'. Eles ficavam empurrando a decisão para esses três públicos-alvo", Jenn disse. À primeira vista, até parece uma resposta razoável, certo? Afinal, o que um bando de homens na casa dos 40 e 50 anos sabe sobre vestidos? Provavelmente nada, mas eles deveriam saber sobre negócios e simplesmente passaram por cima dessa parte da equação em suas respostas a Jenn e Jennifer, como se o modelo e o plano de negócio delas fossem irrelevantes. Como se o valor comercial da ideia de Jenn fosse anulado pelo desconhecimento dos investidores potenciais sobre o produto. Além disso, ao delegar a decisão às mulheres que os cercavam, esses investidores sequer consultaram as coortes demográficas certas.

"Vou dizer por que cada um desses 'clientes-alvo' é problemático", Jenn disse. "Para começar, a esposa de um capitalista de risco é multimilionária. Ela pode comprar qualquer vestido que quiser, então ela não é minha cliente-alvo, certo? A filha de um capitalista de risco vai ter uns 12 anos, porque a maioria dos capitalistas de risco no auge da carreira está na faixa dos 45 a 50 anos. Então, a filha deles também não é um público-alvo. E as secretárias executivas que trabalham no ramo do capital de risco, por ser um emprego tão prestigiado, costumam ser mulheres na casa dos 50 e 60 anos – mais uma vez, não são mulheres identificadas na minha segmentação demográfica."

Se um investidor não tivesse experiência com o produto e não conhecesse ninguém pertencente ao público-alvo certo, a ideia não era para ele – ou, pior ainda, não era uma ideia que valeria a pena. Depois de muitas dessas conversas, Jenn e Jennifer começaram se adiantar às respostas dos investidores. "Mostramos vídeos e os convidamos para visitar algumas das nossas pop-ups para mostrar quem era a cliente, para eles terem uma ideia melhor do nosso público-alvo", Jenn nos contou.

As visitas às pop-ups foram reveladoras. Foram as lojas pop-up que convenceram Jenn de que a ideia tinha futuro e foram elas que demonstraram a ideia para um bom número de investidores. "Dava para ver na cara das clientes", disse Jenn sobre como foi ver as clientes provando os vestidos nas lojas pop-up. "Elas endireitavam a postura, soltavam os cabelos e andavam com um novo senso de confiança." Diante da cena, muitos daqueles investidores sabichões que não sabiam nada sobre as clientes de Jen finalmente souberam o suficiente para ver a Rent the Runway como uma proposição de negócio. Foi quando o capital para a rodada semente finalmente começou a entrar aos poucos.

Mas não se engane: não foi uma chuva de investimentos profissionais. Os investidores ainda viam com ceticismo essas duas jovens na faixa dos 20 anos com araras cheias de "vestidos bonitos". Foi só quando a história delas acabou na seção de negócios do *New York Times*, com a foto das cofundadoras em destaque na primeira página, que as coisas mudaram. Cem mil pessoas se cadastraram no site. Jenn e Jennifer atingiram suas projeções de vendas para o primeiro ano em questão de semanas. E (surpresa!) elas tiveram "uma fila de investidores de capital de risco na frente do escritório delas clamando para investir na Série A", Jenn descreveu. "Passamos de não ter ninguém querendo investir a ter pessoas nos abordando sem avisar no elevador do nosso prédio na esperança de fechar um acordo."

Só para esclarecer, apesar dos elementos frustrantes e repulsivos de machismo e chauvinismo da história de Jenn Hyman, a forma como o investimento profissional chegou à sua empresa não é incomum. Os capitalistas de risco entendem de dinheiro, mas nem sempre sabem mais sobre o seu negócio do que você, e, às vezes, eles também não sabem mais sobre o seu setor do que você. Muitos fundadores me contaram que tiveram que entregar tudo mastigadinho e ligar todos os pontos para os potenciais investidores finalmente enxergarem a oportunidade debaixo do nariz deles.

Nem todo investidor é assim, é claro, mesmo quando não entende a ideia de primeira. E nem todo fundador teve que passar pelas situações constrangedoras pelas quais Jenn Hyman foi forçada a passar, mesmo quando o fundador é uma mulher atuando no setor de vestuário. Vejamos o exemplo de Tyler Haney, fundadora da empresa de vestuário esportivo Outdoor Voices, sediada em Austin, no Texas. Ao levantar uma rodada inicial de capital semente em 2014, o escrutínio que ela enfrentou de investidores (em sua maioria, homens) não se baseou no sarcasmo depreciativo direcionado a garotas brincando de se vestir, mas em um ceticismo justificado sobre o mercado realmente ter espaço para outra marca como essa.

"As respostas que eu recebia por e-mail ou na própria apresentação eram quase sempre as mesmas: 'Mas o mercado já tem a Under Armour e a Nike. Por que alguém precisaria de outra marca de roupas esportivas?'", Tyler me contou. "Comecei a ver que eu estava fazendo minhas apresentações em escritórios repletos de homens e que essas marcas tradicionais de roupas esportivas tinham sido criadas por homens para atender às necessidades de atletas. E comecei a entender que tentar vender uma marca de roupas esportivas voltadas mais para o lado lúdico e fitness do que para a performance nas atividades físicas não fazia sentido para esses homens que cresceram como atletas competitivos."

Não fazia sentido ela continuar indo a esses escritórios controlados por homens para ter sempre as mesmas conversas. Isso não a levaria a lugar algum. Então, o que Tyler (assim como Jenn Hyman) fez foi se adiantar a investidores confusos tentando delegar a decisão a suas secretárias e filhas. Ela conversou diretamente com as mulheres que trabalhavam naqueles escritórios e as namoradas e esposas dos investidores antes de ir às reuniões.

"Comecei a enviar produtos para as mulheres dessas empresas e as esposas de alguns desses investidores", Tyler contou. "E, ao colocar o produto nas mãos das mulheres dessas empresas e das esposas, comecei a encontrar investidores dispostos a me ouvir e que entendiam que a ideia poderia render alguma coisa. Comecei a conquistar mais tempo com eles."

O primeiro investidor a topar a ideia foi Peter Boyce, de uma grande empresa de capital de risco sediada em Cambridge, no estado de Massachusetts, chamada General Catalyst. "Ele viu o produto, viu a apresentação", Tyler disse. "Eu tinha colocado o produto nas mãos da namorada dele, a Natalia. Ela adorou, então, ele disse: 'Adorei o conceito. Quero investir!'." A General Catalyst acabou liderando a rodada semente de 1,1 milhão de dólares, que Tyler usou para contratar mais três funcionários, abrir um escritório e, é claro, fabricar mais produtos.

As experiências de Jenn Hyman e Tyler Haney levantando seus primeiros investimentos profissionais ocorreram com cinco anos de diferença e foram muito diferentes, mas também foram muito parecidas na medida em que os investidores profissionais com quem elas conversaram tiveram uma influência descomunal em suas perspectivas de financiamento, independentemente de sua expertise no ramo ou de sua experiência no negócio. Parte dessa influência desproporcional, apesar da frustração resultante, acabou ajudando muito as fundadoras. Mas nem sempre é o que acontece.

Foi o que constatei quando entrevistei Tristan Walker diante de uma plateia em Washington em setembro de 2019. Tristan é o fundador da Walker & Company, que fabrica produtos de saúde e beleza para pessoas não brancas. Assim como Lisa Price viu uma demanda não atendida no mercado de cuidados com a pele para mulheres negras no início dos anos 1990, quando criou a Carol's Daughter, Tristan percebeu, em 2013, que homens não brancos, especialmente afro-americanos, não tinham suas necessidades atendidas no que dizia respeito a aparelhos de barbear. Não havia produtos no mercado que abordassem os problemas especiais desse segmento – em particular, pelos encravados – que também não fossem antigos, ultrapassados e relegados ao corredor de "beleza étnica", que, na verdade, nada mais era do que uma prateleira abandonada e empoeirada na maioria das lojas.

Tristan teve a ideia de criar uma série de produtos com um design e uma embalagem elegantes que reunissem tudo o que um homem não branco precisa para a experiência de barbear ideal: um aparelho de barbear, um pacote de lâminas, um pincel de barba, creme de barbear e óleos pré e pós-barba. Ele deu a sua linha de produtos o nome de Bevel e calculou que precisaria levantar 2,4 milhões de dólares em investimento profissional para tirá-la do papel, já que não seria fácil – considerando os custos de fabricação – autofinanciar o negócio ou recorrer à ajuda de amigos e parentes.

Entretanto, ao contrário de Jenn Hyman, Tristan sabia o que esperar. Ele conhecia a fundo o mundo do capital de risco. Ele tinha passado alguns anos no Vale do Silício, fazendo pós-graduação na Escola de Administração da Stanford, estagiando no Twitter, trabalhando no desenvolvimento de negócios como um dos primeiros funcionários do aplicativo de check-in de localização Foursquare, de onde saiu para ir trabalhar na empresa de capital de risco Andreessen Horowitz como um empreendedor residente, encarregado de desenvolver e avaliar novas ideias. "Foi mais ou menos nessa época que muitas empresas de e-commerce começaram a surgir", ele disse. "Eu ouvia as apresentações deles. Eu sabia quais tipos de empresas eram financiados e quais não eram. O timing era perfeito para abrir um negócio como esse." Tristan chegou a receber a bênção e as orientações do próprio Ben Horowitz, que lhe deu dois conselhos importantes no tempo em que ele passou na empresa. O primeiro conselho de Horowitz foi: "Normalmente, o que parece ser uma boa ideia é uma má ideia e o que parece ser uma má ideia é uma boa ideia, porque o problema das boas ideias é que todo mundo tenta executá-las e não sobra nenhum valor". O segundo conselho foi: "Você precisa fazer aquilo que você acredita que é a melhor pessoa do mundo para fazer, que você tem uma proposição única, dada a sua história, para resolver um problema". Horowitz encorajou Tristan a abandonar algumas de suas primeiras ideias – uma ideia para revolucionar a remessa de produtos aos clientes, outra para combater a obesidade infantil com jogos e brincadeiras – e perseguir a ideia que só Tristan seria capaz de realizar.

Foi assim que a Bevel nasceu e foi desse modo que Tristan começou sua jornada pela Sand Hill Road para arrecadar dinheiro. A ideia de Tristan pontuou bem em todas as métricas que os investidores profissionais usam para avaliar as oportunidades. "Os capitalistas de risco dizem que querem fundadores com quem já trabalharam, que tenham pedigree e experiência, que tenham uma oportunidade do tipo 'oceano azul'", disse Tristan. "E eu atendia a todos esses critérios." Tristan explicou o mercado aos investidores: "As pessoas não brancas gastam mais dinheiro em todas as categorias de saúde e beleza do que qualquer outro grupo". Ele explicou a oportunidade: "As pessoas não brancas, especialmente os negros, são o grupo culturalmente mais influente do planeta". Em seguida, ele explicou a visão de como seus produtos resolveriam um problema premente que afetava 80% das pessoas não brancas e 30% do resto da população. O tempo todo acreditando que a Bevel era a aposta mais segura que se poderia esperar no segmento superlotado da saúde e beleza. "Se você é um capitalista de risco que fala de coisas como espaço branco e oceano azul, por que não investiria nisso?", ele disse.

Tristan conversou com sessenta investidores. Todos, exceto três, disseram "não", e demorou muito tempo para encontrar esses três. Cinquenta e sete investidores profissionais recusaram a ideia dele; a ideia de um veterano do capital de risco com pedigree da Stanford e experiência em duas grandes startups de tecnologia, que conhecia exatamente o tipo de lógica que essas empresas usavam para fazer suas apostas. Foi o tipo de rejeição repetida que poderia ter sido completamente desmoralizante. Poderia ter levado Tristan a questionar sua ideia e sua intuição. Mas ele continuou acreditando em si mesmo e em sua ideia, e por algumas razões.

"Eu sabia que havia mais sessenta investidores logo atrás daqueles sessenta", ele explicou, "e, se eles não quisessem investir na minha ideia, eu sabia que também não financiariam a versão de alguma outra pessoa". O que ele quis dizer com isso é que o problema não estava na ideia; o problema era que os investidores não achavam que *havia* um problema. "Foi só quando eu vi a hesitação deles que percebi que eles simplesmente não estavam sacando a ideia", ele disse. "Eu estava tentando explicar para aqueles capitalistas de risco que as pessoas são diferentes, e meu argumento estava entrando por um ouvido e saindo pelo outro." Tristan estava criando uma linha de produtos para resolver problemas que eles não tinham ou não conseguiam enxergar, de modo que esses problemas não deviam ser reais ou pelo menos não grandes o suficiente para merecer o tempo e o dinheiro deles. Pode parecer uma grande contradição, mas essa foi a outra razão pela qual ele nunca duvidou de si mesmo. "O Vale do Silício, principalmente os capitalistas de risco que nunca operaram antes, tem essa visão de mundo interessante de que eles estão sempre certos", disse ele à nossa plateia perplexa, "mas o trabalho do investidor de capital de risco é estar errado 90% das vezes. Esse é literalmente o trabalho deles. E eu sabia que essa má ideia era boa para caramba".

É provável que Tristan poderia ter feito algumas coisas de maneira diferente ou melhor em suas apresentações para os investidores. Sua apresentação poderia ter sido melhor — sua primeira versão foi no PowerPoint, e ele usou recursos de clipart – ou ele poderia ter falado mais diretamente sobre o que os investidores ganhariam se topassem apostar nele. "Eu vendi a esperança e o sonho", ele disse. Mas talvez ele devesse ter falado apenas em dólares e centavos. "Meu gráfico de crescimento mostrava uma evolução para cima e para a direita", ele observou. Talvez ele pudesse ter falado mais devagar ou mais rápido, mais ou menos. Ou talvez ele não pudesse ter feito nada melhor. Talvez ele tenha feito tudo certo. Quem sabe? Eu é que não sei. E, como eu disse, este capítulo não é sobre isso. É sobre saber como pensar sobre o capital de risco.

A primeira coisa que você deve saber é que levantar capital de risco é vender uma promessa. A promessa de que você tem um produto ou um serviço pelo qual as pessoas pagarão, de que você tem um plano para alcançar o maior número possível dessas pessoas e que, em troca de uma batelada de dinheiro, você fará de tudo para alcançá-las.

A próxima coisa que você deve saber é que os melhores investidores sabem que a promessa que você está fazendo não passa disso: uma promessa. Eles sabem que você não tem como dar garantia alguma. Você pode fazer tudo certo, mas, se o mundo mudar sob seus pés, não há nada que você possa fazer a respeito. O capital de risco é, por natureza, uma aposta, e toda aposta traz o risco de perdas substanciais. Os investidores profissionais reconhecem e aceitam esse fato, e é por isso que também fazem de tudo para mitigar o risco antes de assinar cheques muito grandes.

Uma das principais maneiras de fazer isso, especialmente se não conhecerem seu setor a fundo, se dá por meio de muitas perguntas:

Como você espera escalonar isso?
De onde virá o crescimento?
Quem é o cliente para essa oferta?
O mercado já não tem algo parecido?
Como você pretende reduzir os custos?
Onde você vai fabricar?
Onde vai ficar a sua sede?

Qual é a sua estratégia de marketing?
Por que alguém precisaria disso?
Por que alguém iria querer isso?*

Melanie Perkins, cofundadora da plataforma australiana de design gráfico on-line Canva, teve que responder a incontáveis perguntas como essas dos mais de cem investidores que ela tentou convencer em um período de três meses em 2012. Ela viajou de Perth para São Francisco, depois para Maui (para uma excursão de kitesurf disfarçada de conferência de tecnologia promovida pelo investidor Bill Tai, que Melanie havia conhecido em outra conferência em Perth) e para vários outros lugares. Melanie dava um jeito de se enfiar em qualquer lugar que houvesse um evento com investidores presentes.

Durante quase todo o tempo em que ela esteve nos Estados Unidos tentando arrecadar fundos para construir e lançar o Canva, seus esforços não deram em nada, pelo menos no que diz respeito a convencer alguém a investir. Mas não foram perdidos, pois ela aprendeu um pouco a cada rejeição.

"Na verdade, acabou sendo muito bom porque, diante de tantas perguntas e de comentários diversos, fomos forçados a realmente saber o que estávamos fazendo e realmente refinar nossa estratégia", Melanie explicou. Todos os dias, depois de fazer uma apresentação a um investidor que invariavelmente se recusaria a investir, ela repassava a apresentação em sua mente para extrair uma lição das perguntas do investidor.

"Sempre que alguém fazia uma pergunta muito difícil, a resposta ia direto para o início da apresentação", lembrou Melanie. "Com isso, as perguntas mais difíceis eram respondidas logo de cara."

Até que os investidores ficaram sem perguntas que ainda não tinham sido respondidas na apresentação de Melanie. Em pouco tempo, essas respostas foram capazes de dissipar as dúvidas e o ceticismo dos

---

* Como vimos, essa foi basicamente a pergunta que quase todos os investidores fizeram aos fundadores do Airbnb.

investidores que podiam não entender bem a proposição do Canva, mas que reconheciam a oportunidade que estava começando a surgir com ferramentas on-line de design e publicação. Quando o visto de turista de Melanie expirou e ela teve que voltar para a Austrália, ela já tinha levantado 750 mil dólares e acabaria obtendo uma rodada semente superior a 1,5 milhão de dólares. Tudo (e acho que Melanie concordaria com isso) porque ela foi capaz de encontrar uma resposta para todas as perguntas que um investidor cético e sensível ao risco poderia fazer.

Como empreendedor, você deve esperar essas perguntas. Deve se adiantar a elas. Foi o que Jenn Hyman fez. E Tristan Walker. E você deve estar preparado para lidar com o fato de que, quando estiver diante de uma inquisição sem respostas certas, é natural que as dúvidas dos investidores comecem a se infiltrar em seu cérebro e o façam começar a se perguntar: "Será que eles têm razão e eu sou mesmo um maluco? De repente, essa ideia é mesmo um absurdo. Talvez seja impossível dar certo!".

Essa é uma batalha diária quando se arrecadam fundos. E, se o seu objetivo for escalonar seu negócio, como eu disse no início deste capítulo, você vai precisar lutar muito para refutar cada um desses pensamentos intrusivos que tentarão levá-lo a duvidar de si mesmo. Mas, se você não estiver tão preocupado em escalonar o máximo que puder, talvez seja melhor dar as costas a essa batalha.

O maior arrependimento de Tristan ao construir a Walker & Company foi ter aceitado investimento profissional. Ele já tinha suportado muita coisa para conseguir levantar o capital semente – comparações com o documentário de Chris Rock *Good Hair*, declarações de que o problema que ele achava que estava resolvendo não era realmente um problema –, mas, quando voltou à Sand Hill Road para realmente escalonar a empresa alguns anos depois, a frustração foi muito maior. Por mais que dissesse ou fizesse, ele simplesmente não conseguiu arrecadar mais de 30 milhões de dólares. Pode parecer muito dinheiro, mas, considerando que na época os capitalistas de risco estavam investindo centenas de milhões de dólares em empresas muito menos valiosas – bem como em concorrentes como a Harry's, que começou no mesmo ano que a Walker & Company –, 30 milhões de dólares pareciam equivaler ao voto final de ceticismo. Se não conseguisse levantar mais fundos, Tristan não poderia investir em marketing, desenvolvimento de produtos, pesquisa e, é claro, na produção. Ele teria que encontrar outra maneira de fazer sua empresa crescer.

Tudo o que Tristan pôde fazer foi lembrar-se de que, "se havia alguém qualificado para executar essa ideia, esse alguém era eu"; que ele teve a melhor "má ideia" do ramo; que ele estava posicionado de forma única para executá-la; e que ele sabia mais sobre seu negócio e seu mercado do que os capitalistas de risco. Eles sabiam de dinheiro, mas ele sabia do negócio. Por sorte, havia outra coisa que ele poderia fazer para concretizar sua visão de longo prazo para a empresa. Em dezembro de 2018, ele vendeu a Walker & Company para a Procter & Gamble por muito menos do que poderia ter conseguido no mercado aberto.

Como uma parte do acordo, Tristan transferiu a empresa para Atlanta, tornou-se o primeiro CEO afro-americano de uma empresa do portfólio da Procter & Gamble em seus 180 anos de história e, no processo, limitou gravemente o retorno que as empresas de capital de risco que investiram em sua Série A obtiveram pelo investimento. Foi assim que Tristan tentou fazer a empresa crescer em seus próprios termos, dar um passo atrás para avançar com mais confiança e mostrar aos futuros empreendedores – especialmente os não brancos – que, embora os capitalistas de risco possam ter todo o poder sobre o dinheiro, isso não significa que eles necessariamente sabem mais do que você ou que estão sempre certos. Você também pode estar certo, quer escolha aceitar o dinheiro deles ou não.

16

PROTEJA O QUE VOCÊ CONSTRUIU

Passei a maior parte da minha vida morando em cidades grandes. Mas, nas raras ocasiões em que usei um carrinho de mão, aconteceu mais de uma vez de a roda ficar presa no chão irregular e o carrinho tombar. Você já tentou subir em um meio-fio ou descer um degrau com um carrinho de mão cheio só para vê-lo tombar de lado junto com toda a sua preciosa carga? Posso garantir que é muito frustrante!

E se houvesse uma maneira melhor? E se, no lugar de uma roda na frente do seu carrinho de mão, houvesse uma *bola*? E se essa bola girasse 360 graus para aumentar a capacidade de manobra, facilitar o transporte e dar uma estabilidade sem igual? Bem, posso lhe dizer que essa invenção já existe e seu nome é Ballbarrow! Pode confiar quando digo que esse novo carrinho de mão mudará a sua vida, da mesma forma como deveria ter mudado a vida de seu inventor, James Dyson, que, graças a um gerente de vendas oportunista, um conselho de administração volúvel e um processo judicial fracassado, acabou sem nada para mostrar por quase uma década de trabalho duro.

Hoje, James Dyson é mais conhecido pelo aspirador de pó com sistema ciclônico e sem saco coletor que leva seu nome. Esse aspirador de pó fez dele um dos homens mais ricos e um dos maiores proprietários de terras do Reino Unido. Mas, no início dos anos 1970, muito antes de ter passado cinco anos em uma garagem de coches – que, na verdade, estava mais para um depósito de ferramentas – criando mais de 5 mil protótipos do aspirador de pó que daria fama a seu nome, Dyson comprou a velha fazenda que abrigava aquela cocheira e inspirou a invenção que foi a base de seu primeiro negócio: o Ballbarrow.

"Eu estava fazendo umas reformas na casa e construindo um jardim", ele me contou, "e notei as deficiências dos carrinhos de mão de metal com rodas estreitas. Eles são muito instáveis. As pernas e a roda afundam em solo macio. Então, comecei a trabalhar em um novo design para os carrinhos de mão".

O produto que ele acabou levando ao mercado resolveu todos os problemas que ele encontrou ao reformar seu novo lar, mas veio acompanhado de alguns de seus próprios problemas. O maior problema foi que as lojas de ferragens e as lojas de jardinagem se recusavam a vendê-lo. "Eles achavam que o carrinho tinha uma aparência muito esquisita", ele disse, e, além disso, "poucas pessoas compram carrinhos de mão. Então, é um mercado muito pequeno".

Pare um pouco para pensar. Quantos carrinhos de mão você comprou na sua vida? Um, ou *no máximo* dois. Pois é. A solução de James para esse problema foi vender diretamente aos consumidores por meio de anúncios em jornais da região. "Meu anúncio sempre acabava ao lado de anúncios de roupas íntimas para incontinência ou curas para calvície", ele disse, "mas comecei a fazer muitas vendas. As pessoas realmente me mandavam cheques".

Foram tantos cheques que, em poucos anos, seu Ballbarrow tinha conquistado 50% do mercado do Reino Unido, o que pelo jeito não era suficiente, porque ele ainda não estava ganhando dinheiro algum e foi forçado a aceitar investidores.

Ele formou uma empresa com um grupo de investidores.[52] Eles a batizaram de Kirk-Dyson, uma sociedade na qual cada lado ficou com uma metade do negócio. Como parte do processo de financiamento, James também atribuiu a patente do Ballbarrow à empresa. Essa era, e continua sendo, a prática-padrão na maioria dos setores. O problema para James foi que, quando o dinheiro acabou de novo e outros investidores entraram no barco, sua participação acionária foi diluída para 30% e, na prática, ele perdeu a patente de sua própria invenção, na qual o negócio todo se baseava. A patente passou a pertencer a quem controlava os outros 70% das ações da empresa.

Para piorar ainda mais a situação, quando eles decidiram expandir para o mercado americano na esperança de abrir caminho para a lucratividade, o gerente de vendas encarregado de conseguir uma parceria decidiu vender o projeto para uma empresa americana de plásticos para que a empresa pudesse fabricar e vender o Ballbarrow sob o próprio nome. James abriu um processo judicial para proteger sua propriedade intelectual. No entanto, sua invenção não era mais de sua propriedade, apesar de seu nome estar incluído na patente. Ele perdeu todos os processos, bem como centenas de milhares de dólares em despesas com advogados. Quando ele voltou ao Reino Unido depois de outra derrota judicial em um tribunal americano em 1979, o conselho de administração o afastou de sua própria empresa.[53]

James não cometeria esse erro uma segunda vez. Vários anos depois, a Amway copiou o design de seu aspirador de pó Dual Cyclone e criou sua própria versão, chamada CMS1000. Uma década depois, a Hoover fez a mesma coisa e nem se deu ao trabalho de disfarçar. Eles batizaram seu aspirador de pó de Triple Vortex Cleaner. Muito original. Nos dois casos, James estava preparado. Dessa vez, ele era o dono do negócio e controlava a patente de sua invenção. E, dessa vez, quando processou os concorrentes por infração de patente, ele saiu vitorioso. Depois de cinco anos lutando contra a Amway em tribunais americanos, eles fizeram um acordo, e a Amway se tornou uma licenciada que vendia aspiradores da Dyson. A Hoover perdeu no julgamento no Supremo Tribunal do Reino Unido e, mais uma vez, na apelação. Em 2002, depois de uma batalha de três anos, a Hoover fez um acordo com Dyson fora do tribunal por 6 milhões de libras, o que, na época, foi a maior indenização por ordem judicial já concedida em um processo de patente no Reino Unido.[54]

Com o passar dos anos, aparentemente, James mudou de ideia sobre seus sentimentos em relação a sua experiência com o Ballbarrow. Em 1994, ele disse que foi um "erro terrível".[55] Em sua autobiografia, três anos depois, ele disse: "Foi como dar à luz e perder o filho".[56] Contudo, com o tempo e com o sucesso de várias defesas de patente, ele ficou muito mais otimista. (Alguns bilhões de dólares podem fazer isso com uma pessoa.) Quando conversamos em 2018, ele disse: "Às vezes, você precisa atravessar esses ritos de passagem para entender a importância da propriedade intelectual, a importância de ter uma participação majoritária em sua própria empresa ou até 100% de participação na empresa".

Ele tem razão, é claro (e quem somos nós para discutir com alguém que é dono de mais terras do que a rainha da Inglaterra?), mas não é tão simples proteger o que você construiu. Deter e controlar sua propriedade intelectual é uma coisa; defendê-la no tribunal é uma coisa totalmente diferente. É bem verdade que, em alguns casos, a decisão de processar para proteger sua propriedade é mais do que óbvia, como o caso de Randy Hetrick em 2010, quando ele encontrou seu TRX Suspension Trainer perdido no meio de um mar de falsificações chinesas. "Eles estavam devorando meu negócio", ele me contou. "Se você procurasse TRX na Amazon, por exemplo, encontraria nosso produto ao lado de vários outros que custavam um quarto ou um quinto do preço, porque eles não precisaram gastar nenhum tostão para desenvolver o mercado. O resultado é que todo o modelo de negócio acaba sob uma tremenda pressão."

Em 2014 e 2015, a situação piorou tanto com as imitações que a TRX chegou a ter um crescimento negativo. Randy não teve outra escolha a não ser processar. Ele identificou um dos maiores infratores e entrou com uma ação de patente e marca registrada no tribunal federal. Levou três anos e 2,5 milhões de dólares, mas a TRX acabou ganhando com um veredicto unânime e o júri condenou o infrator a pagar 6,8 milhões de dólares em danos. "O processo validou todas as nossas marcas registradas e nossas principais patentes", Randy explicou, "e nossos negócios aumentaram 40% quase imediatamente".

Fica claro que Randy tomou a decisão certa ao abrir um processo judicial para defender sua propriedade intelectual. Entretanto, se há uma coisa que aprendi sobre propriedade intelectual ao entrevistar tantos empreendedores é que saber quando *não* processar é tão importante quanto saber quando fazê-lo. E saber *por que* você está processando é ainda mais importante.

Essa foi uma lição que Curt Jones aprendeu a duras penas com sua fábrica de sorvetes, a Dippin' Dots, fundada em 1988. Se você não foi a um jogo de futebol, um show de música, um shopping center ou a um parque de diversões nos Estados Unidos nos últimos vinte anos, pode não saber que os Dippin' Dots são bolinhas de sorvete coloridas do tamanho de contas que têm seu congelamento obtido ao ser misturadas com nitrogênio líquido, que provoca congelamento instantâneo. É ao mesmo tempo delicioso e divertido. Meus filhos adoram.

Em meados da década de 1990, esse sorvete também era adorado por crianças dos Estados Unidos e do exterior. Curt fez a transição do negócio para um modelo de distribuição atacadista, o que ajudou a marca Dippin' Dots a se estender além do varejo físico e de pequenas sorveterias e entrar em lugares como o Gaylord Opryland Resort & Convention Center, em Nashville, no Tennessee, onde eles começaram. Esse modelo também ajudou a Dippin' Dots a gerar lucro pela primeira vez. "Estávamos gastando tudo o que ganhávamos", disse Curt sobre o início do negócio, "mas também estávamos começando a gerar alguma receita com o atacado. Em uns cinco anos, chegamos a um milhão de dólares em vendas no atacado".

Com a licença de distribuição atacadista, um revendedor compra um grande freezer da marca junto com o produto em uma base rotativa. O produto chegava embalado em cinco sacos lacrados contendo 3,7 litros de sorvete dentro de uma caixa plástica que, por sua vez, vinha embalada em um recipiente com isolamento térmico cheio de gelo seco. Os revendedores também tinham o direito de usar o logotipo da Dippin' Dots em seus potinhos, nas sacolas e embalagens relacionadas, bem como no material promocional. A ideia tinha tudo para dar certo, mas "não era um contrato muito rigoroso, então, começamos a perder um pouco o controle da marca no fim dos anos 1990", disse Curt. Os revendedores estavam produzindo todo tipo de coisa usando o nome da Dippin' Dots, mas com cores e tamanhos diferentes. Era meio que um vale-tudo, nas palavras de Curt.

Outros revendedores que estavam alavancando adequadamente a marca ganhavam um bom dinheiro com a Dippin' Dots, mas reclamavam de não estarem conseguindo acumular patrimônio no negócio nem fazer melhorias, pois o contrato tinha validade de apenas um ano. Isso levou Curt a adotar um modelo de franquia em 1999 que deu mais segurança aos representantes por meio de um contrato de cinco anos com renovação de mais cinco, mas que exigia um pagamento de royalties sobre as vendas (em vez da taxa única da distribuição atacadista) e permitiu a Curt incluir "mais estipulações sobre o uso do logo da Dippin' Dots", entre outras coisas. Todo mundo saiu ganhando, e a receita anual de vendas da Dippin' Dots quadruplicou nos seis anos seguintes para os 105 (dos 113) revendedores que fizeram a transição para o modelo de franquia.

Os oito revendedores que não assinaram o contrato de franquia tinham outros planos relacionados a algo que vinha ocorrendo em segundo plano havia alguns anos. Curt estava enrolado em um processo de infração de patente com um homem chamado Thomas Mosey, de Dallas, Texas, desde 1996, depois que Mosey decidiu começar a fazer suas próprias "bolinhas de sorvete" usando nitrogênio líquido, que chamou de Dots of Fun. O slogan da Dippin' Dots era "O Sorvete do Futuro". E qual você acha que era slogan de Mosey para a Dots of Fun? "O Sorvete do Amanhã... Hoje."

Com base na patente de seu sorvete registrada por Curt em 1992, a Dippin' Dots conseguiu uma liminar contra a Dots of Fun em 1996, o que colocou a situação competitiva em segundo plano por um tempo. Mas, em 1999, quando a Dippin' Dots estava fazendo a transição para o modelo de franquia, um assessor do juiz no caso da patente determinou que, se a Dots of Fun incluísse um pouco de sorvete normal em seu produto, o produto deixaria de ser considerado uma infração de patente.

Foi quando o "chefe da gangue" dos oito revendedores resistentes, como Curt o chamou, abordou Mosey em busca de um acordo melhor. "Eles o abordaram e disseram: 'Achamos que você pode continuar produzindo sorvete com base nessa nova determinação'", Curt disse, "e foi exatamente o que aconteceu. Ele voltou a fazer sorvete e mudou o nome para Mini Melts".

Aquele foi apenas o começo do longo pesadelo de Curt Jones. Ele passaria mais seis ou sete anos em uma batalha contra Thomas Mosey no tribunal. Ele processou Mosey e a Mini Melts por 16 milhões de dólares. Mosey rebateu com outro processo por 10 milhões de dólares e ainda contestou a validade da patente de Curt. Vou poupá-lo dos detalhes do que se tornaria uma longa batalha judicial, mas, no fim, nenhum dos lados ganhou uma sentença, a patente de Curt foi invalidada com base em fraude e ele acabou sendo forçado a pagar não apenas as próprias despesas legais como também as de Mosey. Uma conta que chegou a nada menos que 10 milhões de dólares, sem incluir os 750 mil dólares que ele teve que gastar para apelar da sentença de fraude e limpar seu nome.

Você já tinha ouvido falar da Mini Melts antes de ler isso? Você já experimentou um sorvete da Mini Melts? Você sabia que eles ainda existem? Se você respondeu "sim" a essas perguntas, saiba que faz parte de uma minoria, pelo menos nos Estados Unidos. E a Dippin' Dots? Você já tinha ouvido falar deles? Você já viu um dos estandes deles? Você tomou o sorvete deles? Se você mora nos Estados Unidos e tem filhos pequenos, aposto que a resposta para pelo menos uma dessas perguntas foi "sim", não apenas porque o sorvete é bom, mas também porque a marca é muito forte.

Como Curt admitiu em nossa entrevista, a decisão de combater Thomas Mosey e a Dots of Fun/Mini Melts – apesar de ser justificada em princípio – acabou sendo um grande erro de cálculo. Mesmo se os tribunais não tivessem derrubado as alegações de patente de Curt, o maior valor da Dippin' Dots não estava na propriedade intelectual, mas, sim, na *marca*. Não foi por acaso que os revendedores que tiveram mais sucesso no início foram os que adotaram o branding da Dippin' Dots. Também não surpreende que, quando a empresa adotou o modelo de franquia e aumentou o rigor dos requisitos de branding, o negócio tenha decolado. Quando as crianças vão a jogos de beisebol ou a parques de diversões, elas não querem "bolinhas de sorvete", elas querem a Dippin' Dots. É simplesmente impossível comprar esse tipo de valor de marca. Também não é possível copiar ou processar judicialmente para conquistar esse valor, como Mosey viria a descobrir.

É claro que Curt não poderia ter previsto tudo isso quando entrou com o processo pela primeira vez, em 1996. Naquela época, sua posição e seu objetivo faziam todo o sentido. "Para nós, Mosey estava infringindo uma patente válida", disse Curt. "Nós só queríamos que ele parasse de fazer o que estava fazendo." É muito justo. Mas, então, o cenário mudou. Entre o momento em que a liminar inicial se tornou contornável, em 1999, e o litígio foi concluído, em 2006, a Dippin' Dots cresceu rapidamente. Àquela altura, um concorrente que explorasse abertamente a patente de Curt não afetaria muito a Dippin' Dots. E a robustez do negócio, eu diria, deve-se quase totalmente à força de sua marca. E não estamos falando de qualquer marca, mas da marca mais forte do mercado.

Essa é a diferença entre Randy Hetrick e Curt no que diz respeito à decisão de processar. Apesar de Curt estar defendendo sua propriedade intelectual assim como Randy, e com razão, ele acabou expondo o que construiu – a marca, o negócio – a um enorme risco em vez de defendê-lo de uma ameaça à sua existência, como foi o caso de Randy. Com a melhor das intenções, Curt perdeu de vista *o porquê* do processo e o que realmente precisava ser protegido.

O importante a manter em mente é que Curt ainda poderia ter resistido a essa tempestade e sobrevivido ao que, em retrospecto, foi um erro estratégico. Em 2006, o ano em que o processo foi encerrado, a Dippin' Dots teve seu melhor desempenho até então, faturando 47 milhões de dólares em vendas. Mas aí o chão começou a desabar sob seus pés. Os preços do leite subiram 34%. Os preços dos combustíveis subiram. Até os preços do nitrogênio líquido aumentaram 10%. "De repente, com quase as mesmas vendas do ano anterior, passamos de um lucro líquido de 2 milhões ou 3 milhões de dólares para o prejuízo", disse Curt. Além disso, sua dívida chegou a 13 ou 14 milhões de dólares – o dobro da dívida com a qual eles normalmente operavam, graças aos honorários dos advogados que foram forçados a pagar. Então, veio a crise financeira global, bem quando eles deveriam quitar a dívida. O banco local com o qual Curt trabalhava havia anos deu à Dippin' Dots três meses de prorrogação para encontrar um jeito de pagar ou reestruturar a dívida.

Entretanto, nesses três meses, a crise financeira piorou muito e, naquele ambiente, com tudo virando de cabeça para baixo, o banco decidiu fechar a mão antes aberta e amigável para dar um soco no estômago de Curt. De um modo não muito diferente do que aconteceu com Gary Hirshberg e a Stonyfield Farm depois do colapso do mercado de ações de 1987, no dia em que a prorrogação venceu sem que a Dippin' Dots conseguisse quitar a dívida, o banco mandou um e-mail a Curt informando que ele estava inadimplente e que todos os seus outros empréstimos com o banco também estavam inadimplentes.

Curt passou os três anos seguintes em uma batalha constante. Ele lutou contra os credores. Lutou contra o mercado enquanto as vendas caíam. As pessoas não compravam tantos sorvetes inovadores quando estavam preocupadas com as próprias dívidas. Ele pagou o que pôde ao banco, muitas vezes, a juros exorbitantes, equivalentes aos de um cartão de crédito. Ele fez o que pôde para manter as portas abertas. "Poderíamos ter dado as costas, e tudo ficaria bem", disse Curt, "mas eu cresci em uma fazenda no segundo condado mais pobre do estado de Illinois.

Naquela região, se você não trabalhasse na terra, poderia ser um professor ou trabalhar na prisão, mas não tinha muitas outras oportunidades além disso. Tínhamos duzentos funcionários. Gerávamos duzentos empregos para a região. Então, quando a situação piorou, investimos muitos dos nossos bens pessoais para evitar a morte da empresa. Acho que a ideia era: 'Se a gente sobreviver a isso, tudo vai melhorar!'".

Por um tempo, parecia que iria melhorar. "Chegamos a sobreviver do fim de 2007, passando por alguns dos momentos mais difíceis da recessão e das baixas vendas, até 2010", ele disse. "Em 2011, realmente parecia que conseguiríamos sair daquele buraco." Então, o banco os colocou em execução hipotecária, o que forçou Curt e a Dippin' Dots a entrar com um pedido de falência – algo que, como um sujeito da velha guarda que pagava suas dívidas como uma questão de orgulho e princípio, Curt achava que jamais faria.

Foi nesse ponto que Curt começou a perder a empresa, da mesma forma como James Dyson começou a perder o Ballbarrow. Três dias depois de a Dippin' Dots ter aberto o pedido de concordata, Mark e Scott Fischer, uma dupla de pai e filho, manifestaram interesse em entrar como investidores. Eles eram donos de uma empresa familiar de petróleo chamada Chaparral Energy e planejavam se desfazer de parte dela e colocar parte desse dinheiro em outros setores. Para Curt, que nunca se imaginou falido, que tinha passado anos sendo pressionado pelo banco para vender, parecia interessante que os Fischer entrassem com cinquenta por cento.

Pena que a coisa era muito mais complicada do que isso.

"Eu tinha muitas razões para manter meu plano de ação", disse Curt a respeito de prosseguir com o processo de reestruturação resultante de uma concordata, "mas os Fischers disseram que não só entrariam como sócios como também investiriam na empresa para acelerar seu crescimento. Eles disseram muitas das coisas que eu queria ouvir".

Em pouco tempo, muitas dessas coisas deram errado. "Meu acordo com eles piorou cada vez mais. Em vez de serem sócios igualitários, eles queriam ser sócios majoritários porque assumiriam parte do risco financeiro", lembrou Curt sobre o argumento dos Fischer na época. "E foi assim que, em apenas seis meses, acabei perdendo a empresa. Eles basicamente compraram a empresa pela dívida e me mantiveram como CEO por três anos." Ao fim do contrato de três anos, que incluía provisões de retorno do direito de propriedade para Curt, os novos proprietários da Dippin' Dots optaram por não renovar o acordo. Curt estava oficialmente fora da própria empresa.

É incrivelmente difícil proteger o que você construiu de ameaças externas. É ainda mais difícil quando as ameaças vêm de dentro, de sócios que conquistam sua confiança com promessas de ajuda nos momentos em que você mais precisa, porque é comum vê-los como anjos da guarda, como salvadores. E como defender-se de alguém que chega para salvá-lo? Curt não sabia como. "Se eu tivesse passado pelo processo de reestruturação, acho que teria boas chances de manter minha empresa", ele disse. Mas o problema foi que *eles disseram muitas das coisas que Curt queria ouvir.* Infelizmente, no fim, nenhuma dessas coisas o incluía.

Por mais incerto que o mundo dos negócios possa ser, uma maneira infalível de saber que você construiu algo espetacular que está pronto para crescer e escalonar é quando seus concorrentes começam a imitá-lo ou processá-lo; às vezes, os dois. Ou, como Jenn Hyman nos bons tempos e Curt Jones nos maus, quando investidores batem à sua porta sem ter sido chamados, se oferecendo para lhe dar dinheiro. Nesses casos, você, o fundador, precisa ser capaz de subir ao camarote e olhar para a pista de dança a fim de saber o que precisa ser protegido e a melhor forma de protegê-lo. Você precisa saber quando puxar o gatilho e quando guardar as armas que tem à sua disposição. Não é fácil saber nem fazer o que deve ser feito, mas também não é fácil construir um negócio espetacular. E, se você chegou até aqui, vai conseguir dar mais esse passo.

17

ACONTECEU UMA CATÁSTROFE. E AGORA?

No início de 1982, tudo indicava que a gigante farmacêutica Johnson & Johnson teria um ano espetacular. Os lucros aumentaram mais de 16% em relação ao ano anterior, apesar de os Estados Unidos terem começado a entrar em recessão. Um conglomerado multinacional multibilionário com mais de 140 empresas em seu portfólio e pelo menos o mesmo número de produtos no mercado, a Johnson & Johnson devia seu sucesso em grande parte ao desempenho de um produto: o analgésico de venda livre Tylenol. Em 1981, depois de muitos anos promovendo o produto, o Tylenol tinha conseguido capturar mais de um terço do mercado de analgésicos e mais de 500 milhões de dólares em vendas, respondendo por quase 20% dos lucros totais da Johnson & Johnson.[57] Os executivos da empresa acreditavam que o produto ainda estava longe de atingir todo o seu potencial de crescimento. Eles esperavam que o Tylenol conquistasse 50% do mercado em cinco anos.[58]

Então, entre setembro e outubro de 1982, sete pessoas na região de Chicago morreram misteriosamente num pequeno intervalo de tempo. Logo depois, numa investigação, descobriu-se que o denominador comum entre as vítimas era o uso recente de produtos da marca Tylenol vendidos em forma de cápsula. Testagens e rastreamentos dos frascos de Tylenol revelaram que eles foram adulterados por uma pessoa que havia comprado vários frascos em drogarias e supermercados da região, aberto algumas das cápsulas e misturado cianeto ao acetaminofeno.

A notícia do envenenamento gerou uma onda de pânico. Viaturas policiais percorreram ruas da região metropolitana de Chicago alertando a população por meio de alto-falantes para não usar Tylenol. Em dois dias, a prefeita de Chicago estava pedindo às pessoas que entregassem seus frascos de Tylenol à polícia e aos bombeiros locais. Dois dias depois disso, ela baniu totalmente o Tylenol das lojas da cidade. Outras cidades e alguns estados rapidamente fizeram o mesmo. A notícia se manteve em destaque na TV todos os dias durante seis semanas.[59] As vendas do Tylenol despencaram 80%. Foi um desastre absoluto para a Johnson & Johnson.

O que se seguiu, contudo, foi uma verdadeira obra-prima de liderança e gestão de crises por parte do CEO da Johnson & Johnson, James Burke, que virou um estudo de caso que continua sendo ensinado nas escolas de administração quase quarenta anos depois.

Em poucos dias, Burke fez o recall de todos os produtos em cápsula do Tylenol em todo o país – 31 milhões no total. Além disso, ele anunciou que a Johnson & Johnson substituiria gratuitamente todas as cápsulas de Tylenol devolvidas pelos clientes pelo formato de comprimido, mais seguro. Em um mês, Burke revelou o plano da Johnson & Johnson de devolver os produtos em cápsulas do Tylenol às prateleiras das lojas, mas agora em uma nova embalagem, inviolável, com "lacre triplo",[60] que incluía uma caixa colada, um lacre de plástico no gargalo, um lacre sob a tampa e um aviso impresso informando que o produto deveria ser devolvido caso algum lacre estivesse rompido ao abrir. Essa embalagem inviolável foi a primeira do tipo no mercado. Uma das grandes razões que levaram a história a permanecer nos noticiários por seis semanas foi que Burke permaneceu em contato constante, quase diário, com os diretores de jornalismo de todos os meios de comunicação mais importantes do país para garantir que o público tivesse as informações mais atualizadas.

Hoje, as medidas tomadas por Burke parecem uma prática-padrão diante dessas calamidades corporativas. No entanto, em 1982, estavam longe de ser comuns. "Antes de 1982, ninguém fazia o recall de nada", um executivo de relações públicas que prestou consultoria à Johnson & Johnson durante a crise declarou ao *New York Times* em um artigo de 2002 que marcou o aniversário do evento com o subtítulo "O recall que deu início a todos os outros".[61] Na verdade, a maior resistência ao recall, enfrentada por Burke, veio de fora de seu próprio conselho de administração. Tanto a Federal Drug Administration (órgão que funciona nos EUA como a Anvisa no Brasil) quanto o FBI foram contra a ideia. "O FBI foi contra", disse Burke em uma entrevista à *Fortune* em novembro de 1982, "porque a mensagem a qualquer pessoa mal-intencionada seria: 'Eu tenho nas minhas mãos o poder de colocar uma grande corporação de joelhos'. E a FDA argumentou que o público poderia ficar mais nervoso do que aliviado".[62]

Mesmo assim, Burke decidiu seguir em frente. Sua determinação custou caro. Quando a crise chegou ao fim, a Johnson & Johnson tinha gastado 100 milhões de dólares no recall e no relançamento dos produtos com embalagens invioláveis. Seu lucro líquido no primeiro trimestre depois do envenenamento despencou mais de 25%.[63] No fim do ano, a participação do Tylenol no mercado tinha reduzido de 37% para 7%. "Muita gente na empresa achava que seria impossível salvar a marca, que era o fim do Tylenol", disse Burke.[64]

Hoje, sabemos que não foi o caso. O mais notável não foi o fato de o Tylenol ter se recuperado, mas a velocidade da recuperação. Em apenas dois meses, o preço das ações da Johnson & Johnson havia retomado os picos anteriores ao envenenamento.[65] Em oito meses, o Tylenol havia recuperado 85% de sua participação anterior do mercado de analgésicos[66] e, no fim de 1983, havia reconquistado quase tudo.[67]

Os créditos pela recuperação milagrosa do Tylenol se devem totalmente a James Burke e a sua capacidade de agir com rapidez, determinação, transparência e de acordo com os valores da empresa, incorporados ao credo da Johnson & Johnson praticamente desde a sua fundação, no final da década de 1880: "Acreditamos que a nossa maior responsabilidade é com os pacientes, médicos e enfermeiros, mães e pais e todos os outros que usam nossos produtos e serviços".[68]

"O credo deixava muito claro exatamente o que deveríamos fazer", Burke disse a respeito dos primeiros dias após as sete mortes trágicas.[69] "Isso me deu a munição da qual eu precisava para convencer os acionistas e outros stakeholders a gastar 100 milhões de dólares no recall." Também lhe permitiu reconquistar a confiança dos consumidores – para quem, como Burke explicou, o credo existe – nos vários meses durante os quais a Johnson & Johnson trabalhou para resolver a crise.

A confiança estava no centro de tudo o que Burke fazia. Ele acreditava que sua equipe da Johnson & Johnson faria a coisa certa e também que o público responderia de acordo. Foi com base na confiança que eles conseguiram transformar o Tylenol em uma "franquia tão grande e importante", nas palavras de Burke. Confiança era "uma palavra importante" em seu cotidiano. Ela inclui "quase tudo o que você pode almejar para obter sucesso".[70]

O tempo provaria que James Burke estava certo, mas até ele sabia que a Johnson & Johnson estava em uma posição privilegiada quando se tratava de absorver o impacto financeiro e os danos à reputação causados por essa adulteração letal do produto. "Muitas vezes, a sociedade protesta contra o tamanho das corporações", disse Burke na época, "mas esse foi um exemplo no qual o tamanho ajuda. Se o Tylenol fosse uma empresa à parte, teria sido muito mais difícil tomar essas decisões".[71]

É isso que fez com que as decisões de Jeni Britton Bauer em abril de 2015 fossem tão notáveis.

Em 2015, fazia quase treze anos que a Jeni's Splendid Ice Creams estava no mercado. A sorveteria já era famosa na região central do estado de Ohio, onde Jeni nasceu. Sua receita era uma mera fração da receita de uma marca como o Tylenol, mas a empresa era lucrativa – até surpreendentemente lucrativa – para um negócio de seu tamanho, de seu perfil e caráter. Jeni e seus três sócios tinham meia dúzia de sorveterias. Também vendiam para supermercados gourmet e atendiam a pedidos expressos pelo correio. Mas o que os diferenciava – e tornou seu sucesso tão notável – foi o foco quase obsessivo de Jeni na qualidade. Ela era muito criteriosa na hora de escolher o lugar e o modo de comprar os ingredientes. Passava incontáveis horas fazendo experimentos com a estrutura molecular das proteínas do leite para garantir que seu sorvete proporcionasse uma sensação muito específica na boca. Prestava muita atenção em todos os pequenos detalhes que custavam muito dinheiro e reduziam as margens do negócio em um setor que não tinha passado por nenhum tipo de renovação artesanal desde a Ben & Jerry's, no fim dos anos 1970, e, portanto, estava sujeito à comoditização e à pressão constante para reduzir os preços. Mesmo assim, Jeni continuou em sua busca por sabores de sorvete perfeitos e, em 2011, escreveu um livro de receitas sobre eles que chamou a atenção do país inteiro. Sua empresa entrou no mapa nacional em março de 2015, quando lançou uma série de sorvetes com base nas cores da exposição *Recortes*, de Henri Matisse, no Museu de Arte Moderna de Nova York, na mesma época em que abriu sua primeira loja em Los Angeles – seu mercado mais competitivo e o mais distante de sua sede em Columbus, no estado de Ohio, até então.

"Estávamos em alta", disse Jeni, "quando, um dia, uma bomba caiu em nossa cabeça. Um pote de sorvete testou positivo para *listeria* em Lincoln, no Nebraska."

A *listeria* é uma bactéria transmitida por meio da ingestão de alimentos contaminados que pode causar febre, dores musculares, náuseas e diarreia, e pode ser fatal para indivíduos imunossuprimidos, como idosos, doentes crônicos e gestantes. Ninguém quer receber a notícia de que seu produto está contaminado com *listeria*, sobretudo quando parece que sua empresa finalmente conseguiu decolar depois de ter sobrevivido à prova de fogo das primeiras dores do crescimento, construído uma marca reconhecível e ter tudo para conquistar o sucesso de longo prazo.

"Jamais teríamos imaginado receber um telefonema como aquele", disse Jeni. Em um piscar de olhos, ela se viu na mesma posição na qual James Burke se encontrou 33 anos antes. No dia em que ficaram sabendo que as mortes em Chicago estavam relacionadas ao Tylenol, Burke e sua equipe se reuniram na sede da Johnson & Johnson, em New Brunswick, no estado de Nova Jersey, para traçar um plano de ação. No dia em que o sócio de Jeni, John Lowe, CEO da empresa, recebeu a ligação sobre o pote de sorvete contaminado em Lincoln, a equipe de Jeni se reuniu na sede da empresa para decidir o que fazer.

"Tivemos que tomar muitas decisões em pouquíssimo tempo", disse Jeni, seguindo a mesma lógica que James Burke. "Ainda não tínhamos notícias sobre algum caso de alguém que tivesse adoecido com o nosso sorvete, mas precisávamos evitar um surto. Precisávamos decidir o que fazer."

Eles optaram por interromper a produção e fazer o recall de tudo, e eles nem sabiam como iriam fazer isso. Afinal, por que você saberia como fazer um recall de todos os seus produtos se algo do gênero nunca havia acontecido com você antes?

"Descobrimos como fazer isso, preenchemos a papelada, obtivemos a aprovação da FDA e, em poucas horas, estávamos recebendo de volta 265 toneladas de sorvete de vários lugares diferentes", ela disse. Em outras palavras, sem mais nenhum sorvete distribuído e sem ter como fabricar mais sorvete antes de encontrarem a fonte da *listeria*, eles também precisariam fechar todas as lojas.

Em 1982, as vendas do Tylenol despencaram 80%, mas a marca continuou vendendo porque a empresa tinha outros produtos em outras formulações além das cápsulas. Em 2015, porém, todo o negócio de Jeni se resumia ao sorvete. E as vendas despencaram para zero em um piscar de olhos. Enquanto suas lojas ficaram fechadas e suas máquinas, desligadas, eles perderam 150 mil dólares por dia.

"Nesse ponto, o relógio começa a girar", disse Jeni. Em contagem regressiva, rumo ao zero. "Tínhamos seiscentos funcionários que ficaram sem nada para fazer – inclusive eu. Começamos a olhar ao redor, percebendo que era o fim, que não havia sobrado mais nada."

Mas, na verdade, ainda havia uma coisa: a comunidade fiel que Jeni, junto ao seu marido, Charly Bauer, seu cunhado, Tom Bauer, e seu CEO, John Lowe, construíram no decorrer da década anterior.

"Criamos a nossa empresa *como* uma comunidade e *com* a nossa comunidade, aos poucos", Jeni explicou. A sorveteria fora um chamariz da praça de alimentação do mercado público North Market, onde a Jeni's Splendid Ice Creams foi fundada, por três anos antes de eles abrirem sua primeira loja independente em 2005. Eles abriram três lojas adicionais, nos três anos seguintes, em Columbus e nos arredores. Eles só se expandiram para fora da região de Columbus em 2011 e, mesmo assim, só foram para Cleveland, a menos de 250 quilômetros de distância. A Jeni's pertencia a Columbus.* Jeni e sua empresa faziam parte da história da cidade.

"Tudo o que fizemos foi com base na confiança", disse Jeni. "E foi o que nos salvou."

Eis a palavra de novo: "confiança". James Burke teve que conquistar a confiança dos consumidores em tempo real, enquanto administrava a crise do Tylenol. Como Jeni Britton Bauer já havia incorporado a confiança em sua marca, ela sabia que, se tomasse boas decisões, as coisas nunca ficariam tão ruins quanto poderiam ficar de outra forma.

O primeiro sinal da confiança de seus clientes nela veio quase imediatamente, quando eles começaram a deixar mensagens de encorajamento nas portas fechadas das sorveterias de Jeni pela cidade. "Algumas pessoas maravilhosas estavam deixando mensagens lindas em post-its nas lojas", Jeni me contou durante nossa conversa no início de 2018, menos de três anos depois da contaminação por *listeria*. "E nós ficamos tipo... 'Quer saber? É por isso que estamos lutando!'."

---

* Entrevistei Jeni Britton Bauer ao vivo diante de uma plateia em Columbus. Quando ela foi chamada ao palco, a plateia aplaudiu e vibrou mais do que em qualquer outro episódio ao vivo.

Então, eles descobriram a origem da *listeria*. A bactéria vinha de uma minúscula rachadura em uma parede, atrás de um equipamento na pequena fábrica de 185 metros quadrados. A equipe de Jeni corrigiu rapidamente o problema e se preparou para retomar a produção no nível anterior. Mas, como James Burke, Jeni Britton Bauer não se contentou em apenas corrigir o problema. Afinal, estamos falando de uma mulher que não só *fazia* sorvete como também o *reinventou*. Ela não se contentou com pêssegos enlatados para fazer seu sorvete de torta de pêssego (é o meu favorito; um sorvete que me leva a dirigir quilômetros por uma colherada se eu estiver perto de uma sorveteria Jeni's); ela vasculhou o país em busca dos melhores fornecedores de pêssego que pôde encontrar.

Burke introduziu embalagens invioláveis com lacre triplo para todos os produtos Tylenol, e Jeni, por sua vez, postou uma carta aberta no blog da empresa no fim de agosto de 2015. Nessa carta, ela delineou todos os acontecimentos, descreveu o processo de fabricação de sorvete, para que os consumidores soubessem como a coisa funcionava, e anunciou a contratação de um novo líder de controle de qualidade, que Jeni definiu como um "Jedi da Segurança Alimentar"; então, revelou que, como parte do recém-instituído programa de controle de *listeria* da empresa, eles fizeram "quase duzentos testes por dia, todos os dias, durante dois meses – quase *mil vezes* além da recomendação da indústria – para descobrir a origem da *listeria* e eliminá-la".[72]

Foi um grande gesto de transparência, mas também um ato de fé, ancorado na confiança mútua. Não foi diferente da confiança no público que levou James Burke a ser tão franco na imprensa, o que não apenas era incomum na época como também não era uma atitude típica da Johnson & Johnson, que tinha a reputação de manter a mídia a distância quando se tratava de qualquer informação que a empresa considerasse sensível.

Independentemente de quais tenham sido seus primeiros impulsos, tanto Jeni quanto James sabiam que suas decisões durante essas crises seriam cruciais, porque acontecimentos como esses podem gerar um ponto de inflexão na trajetória de uma empresa, para o bem ou para o mal.

Jeni descreveu esse episódio em uma reportagem para a NBC News como um momento que "vive na minha memória como uma espécie de divisor de águas. Diante de uma crise – quando há um antes e um depois –, você avança de uma maneira totalmente diferente de antes".[73] Exatamente *como* – ou se – você avança depende muito da rapidez, da determinação e da transparência da sua reação a esse momento.

James Burke e Jeni Britton Bauer foram exemplos de uma liderança rápida, decisiva e transparente diante de suas respectivas crises. Uma liderança que salvou suas empresas no curto prazo e as colocou no caminho do crescimento sustentado de longo prazo. Hoje, o Tylenol é um negócio de bilhões de dólares e a Jeni's Splendid Ice Creams tem mais de trinta lojas e fatura 40 milhões de dólares por ano.

Basta olhar para uma empresa cujos líderes adotaram a abordagem oposta – tentaram ocultar os fatos, postergar as decisões ou omitir informações diante de problemas catastróficos – para saber o que pode acontecer a uma empresa e à comunidade ao seu redor na ausência de uma liderança eficaz.

Em 1996, advogados especializados em danos corporais e consultores de segurança no trânsito observaram um aumento expressivo no número de acidentes que resultaram em capotamento – trinta no total, sendo alguns fatais – por causa de um defeito nos pneus Firestone ATX que vinham nos SUVs Ford Explorer.[74] A combinação de altas velocidades prolongadas em rodovias e elevadas temperaturas do asfalto levava a banda de rodagem a separar-se das paredes laterais dos pneus, e, em alguns casos, os SUVs capotavam.

Sob a liderança de James Burke, o recall imediato de todas as cápsulas de Tylenol em 1982 foi executado em poucos dias. Jeni Britton Bauer retirou seu sorvete das prateleiras em questão de *horas* e fechou as lojas da empresa com a mesma rapidez. Mas o recall dos pneus Firestone

ATX levou nada menos que *quatro anos* para acontecer e, mesmo assim, foi necessária uma investigação por órgãos reguladores federais, aberta em fevereiro de 2000, para forçar os líderes da Ford e da Bridgestone Firestone a entrar em ação.[75]

A culpa pela inação inicial não foi da Ford nem da Firestone. Os advogados que se preparavam para mover ações judiciais em nome das vítimas de acidentes naqueles primeiros anos – em especial, 1996 e início de 1997 – tentaram não revelar suas intenções de processar a Ford, pela instabilidade de seus Explorers, ou a Firestone, pelos pneus defeituosos, de modo que retiveram informações relevantes dos órgãos reguladores federais, cujas investigações teriam alertado a montadora e a fabricante de pneus sobre seus planos. Além disso, eles não confiavam nas investigações dos órgãos reguladores. Eles temiam que os reguladores conduzissem investigações superficiais – como haviam feito no passado, sem encontrar culpados –, o que neutralizaria o potencial financeiro das alegações dos advogados se alguma de suas ações fosse a julgamento.

Mesmo assim, no fim de 1997, o advogado de um dos queixosos disse que a "série de processos que ele abriu envolvendo mortes relacionadas a pneus deveria ter alertado a Ford e a Firestone sobre o problema".[76] Do mesmo modo, o número de garantias acionadas que começou a se acumular para os pneus ATX em 1998 deveria ter alertado a Firestone. E, em 1999, a Ford não precisou ser "alertada", porque alguns dos principais líderes da empresa já haviam sido informados sobre defeitos de pneus Firestone em Explorers vendidos em vários mercados internacionais.

Apesar de tudo isso, nada aconteceu. Na verdade, aconteceu, sim: acidentes com pneus continuaram ocorrendo e as fatalidades continuaram a se acumular. Quando a Administração Nacional de Segurança Rodoviária dos Estados Unidos finalmente abriu a primeira investigação sobre o problema no início de 2000, eles avaliaram relatórios sobre mais de *duzentas* mortes relacionadas a pneus. Quase 95% delas ocorreram *depois* de 1996. No entanto, a Ford e a Firestone levaram mais seis meses para concordar em fazer um recall em massa do que restava dos quase 14,5 milhões de pneus afetados que ainda estavam em circulação.[77] Demorou tanto porque os líderes das duas empresas passaram a maior parte desse tempo discutindo para apontar culpados pelos acidentes – que eram, portanto, os responsáveis pela dor e pelo sofrimento das vítimas –, em vez de tomar as medidas cabíveis para evitar a dor e o sofrimento *futuros* o mais rápido possível.

A Ford culpava a Firestone pela produção de pneus defeituosos. A Firestone culpava a Ford, entre outras coisas, pelo design do teto, por problemas de estabilidade nas curvas e por estabelecer padrões de fábrica inadequados para a calibragem dos pneus. A Ford sugeria 26 psi enquanto a Firestone recomendava 30 psi.

No fim das contas, o verdadeiro culpado importava apenas para as vítimas e as famílias das vítimas dos acidentes relacionados aos pneus. O mais relevante para saber como liderar sua empresa durante uma crise é ter uma visão completa do que acontece quando há uma lacuna na liderança.

No caso da Ford e da Firestone, a visão é desoladora. No fim de 2001, quando a investigação foi concluída e os recalls foram feitos, mais de 270 pessoas haviam morrido e oitocentas haviam ficado feridas em capotamentos relacionados a pneus. A Ford registraria um prejuízo de 5,5 bilhões de dólares naquele ano, e a Bridgestone Firestone passaria por uma reestruturação corporativa que custaria 2 bilhões de dólares à empresa. Como parte dessas perdas e mudanças, a Ford acabaria substituindo seu CEO, o CEO e o presidente da Bridgestone Firestone renunciariam e a Firestone fecharia sua fábrica em Decatur, no estado de Illinois, onde todos os pneus defeituosos foram fabricados, custando à empresa 200 milhões de dólares e o emprego de 1.500 pessoas.

Mais tarde, as empresas se juntariam para pagar mais de 1 bilhão de dólares em pedidos de indenização e ações judiciais, e a Bridgestone Firestone romperia seu relacionamento comercial de cem anos com a Ford. Em sua carta ao CEO da Ford, Jacques Nasser (seis meses antes de seu afastamento), anunciando a dissolução da parceria, o novo

CEO da Bridgestone, John Lampe, expressou um sentimento que, a essa altura, deve soar familiar para você: "Os relacionamentos comerciais, assim como os pessoais, são construídos com base na confiança e no respeito mútuo. Chegamos à conclusão de que não podemos mais fornecer pneus para a Ford, em virtude do grave desgaste das bases do nosso relacionamento".[78]

Lá estava aquela palavra de novo: "confiança".

Agora, se esses líderes tivessem demonstrado o mesmo nível de confiança e respeito pelo público – por seus clientes – que exigiam de seus parceiros de negócios, talvez menos pessoas tivessem morrido e, assim, mais pessoas ainda estariam empregadas. De todo modo, está mais do que claro que, quando uma catástrofe atinge uma empresa – seja um famoso conglomerado multinacional com mais de cem anos de existência ou uma pequena startup que está começando a se expandir pelo país –, a única forma confiável de passar pelo "divisor de águas" descrito por Jeni Britton Bauer se dá por meio de ações rápidas, decisivas e transparentes que colocam as pessoas em primeiro lugar e a percepção do público logo em seguida.

18

A ARTE DA PIVOTAGEM

A teoria evolutiva moderna é dominada por duas escolas de pensamento discrepantes. Há os gradualistas, que, como Charles Darwin, acreditam que grandes mudanças no nível de uma espécie resultam do acúmulo lento e gradual de mudanças menores no decorrer de longos períodos. E há os pontualistas, que acreditam na hipótese do "equilíbrio pontuado" – popularizada por Niles Eldredge e Stephen Jay Gould no início dos anos 1970 –, que argumenta que a mudança no nível de uma espécie ocorre rapidamente, em saltos curtos, com longos períodos de estabilidade entre eles.

A realidade é que provavelmente as duas escolas estão certas. A evolução pode ocorrer lenta *ou* rapidamente e, às vezes, os dois tipos de mudança ocorrem dentro da linhagem da mesma espécie. De fato, parece que os seres humanos já constataram essa ideia por experiência própria há muito mais tempo do que conhecemos os detalhes da própria evolução.

Em 1926, 45 anos antes de a ideia do equilíbrio pontuado ser articulada pela primeira vez, Ernest Hemingway colocou essas palavras casualmente na boca de Mike Campbell, um dos personagens secundários de *O sol também se levanta*, quando lhe perguntaram como ele fracassou. "De dois jeitos", Mike respondeu. "Aos poucos e, depois, de repente."

Oitenta e cinco anos depois, inspirado nesse trecho da obra de Hemingway, John Green escreveu em *A culpa é das estrelas*: "Me apaixonei do mesmo jeito que alguém cai no sono: gradativamente e de repente, de uma hora para outra".

Naquele mesmo ano, o economista e psicólogo ganhador do Prêmio Nobel Daniel Kahneman publicou seu livro icônico, *Rápido e devagar*, cuja premissa central é que a mente humana opera em dois sistemas interdependentes de pensamento: um que é lento, calculista, lógico e deliberado; outro que é rápido, impulsivo e repentino.

Evolução. Fortuna. Amor. Sono. Pensamentos.

Isso tudo está sujeito à natureza gradual e depois repentina da mudança. E o mesmo pode ser dito dos negócios. E, quando essa mudança ocorrer – seja em um mercado ou um setor, nas preferências do consumidor ou apenas no clima, como aconteceu com Stacy Madison, da Stacy's Pita Chips –, um fundador afetado por ela deve estar preparado para pivotar se quiser que sua empresa sobreviva e cresça.

Nas ruas do centro de Boston, em 1996, Stacy Madison e seu cofundador, Mark Andrus, surfavam na moda dos wraps que invadiriam a hora do almoço de trabalhadores americanos no início dos anos 2000. Eles vendiam wraps de pita saudáveis feitos sob encomenda em um carrinho de cachorro-quente adaptado que batizaram de Stacy's D'Lites. Na época, "os wraps estavam por toda parte", disse Stacy, "mas as opções eram muito limitadas. No máximo, um de caesar salad com frango. Enquanto isso, nós tínhamos uns doze wraps no cardápio, todos com opções de ingredientes mais sofisticados".

E, com a ascensão do e-mail corporativo, eles se tornaram um sucesso derivado da divulgação transmitida boca a boca em Boston. "Ficávamos ao lado do distrito financeiro. Um cliente voltava para o trabalho, mandava um e-mail contando para o escritório todo, e esse escritório contava para outro escritório", lembrou Stacy. "Em pouco tempo, tínhamos uma fila de vinte pessoas durante todo o horário de almoço."

Para tornar o longo tempo de espera mais suportável, Stacy começou a cortar as sobras de pão pita no fim de cada dia e a assar os pedaços em chips com sabores diferentes (açúcar com canela e alho com parmesão no início) que ela distribuía gratuitamente aos clientes enquanto eles esperavam seus sanduíches.

"No começo, foi só uma maneira de reter nossa base de clientes, mas as pessoas adoraram", disse Stacy. "Era como um happy hour no qual elas não se importavam em esperar o sanduíche porque podiam comer deliciosos chips de pita grátis." Em pouco tempo, as pessoas começaram a perguntar a Stacy como poderiam encomendar alguns de seus chips para festas ou reuniões de escritório. Algumas pessoas sugeriram que ela começasse a produzir os chips para vender, como um produto à parte, o que ela fez, mas apenas em uma escala compatível com a capacidade do carrinho de cachorro-quente: em saquinhos fechados com fita dourada e vendidos por um dólar no caixa junto com os sanduíches.

Eles não iriam enriquecer com os chips, Stacy pensou na época, mas esse não era o ponto. "A ideia era fazer os clientes voltarem", ela disse sobre essa evolução de suas ofertas e o impacto sobre seus clientes, "porque agora eles também podiam comprar alguns chips para fazer um lanche à tarde".

Enquanto tudo isso acontecia, chegou o outono. O clima começou a mudar.

"Fica um pouco frio na Nova Inglaterra em setembro e outubro", disse Stacy num eufemismo sobre o tempo, "e vimos que teríamos que fazer outra coisa".

Ela não quis dizer modificar *o negócio*, pelo menos não de início. A Stacy's D'Lites teve um bom desempenho em 1996, seu primeiro ano no mercado. Eles ganharam 25 mil dólares, o que pode não parecer muito, mas, para um carrinho de cachorro-quente administrado por duas pessoas, aberto cinco dias por semana, com verões sufocantes e invernos gelados limitando ainda mais o fluxo de clientes, 25 mil dólares equivaliam a um verdadeiro sucesso. O que Stacy quis dizer foi mudar o *lugar* onde eles passariam a servir os clientes – mais especificamente, um local fechado.

Stacy e Mark não precisavam de nada muito grande. Eles só queriam um lugar grande o suficiente para fazer wraps e assar chips de pita e que lhes permitisse atender confortavelmente a sua clientela do centro da cidade o ano inteiro. Eles entraram em contato com um corretor de imóveis que, quando Stacy disse o que eles estavam procurando, basicamente riu na cara deles.

"Se vocês querem um pequeno local coberto no centro", o corretor disse, "entrem na fila atrás do Au Bon Pain e da Dunkin' Donuts". O que Stacy não sabia era que, à medida que o clima esfriava naquele ano e o solo começava a endurecer, o mercado de pequenos imóveis comerciais nas grandes cidades começava a esquentar. A onda na qual Stacy e Mark estavam surfando não era apenas de wraps, de acordo com o corretor; era do serviço de refeições para viagem, em geral, e eram as grandes cadeias que estavam por trás do fenômeno, empurrando a onda para a praia. "Na época, a Starbucks estava surgindo", explicou Stacy, "e todo mundo estava correndo atrás daqueles pequenos espaços comerciais". Quando o outono se transformou em inverno, a busca por imóveis só ficou mais difícil. Os pontos comerciais no centro, perto de onde eles atendiam os clientes ao ar livre, ou estavam se esgotando rapidamente ou eram mais caros do que eles podiam pagar. Eles exploraram a possibilidade de abrir um café nas lojas de departamentos da Macy's – que ela espertamente chamou de "Stacy's at Macy's" –, mas acabou sendo um projeto muito maior do que eles imaginaram e a ideia começou a cair por terra quando a sede da Macy's em Nova York complicou demais as coisas.

Então, em janeiro de 1997, Stacy e Mark abriram uma empresa de chips de pita e começaram a investigar o que precisariam fazer para levar os chips ao mercado. Ao mesmo tempo, eles trabalhavam na Stacy's D'Lites e continuavam em busca de pequenos lugares fechados. Eles administraram os dois negócios por um ano inteiro – fazendo wraps em seu carrinho de cachorro-quente adaptado durante a semana e passando o resto do tempo no aperfeiçoamento da receita dos chips, criando o design da embalagem, garantindo todas as licenças necessárias e convencendo as lojas a vender o produto.

Até que eles se deram conta de que tinham que escolher um caminho ou o outro. "Estava sendo muito exaustivo fazer as duas coisas", disse Stacy.

Eles escolheram os chips por algumas razões. "No inverno, é muito desconfortável ficar atendendo no frio", Stacy explicou, "e poderíamos crescer mais e muito mais rápido se conseguíssemos vender os chips para algumas lojas em vez de tentar expandir o negócio de wraps para um, dois, ou três locais".

Não apenas porque o capital necessário para construir um negócio de lojas físicas é muito maior do que para um negócio de bens de consumo embalados. Mas também porque, em 1997, ao fazer a transição para salgadinhos totalmente naturais sem conservantes, ela conseguiu saltar de uma onda que estava prestes a engoli-la (comida pronta para viagem) para outra onda que estava apenas começando a ganhar ímpeto (alimentos naturais). Tanto que foi nessa mesma onda que Gary Hirshberg surfou para atingir 100 milhões de dólares em vendas com a Stonyfield Farm.

"Todo mundo entrou na onda de alimentos naturais, que era exatamente o que já estávamos fazendo", disse Stacy. "Então, começamos vendendo para pequenas lojas de alimentos gourmet e depois passamos a vender para mercados especializados em alimentos naturais." Exatamente os mesmos mercados nos quais a Stonyfield Farm entrou, como a Bread & Circus, que antecedeu a Whole Foods da Nova Inglaterra e que na época tinha cerca de meia dúzia de lojas.

"Entrei na Bread & Circus no centro de Boston e disse: 'Oi, meu nome é Stacy. Você gostaria de provar meus chips?'", Stacy contou. O gerente adorou, encomendou os chips para sua loja e os levou para conhecer a sede da Bread & Circus, que fez encomendas para todas as outras lojas.

Em 2001, a Stacy's Pita Chips estava faturando 1 milhão de dólares. Em 2003, os chips já estavam sendo vendidos na Costco e no Sam's

Club. E, em 2005, menos de uma década depois que Stacy e Mark abriram seu pequeno carrinho de wraps no distrito financeiro de Boston, eles venderam 65 milhões de dólares dos mesmos chips que costumavam dar de graça. A Stacy's Pita Chips foi oficialmente adquirida – supostamente por 250 milhões de dólares – pela PepsiCo no início do ano seguinte.

Os primeiros anos do negócio de Stacy e Mark são um verdadeiro estudo de caso sobre as mudanças graduais e rápidas pelas quais um negócio pode passar. Em um momento, eles se viam na crista da onda e, no momento seguinte, parecia que seu futuro seria esmagado por concorrentes gigantescos que estavam chegando para abocanhar o máximo de seus respectivos mercados o mais rápido possível, devorando o único tipo de espaço de varejo que Stacy e Mark tinham como pagar.

A pivotagem que eles fizeram do carrinho de wraps para a Stacy's Pita Chips é um exemplo clássico de uma resposta a essa mudança no mercado, tanto por necessidade quanto pelo olhar para a oportunidade. Essa parece ser a receita para toda pivotagem de sucesso – não apenas reconhecer que você não tem como continuar insistindo na mesma coisa se quiser crescer ou sobreviver, mas também identificar outra coisa e/ou algum outro lugar para fazer essa coisa.

Foi o que aconteceu com Justin Kan, Emmett Shear e o Twitch, a plataforma de vídeo ao vivo que começou em março de 2007 como a Justin.tv, um único feed ao vivo 24 horas por dia, sete dias por semana da vida de seus criadores. Como a Stacy's D'Lites, a Justin.tv teve um sucesso imediato, mas em uma escala muito maior. Os criadores receberam muita atenção da imprensa por dar início à revolução do "lifecasting", que rapidamente atraiu centenas de milhares, depois milhões de usuários únicos mensais. Mas, em meados daquele ano, Justin começou a enlouquecer com a exposição contínua e constante e precisou parar. Por sorte, como explicou o CEO da Justin.tv, Emmett Shear: "Muitas outras pessoas queriam transmitir ao vivo, e a tecnologia que construímos para oferecer suporte ao streaming de vídeo ao vivo tinha muitas utilidades, então, nos concentramos em oferecer um serviço que qualquer um poderia usar".[79]

O resultado foi um rápido crescimento. Em abril do ano seguinte, eles tinham 30 mil contas de emissores e várias categorias para os usuários pesquisarem e explorarem. A Justin.tv evoluiu nessa linha nos anos seguintes, adicionando milhões de usuários e dezenas de canais à medida que avançavam.

Em 2011, contudo, os fundadores haviam "chegado ao teto de crescimento e não sabiam o que fazer a seguir",[80] Shear contou em uma palestra em um jantar da Brainstorm Tech organizado pela revista *Fortune* no início de 2019. Ao mesmo tempo, eles perceberam que uma de suas categorias de vídeo – os games – estava atraindo mais usuários do que todas as outras juntas.[81] Shear não se surpreendeu. "O único conteúdo da Justin.tv ao qual eu assistia eram os games, porque é a única coisa da qual eu gostava muito", ele disse à plateia da Brainstorm Tech.[82] Então, eles decidiram transformar o negócio em um site chamado Twitch.tv e, não muito diferente do que Stacy Madison e Mark Andrus fizeram com seu negócio de chips, também decidiram trabalhar nos dois negócios ao mesmo tempo. Eles fizeram isso até 2014, quando o Twitch finalmente ficou tão grande que eles pivotaram *novamente*, dessa vez, consolidando a empresa na Twitch, renomeando-a como Twitch Interactive e descontinuando a Justin.tv.

Só para esclarecer, eles não fecharam a Justin.tv porque o negócio estava sendo um fracasso. Longe disso. Só não alcançava o sucesso no mesmo nível que o Twitch, nem estava crescendo na mesma velocidade ou atingindo o tamanho do Twitch.

Esse é, de longe, o aspecto mais interessante – e, acredito, uma das características mais importantes – de muitas das histórias de pivotagem que ouvi diretamente dos fundadores ou que se tornaram lendas ensinadas nas escolas de administração e recontadas no Vale do Silício. Ao que parece, as empresas raramente pivotam do fracasso para o sucesso. Elas não passam de uma má ideia para uma boa ideia. Elas vão de uma boa ideia a uma ideia excelente.

Até o Instagram, uma das histórias de pivotagem mais famosas do mundo, não resultou do fracasso de seu antecessor, um aplicativo de check-in chamado Burbn. É bem verdade que a base de usuários do Burbn era pequena, mas seus fundadores levantaram 500 mil dólares em capital de risco, e o aplicativo tinha um recurso (fotos, é claro) que todos gostavam de usar. O problema para Kevin Systrom e Mike Krieger era simplesmente que o Burbn não era bom *o suficiente* ou não estava crescendo rápido *o suficiente*. E, como a Justin.tv estava descobrindo com o conteúdo de games quase na mesma época, as pessoas gostavam de um recurso específico do aplicativo mais do que do aplicativo em si. Foi isso que inspirou sua pivotagem.

E foi a mesma história com Jane Wurwand e a Dermalogica. Sua escola de cuidados com a pele, o International Dermal Institute, nunca foi um fracasso. "Meus cursos tinham listas de espera", Jane disse. "As pessoas vinham de São Francisco, vinham de Phoenix, vinham de Nevada. Elas estavam se conhecendo, se hospedando juntas, fazendo amizade." A ideia estava dando certo. O problema dela, como diria Tristan Walker, é que "*você* não tem como escalonar". Jane era uma pessoa só, e o Dermal Institute era um local só, de modo que o potencial de crescimento do negócio era inerentemente limitado.

Uma linha de cuidados com a pele, por outro lado, tinha um potencial praticamente ilimitado, porque, naquela época, "a indústria de salões não tinha nada" nos Estados Unidos, e tudo o que seus alunos usavam quando voltavam aos salões eram produtos europeus. Essa lacuna no mercado – produtos de cuidados com a pele fabricados nos Estados Unidos – foi "a grande oportunidade", de acordo com Jane, que desencadeou uma pivotagem imediata e transformou seu negócio praticamente da noite para o dia.

O que me impressiona em todas essas pivotagens é que elas também representaram uma evolução na mentalidade dos empreendedores que as realizaram. Para chegar a esse ponto, eles precisaram fazer o que fosse preciso, muitas vezes sozinhos, para transformar o sonho em realidade; precisaram nutrir a semente da ideia em sua mente, protegendo-a dos céticos ou dos concorrentes, na esperança de um dia ela se transformar em um verdadeiro negócio. E o que Stacy e Mark, Kevin e Mike e Jane enfrentaram em suas respectivas pivotagens foi o conhecimento de que o trabalho que fizeram para promover o crescimento de suas *ideias* era fundamentalmente *diferente* do trabalho que eles agora teriam que fazer para promover o crescimento de seus *negócios*.

Foi o que aconteceu com Stewart Butterfield em 2012, quando ele tomou a dificílima decisão de descontinuar um jogo multijogador massivo on-line chamado Glitch. Ele havia passado alguns anos desenvolvendo o game com a ajuda de capital de risco e uma equipe de engenheiros, designers e programadores – sendo que ele conseguira o investimento e a mão de obra com base em sua reputação como o bem-sucedido cofundador do serviço on-line de compartilhamento de fotos Flickr, que havia sido adquirido pelo Yahoo! em 2005. Isso, por si só, foi uma pivotagem da *primeira* tentativa de Stewart de desenvolver um game on-line em 2002 – um jogo multijogador massivo on-line interminável que ele chamou de... imagine só... Game Neverending (algo como "o jogo sem fim").

Como no caso de Emmett Shear, Stewart era apaixonado por games e, como a Justin.tv, o Game Neverending foi incrivelmente inovador nos primórdios da Web 2.0. Dez anos depois, as ambições de Stewart para o Glitch eram as mesmas. "Era totalmente diferente de tudo o que alguém já tinha visto antes", disse Stewart. "Era muito mais aberto e cooperativo. O visual era meio que uma mistura de Dr. Seuss com Monty Python mesclado com graphic novels modernos, e fizemos de tudo para encorajar a criatividade de cada jogador."

Todo esse encorajamento valeu a pena. Uma multidão de gamers dedicados – na casa dos milhares, de acordo com a estimativa de Stewart – se apaixonou pelo Glitch desde o começo, inclusive em suas primeiras iterações entre 2009 e 2010. "Recebemos muitos comentários bastante positivos e começamos a cobrar das pessoas", ele disse. "Os gamers pagavam em média 70 dólares por ano."

Eles também conseguiram fazer com que centenas de milhares de pessoas se cadastrassem para experimentar o game. Mas foi nesse ponto que os primeiros comentários positivos começaram a se tornar negativos, porque uma parte significativa do interesse no game não passava de um fascínio crescente por games on-line em geral. "Ao mesmo tempo e sem ter nada a ver conosco, todo mundo começou a jogar o FarmVille e o Zynga e todos esses games casuais", Stewart contou. A vantagem era que os games on-line "entraram no radar dos investidores. De repente, a indústria passou a valer bilhões e bilhões de dólares", o que significava que o empreendedor de games e criador do Flickr não teria dificuldade em garantir capital de risco. Ele levantou 17,5 milhões de dólares sem muitos problemas. A desvantagem era que, com o maior interesse em games on-line, os *tipos* de games que estavam obtendo um grande sucesso sustentado eram bem diferentes do Glitch.

"Era muito difícil fazer com que as pessoas passassem pelos primeiros minutos do game porque o jogo era muito diferente de tudo e causava muita estranheza", Stewart explicou. "A maioria das pessoas que começava a jogar achava tudo muito esquisito e dava as costas depois de três minutos." Seu sólido funil de vendas se transformou no que costuma ser chamado de "balde furado". E o balde furado não estava dando certo. É assim que o funil deveria funcionar: "Primeiro, as pessoas descobrem o que você faz, acessam o site, se cadastram e jogam um pouco. Em cada um desses estágios, algumas pessoas saem do processo – é por isso que chamam de funil –, mas algumas acabam pagando". No entanto, no caso do balde furado do Glitch, as pessoas estavam saindo do topo do funil antes de chegar perto de um estágio no qual poderiam pagar se quisessem. "Pouquíssimas pessoas chegavam até o fim", disse Stewart. "E vivíamos fazendo ajustes na esperança de resolver o problema – uma nova dinâmica de jogo, uma nova personalização. Mas, mesmo com todas essas coisas, não encontramos a fórmula mágica que levava os gamers a chegar ao fim do processo."

Em 2012, Stewart se deu conta de que o Glitch não daria certo. "Nunca se tornaria o tipo de negócio que justificaria 17,5 milhões de dólares em investimento de capital de risco", ele declarou. Então, uma noite, ele redigiu uma carta para seus cofundadores e para o conselho de administração da Glitch para informá-los de sua decisão. Na manhã seguinte, ele foi ao escritório e convocou uma reunião geral. "Antes de conseguir dizer a metade da primeira frase, eu já estava chorando", ele contou. "Eu tinha convencido quase todas as pessoas que estavam lá de que elas deveriam vir trabalhar nessa empresa, que deveriam aceitar nossas opções de ações, que deveriam acreditar no projeto, que deveriam acreditar em mim. Eu sentia que estava deixando todas essas pessoas na mão."

Ao contrário de Stacy Madison e Mark Andrus, que se adiantaram e agiram antes que seu destino fosse selado pelos Dunkin' Donuts e Starbucks do mundo; ou de Jane Wurwand, que viu uma lacuna no mercado por onde ela poderia entrar; ou até Kevin Systrom e Mike Krieger, que perceberam que o que tornava o Burbn interessante eram as fotos, não a funcionalidade de check-in, Stewart Butterfield não fazia ideia do que sobraria, se é que sobraria alguma coisa, depois de descontinuar o Glitch além de milhões de frames de animação específica para o game e centenas de horas de música original. O que ele poderia fazer com qualquer uma dessas coisas?

Levou cerca de uma semana para descobrir o que tinha sobrado.

"O que o Glitch tem de interessante", Stewart explicou, "é que, apesar de não ter atingido sucesso como um negócio, fomos extraordinariamente produtivos graças a um sistema de comunicação interna que tínhamos desenvolvido". O sistema não tinha um nome. Eles nunca pensaram nele como algo distinto da comunicação que era feita no sistema. "Nós nem pensávamos nele como uma coisa", disse Stewart. Era apenas um programa que eles desenvolveram para suas próprias necessidades, em torno do conceito de um canal, que era "uma inversão da típica comunicação entre escritórios", que dava a qualquer funcionário acesso a todo o histórico de conversas relacionadas ao fluxo de trabalho da empresa, independentemente de quando eles tivessem entrado na empresa. Algo que não era possível com sistemas de comunicação padrão baseados em e-mail, nos quais, quando você entra em uma empresa, basicamente começa com uma caixa de entrada zerada.

"Foi só quando decidimos descontinuar o game que percebemos que nunca mais conseguiríamos trabalhar sem um sistema como esse, e pensamos que talvez outras pessoas também poderiam gostar", Stewart observou.

Esse sistema, ou essa ideia, se tornaria o Slack, que hoje é um negócio multibilionário de software de colaboração baseado em nuvem. No entanto, na época, Stewart e sua equipe tiveram dificuldade de lançar esse conceito para potenciais clientes corporativos porque eles não entendiam como essa ideia era, em sua essência, uma pivotagem orgânica. Eles achavam que era apenas uma coisa secundária, atrelada a seu negócio original, mas não filosoficamente relacionada a ele. Dá para entender. Como fazer a ponte entre um game on-line complicado e um middleware corporativo?

A verdade era que eles não precisaram construir a ponte porque ela já estava lá na forma da verdadeira força motivadora por trás de tudo o que Stewart Butterfield havia feito desde 2002 em Vancouver, no Canadá, onde ele começou. "Havia dois jogos multijogador massivos on-line", disse Stewart sobre o Game Neverending e o Glitch, "e havia o compartilhamento de fotos multijogador massivo com o Flickr. O Slack era uma comunicação multijogador massiva no trabalho".

Essa foi a verdadeira semente das ideias que Stewart buscou concretizar: sistemas colaborativos multijogador massivos. Cada pivotagem que ele fez tinha essa semente em seu núcleo. E também foi o que manteve unida a equipe fundadora do Glitch e o que acabou atraindo de volta muitos dos funcionários que haviam sido demitidos do Glitch. "Eu adoro fazer software e adoro fazer isso com essas pessoas", disse Stewart. "E elas também adoram fazer software. E, quanto mais trabalhávamos, mais percebíamos que a coisa toda fazia muito sentido."

É preciso ter uma imensa maturidade emocional, não importa quantos anos você tenha, para reconhecer que o negócio que você lidera é maior e mais importante do que a ideia (a *sua* ideia!) com base na qual o negócio foi originalmente construído. É preciso ter muita humildade para aceitar que a ideia em si pode não ser o que você achou que fosse, ou que evoluiu aos poucos e, de repente, se distanciou do que você pretendia que ela se tornasse enquanto estava ocupado administrando o negócio que crescia com base nela.

E é preciso ter muita coragem para se afastar do conhecido e se aproximar do novo – especialmente nos casos em que sua boa ideia está começando a se revelar não ser tão boa assim e quando parece que você não tem mais para onde ir ou que não vai poder levar consigo qualquer coisa remotamente relacionada ao seu negócio.

PARTE III
O DESTINO

Em muitos aspectos, a parte mais assustadora do empreendedorismo é o sucesso. É chegar ao seu destino, ao seu objetivo. Porque é aí que o trabalho realmente começa. É quando você tem que decidir: e agora? O que fazer em seguida? Você continua avançando ou tenta repetir a façanha? Você fica no negócio? Constrói outra coisa? *O que* você constrói? De qual tamanho? Com o quê? E por quê? Já foi difícil chegar até aqui. A ansiedade que vem com a responsabilidade do sucesso continuado não está facilitando as coisas. Por que insistir em se submeter a tudo isso?

É difícil responder a essas perguntas. E costuma ser difícil acertar as respostas. Porque, no começo, você só quer sobreviver. Você não quer atingir a perfeição; tudo o que você quer é evitar as armadilhas. Você não está pensando no seu legado; só está focado em sobreviver mais um dia em sua jornada pelo desconhecido.

Com o tempo, porém, essas questões se tornarão fundamentais se você quiser construir um negócio que resista ao teste do tempo. Algo mais do que um mero receptáculo para a ideia que o impulsionou no início. Algo que reflita sua missão e seus valores, que honre todo o trabalho que você fez e as pessoas que o ajudaram a chegar até onde você chegou.

Descobrir suas respostas a essas perguntas também é o que lhe permitirá *sentir-se* um sucesso, não importa qual seja o seu próximo passo: ficar, construir e liderar, sair ou seguir em frente e tentar repetir o sucesso em outra área. Se você não fizer pelas suas próprias razões, se tiver perdido de vista o que o inspirou desde o início, a longa e árdua jornada empreendedora que acabou de realizar pode muito bem terminar em arrependimento. Como uma promessa não cumprida.

Você não vai ter como se sentir um sucesso. Pode até se sentir um total fracassado se chegar ao lugar certo pelos motivos errados, não importa quanto dinheiro tiver acumulado no processo. Isso porque o caminho para o verdadeiro sucesso empreendedor não é apenas sobre o lucro, mas também envolve encontrar e cumprir um propósito maior e mais profundo. Esse foi o destino o tempo todo. É só quando você aprende isso e reconhece quando alcançou seu destino que as recompensas realmente começam a surgir.

19

NEM TUDO É SOBRE DINHEIRO

Em meados de março de 2008, o quinto maior banco de investimentos dos Estados Unidos, o Bear Stearns, acabou por entrar em colapso sob o peso de suas apostas gigantescas em títulos lastreados em hipotecas. Seis meses depois, o *quarto* maior banco de investimentos do país, o Lehman Brothers, entrou com um pedido de falência por motivos semelhantes. O que se seguiu foi um efeito dominó que levou mercados à recessão e o mundo a uma crise financeira.

Não podemos apontar para a imprudência ingênua ou para o entusiasmo delirante para justificar esses colapsos da mesma forma como faríamos se nos referíssemos a fracassos mais recentes, como o da rede de laboratórios Theranos ou da startup de e-commerce Fab. O Bear Stearns não era um gigante jovem e entusiástico como os unicórnios modernos da tecnologia que operam com mantras como "Mova-se rápido e quebre coisas!". O Bear Stearns foi fundado em 1923. O Lehman Brothers já existia, de uma forma ou de outra, havia mais de 150 anos. Em muitos aspectos, seria possível dizer que eles ajudaram a financiar a transformação da América na nação mais forte e rica que o mundo já conheceu, que havia um verdadeiro propósito por trás dos serviços que ofereciam. No entanto, durante a bolha imobiliária do início dos anos 2000, os dois bancos esforçaram-se para, em vão, resistir à tentação dos títulos lastreados em hipotecas no mercado secundário – um mercado tão sufocado pela ganância que os comentaristas, após a crise das hipotecas subprime, passaram a chamá-lo de cassino, porque não encontraram outro propósito para ele. Os participantes do mercado agiam mais como apostadores do que como investidores ou gestores de investimentos – assumindo riscos cada vez maiores em busca de mais comissões, sem se importar com as consequências dessas apostas, que, no caso, significava fazer com que os credores aumentassem o número de hipotecas concedidas a tomadores cada vez menos confiáveis só para que eles tivessem mais fichas para apostar.

Juntos, o Bear Stearns e o Lehman Brothers sobreviveram à Guerra Civil Americana, à Grande Depressão, às duas Guerras Mundiais e a dezenas de pânicos financeiros. Ajudaram centenas de empresas e produziram uma infinidade de milionários. Mas nenhuma dessas veneráveis empresas, no fim, conseguiu sobreviver à própria ganância.

Os Beatles nos disseram que dinheiro não compra amor. Rousseau nos ensinou que dinheiro não compra felicidade. A Bíblia nos adverte que o amor ao dinheiro é a raiz de todos os males. E as vítimas da crise das hipotecas subprime nos mostraram que o dinheiro não pode ser a principal força motivadora das empresas.

Uma empresa bem-sucedida e resiliente e que atua para beneficiar o mundo muito tempo depois que você se foi tem um propósito maior – *uma missão* – em seu centro. Uma missão que você, o fundador, é responsável por identificar e articular desde o início, proteger em tempos de vacas gordas e alavancar em tempos de vacas magras.

Os fundadores que abordam seus negócios com foco na "missão em primeiro lugar" tendem a ser mais bem equipados para resistir ao apelo do crescimento desenfreado e frenético que já prejudicou e até destruiu tantas empresas com potencial inicial. Mas ter uma missão claramente definida é ainda mais importante quando o dinheiro é escasso ou o crescimento é anêmico – especialmente para empresas mais jovens – porque lhes dá uma razão para continuar lutando. Por outro lado, se essas empresas operarem com foco no "dinheiro em primeiro lugar", a escassez de dinheiro as levará a abandonar o que estão fazendo e pivotar precocemente, fazendo-as abandonar sua ideia original ao primeiro sinal de problemas ou simplesmente desistir.

Jenn Hyman não tolerou o machismo, o chauvinismo e o assédio que sofreu dos capitalistas de risco porque ela pretendia enriquecer com a Rent the Runway. Ela é formada e tem pós-graduação em administração pela Harvard. Quando se tornou uma analista júnior de 22 anos na Starwood Hotels and Resorts logo depois de se formar, ela teve a ideia de criar um cadastro para lua de mel que a empresa não apenas usa até hoje como também expandiu. Ela foi diretora de desenvolvimento de negócios da agência de gestão de talentos IMG. É brilhante em tudo o que faz. Se ela só quisesse ser milionária, teria centenas de formas mais fáceis de chegar lá do que passar por um campo minado de homens ricos de 40 a 50 anos que não sabiam nada sobre a moda feminina, sobre a relação das mulheres com seus guarda-roupas nem sobre mulheres em geral. Jenn poderia facilmente ter desistido quando deu de cara com aquele sólido muro de condescendência. Ela poderia ter simplesmente concordado com as opiniões de todos os capitalistas de risco se achasse que, com isso, conseguiria o dinheiro que estava tentando levantar.

No entanto, Jenn Hyman não se reuniu com aqueles homens para levantar fundos. Ela estava lá com outro propósito. "As roupas o fazem se sentir de uma determinada maneira em relação a si mesmo", disse ela ao explicar o que motiva sua ideia. "Você veste uma roupa incrível de manhã e a roupa o faz se sentir poderoso, bonito, sexy ou descontraído ou como quiser se sentir naquele dia, e o seu dia inteiro pode mudar." Ela conhecia esse efeito transformador por experiência própria e o viu se refletir em mulheres em uma série de lojas pop-up que ela e sua cofundadora, Jennifer Fleiss, montaram para testar suas ideias e ver como o modelo para a Rent the Runway funcionaria.

"Eu vi o efeito emocional de uma roupa elevando a autoconfiança dessas mulheres e mudando seu comportamento, sua linguagem corporal e a forma como elas se sentiam consigo mesmas", disse Jenn. "Na loja pop-up, vi mulheres se despindo, experimentando vestidos maravilhosos e se sentindo lindas. Elas passavam a caminhar com um novo senso de confiança, então, eu pensei que poderia criar um negócio que não fosse apenas para oferecer às mulheres uma opção racional ou inteligente, mas que também oferecesse algo emocional, ajudando-as a se sentir bonitas todo dia."

Essa é a *missão* da Rent the Runway. Saber que o que ela e Jennifer queriam construir – uma empresa que ajudava mulheres como elas a se sentir fortes, empoderadas e bonitas – lhes deu o ímpeto e a disposição de lutar contra as afrontas de todas aquelas reuniões com investidores e convidar alguns desses capitalistas de risco a visitar as lojas pop-up para que eles pudessem ver com os próprios olhos o que elas já sabiam. Os que aceitaram o convite e entenderam a proposição, é claro. Jenn convenceu os capitalistas de risco não apenas do modelo de negócio, mas também da missão do negócio.

Mais do que apenas atiçar as chamas de um espírito combativo quando as coisas não estão dando certo, a missão dá ao seu negócio e a você um senso de direção. Ajuda a identificar oportunidades. Ajuda a categorizar e priorizar as opções em qualquer situação, desde as que promovem os interesses da empresa até as que subvertem ou bloqueiam esses interesses. Essa deve ser a coisa mais importante que uma missão pode fazer para uma jovem empresa, porque, em meio ao turbilhão de atividades – como desenvolvimento de produto, financiamento, contratação ou marketing –, é muito fácil perder o senso de direção tanto no âmbito individual, como um fundador, quanto no âmbito coletivo, como uma empresa. Uma vez que você perde seu senso de direção, as chances de manter qualquer senso de missão caem drasticamente. Afinal, se você não sabe para onde está indo, fica difícil saber por que está indo para lá.

Em 2019, fui convidado para dar uma palestra ao pessoal da Drinkworks, uma joint venture da Keurig Dr Pepper com a Anheuser-Busch, sediada na região de Boston. Eles fabricam uma máquina que é, em termos funcionais, basicamente uma cafeteira de cápsula, só que para coquetéis. Se você quiser um mojito, por exemplo, a máquina informa qual tamanho de copo usar e quanto gelo colocar no copo. Basta você inserir a cápsula, encher o reservatório com água, pressionar o botão, e a máquina faz um mojito perfeito na temperatura perfeita. É uma invenção muito engenhosa.

Quando conheci a equipe, eles estavam começando a navegar pela prova de fogo do crescimento. Tinham registrado todas as patentes, tinham uma linha completa de produtos e geraram muito buzz. Seu vídeo de demonstração viralizou, eles obtiveram um bilhão de impressões de mídia orgânica, apareceram no *The Today Show* e Jimmy Fallon falou sobre eles no *The Tonight Show*. Mas eles não estavam conseguindo alcançar uma boa tração no mercado americano porque os destilados pertencem a uma indústria altamente regulamentada com regras que mudam de um estado para outro, e, na época, um consumidor só podia comprar a máquina se morasse na Flórida ou no Missouri. Todo mundo tinha ouvido falar dessa invenção, mas ninguém podia comprar uma máquina, nem as pessoas do estado em que a empresa estava sediada. Não é a melhor situação para uma nova empresa. Pode começar a bater o desespero, com a burocracia regulamentar restringindo seu potencial.

Então, no fim da minha palestra para os Drinkworkers, eu disse: "Eu gostaria de fazer uma pergunta a todos vocês: qual é sua missão? Quando vocês chegam para trabalhar de manhã, o que estão tentando fazer?".

A primeira pessoa a responder disse que sua missão era trabalhar em equipe e fazer um produto com a melhor qualidade possível.

A próxima pessoa disse que eles eram orientados para a missão e que estavam todos lá para fazer a melhor máquina de coquetéis do mundo, que agregasse valor ao consumidor.

Nenhuma das respostas empolgou nem a mim, nem aos colegas. Ninguém mais disse nada. Ninguém pegou o gancho das respostas que foram dadas. A energia da sala meio que se esvaiu.

Então, eu disse: "Certo. E o que vocês acham disto? Nossa missão é criar um produto que facilite encontros sociais. Um produto que ajude a dar uma festa, criar uma comunidade na sua cozinha, na sala da sua casa. Não importa se você for casado e morar em uma grande casa no subúrbio ou se for solteiro e não tiver espaço para manter um bar em seu apartamento. A Drinkworks é para a sua casa o que o cafezinho é para o seu escritório – o ponto de encontro ao redor do qual conversas fluem, conexões são feitas e uma comunidade é construída. Ah, e também faz coquetéis perfeitos!".

Você pode achar que tudo isso não passa de uma balela de branding. E admito que teve um quê de improviso nessa fala. Mas grande parte do que foi dito se baseia em coisas nas quais eu havia pensado dias antes, enquanto me preparava para falar com a equipe. Claro que eles fazem uma máquina de coquetéis. Ninguém está questionando isso. Mas *o porquê* de eles fazerem a máquina é diferente *do que* eles fazem. Da mesma forma como alugar roupas de grife é *o que* Jenn Hyman faz na Rent the Runway; ela faz isso *porque* deseja que suas clientes se sintam poderosas e bonitas.

Então, o que a Drinkworks realmente faz? E por quê? Essas foram as perguntas às quais tentei responder e que estavam no centro da pergunta que fiz a eles sobre sua missão. Minha ideia era ajudá-los a chegar a uma resposta que lhes oferecesse um senso de direção constante enquanto navegavam pelas burocracias bizantinas de cada governo estadual que se interpunham entre seu produto e a penetração total no mercado.

Andy Puddicombe, um ex-monge budista do sudoeste da Inglaterra, enfrentou o problema oposto da Drinkworks. Enquanto a Drinkworks já havia criado seu produto, mas não estava conseguindo avançar com ele, a missão de Andy – desmistificar a meditação e torná-la acessível ao maior número de pessoas possível – nunca mudou. Desde o momento em que abandonou o monastério e voltou à vida secular em 2004, após uma temporada improvável e inesperada ensinando meditação em Moscou, ele sabia exatamente para onde estava indo. Ele simplesmente não sabia que levaria oito anos e inúmeras reviravoltas para chegar lá, com a criação do popular aplicativo de meditação Headspace.

A missão por trás do Headspace ganhou forma nos anos que Andy passou em Moscou, enquanto aguardava uma vaga para um retiro de meditação de quatro anos em um mosteiro na Escócia. "Eu queria me comprometer em longo prazo para entender melhor a minha mente", disse Andy, mas, enquanto isso, ele viveu uma experiência totalmente diferente, aprendendo o que significava ensinar meditação.

No começo, a abordagem de Andy era bem tradicional. "Eu ensinava de uma forma bastante ortodoxa", ele disse. "No entanto, quanto mais eu conhecia as pessoas que vinham para as sessões no centro, mais conversas informais tínhamos sobre o que estava acontecendo na vida delas." Durante essas conversas, Andy se afastava das metodologias tradicionais, das quais ele originalmente era um defensor ferrenho, para ajudar as pessoas a entender os ensinamentos. Ele explicava a seus alunos como via essas lições e como tentava aplicá-las em sua própria vida. "A tradição costuma dar muita ênfase à proteção dos ensinamentos e não à projeção de suas próprias coisas neles", explicou Andy, "mas descobri que as pessoas se identificam muito mais com uma abordagem mais informal do que com os métodos tradicionais".

Foi a constatação dessa lacuna na eficácia entre suas explicações casuais para leigos e as tradições autênticas que Andy representava como um monge que o inspirou a sair da vida monástica depois de uma década de treinamento – e abandonar a vida de monge e voltar para casa, no Reino Unido. "Eu estava encontrando uma maneira de falar sobre a meditação que eu nunca havia experimentado, mas com a qual as pessoas pareciam se identificar muito", disse Andy, "e foi isso que me deu a ideia de desmistificar a meditação e tentar torná-la mais acessível".

O primeiro passo na jornada ao voltar ao Reino Unido foi descobrir o *como* e o *porquê* de toda a sua experiência e encontrar um lugar onde ele pudesse ensinar os clientes individualmente, da mesma forma como fazia com aqueles primeiros alunos no centro de meditação em

Moscou. "Sempre que tinha um tempo sobrando, eu escrevia conteúdo e tentava definir o que eu queria fazer", ele disse.

Não foi fácil. Andy ainda tinha uma grande afinidade e uma profunda conexão com a tradição à qual dedicara a primeira década de sua vida adulta. Ele não desconsideraria tudo só porque não era mais um monge. No entanto, precisaria fazer ajustes até nas coisas que ele sabia que funcionariam, como o uso do storytelling e de metáforas pelos tibetanos. A questão era: como? A resposta, é claro, estava na missão: fazer o necessário para desmistificar os ensinamentos e torná-los mais acessíveis.

O objetivo, ele disse, "era dar às pessoas apenas o suficiente para se inspirarem ou se entusiasmarem com a meditação, porque muitas pessoas ouviram falar ou leram a respeito, mas é só com a vivência da meditação que você pode ajudá-las a dar esse salto a fim de realmente obter os benefícios". Então, ele começou a usar muito mais o storytelling em sua prática. Ele pegou várias metáforas e analogias da tradição tibetana e as alterou apenas o suficiente para torná-las "mais acessíveis".

Ele fez esses ajustes em seu primeiro espaço de ensino, um consultório em um centro de saúde integrativo de Londres administrado por um médico que tinha ouvido maravilhas sobre o "mindfulness" – ou "atenção plena", o termo genérico ocidental para as técnicas orientais de meditação – e "estava muito interessado em saber como isso poderia complementar algumas outras terapias oferecidas na clínica", disse Andy. Começar em uma clínica no distrito financeiro de Londres foi uma decisão muito deliberada por parte de Andy. Para conseguir desmistificar a meditação, não apenas os ensinamentos deveriam ser acessíveis aos alunos como também o local onde eles os aprenderiam. "Escolhi aquela clínica porque não queria ensinar nos espaços em que as pessoas esperam encontrar a meditação", ele explicou. "Eu não queria que fosse em uma clínica de saúde alternativa ou algo assim. Eu queria entrar no mainstream."

Em pouco tempo, Andy estava atendendo entre seis e dez pessoas por dia, todas com problemas comuns. "Elas sofriam de depressão, ansiedade, insônia, estresse, enxaqueca – muitas das coisas com as quais todos nós sofremos por causa da sobrecarga do nosso dia a dia", ele disse. Ele fazia com cada pessoa sessões de uma hora por semana, desenvolvendo aos poucos um curso modular de dez semanas do qual todos poderiam se beneficiar. E, quando digo "todos", quero dizer *todos*, porque "tudo o que você ouve hoje no aplicativo Headspace se baseia no conteúdo e no vocabulário que foram desenvolvidos naquela época", explicou Andy. "Foi um aprendizado importantíssimo para mim em termos de descobrir o que funcionava e o que não funcionava e qual linguagem passava ou não a mensagem."

Entretanto, antes de chegar ao aplicativo Headspace – que, em meados de 2018, já tinha mais de 30 milhões de usuários e um milhão de assinantes pagantes –, Andy teve que descobrir como ir além das sessões individuais na clínica.[83] Não para ganhar mais dinheiro, apesar de não haver nada de errado nisso, mas para alcançar mais pessoas com mais rapidez. "Eu queria divulgar a meditação. Eu queria que mais pessoas meditassem. Mas eu simplesmente não sabia como fazer isso fora da clínica", disse ele.

Andy dava alguns workshops aqui e ali nos fins de semana, mas era o máximo que ele estava conseguindo fazer quando, no início de 2009, foi apresentado por um amigo em comum a seu eventual cofundador do Headspace, um jovem ex-executivo de publicidade chamado Rich Pierson, que estava farto do mundo de agências de publicidade, onde as pessoas estavam acostumadas a beber até cair, e estava aprendendo acupuntura para combater sua ansiedade crescente na mesma clínica em que Andy trabalhava. Rich precisava de mais ajuda com sua ansiedade para fazer a transição da publicidade para a sobriedade e para uma vida com mais propósito. Andy precisava de ajuda para criar uma marca e se estender além de sua atuação na clínica para concretizar sua missão.

"Vi que estava funcionando para as pessoas, inclusive para pessoas que jamais teriam cogitado a meditação antes e que agora estavam se beneficiando da prática", disse Andy. "Mas as sessões ainda eram individuais na clínica. E eu simplesmente não sabia o que fazer: tentar treinar outras pessoas para ensinar meditação? Tentar levar a prática para locais de trabalho? Eu não fazia ideia! Não tinha experiência alguma em negócios. E achei que Rich poderia ajudar a estender essa ideia para além da clínica."

Rich concordou em ajudar. Andy concordou em dar seu curso de meditação a Rich. Foi uma parceria ideal. E, em 2010, depois de vários meses trocando ideias, eles fundaram o Headspace. Não como um aplicativo, veja bem, mas como uma empresa de eventos ao vivo que oferecia workshops de meditação em todo o Reino Unido.

Como você pode imaginar, eles estavam longe de lotar estádios. A menos que você seja a Oprah Winfrey ou o Dave Ramsey, não é fácil fazer nem escalonar workshops ao vivo. Afinal, há apenas um Andy Puddicombe no mundo. E o número de workshops que ele tinha como dar em um dia era limitado – não que eles não tivessem tentado ultrapassar os limites desse número. Mas o mais importante era que eles estavam no caminho certo. Estavam executando a missão de Andy. Estavam colocando cada vez mais pessoas, em concentrações cada vez maiores, para fazer os cursos de meditação que ele havia desenvolvido nos anos anteriores. Até que finalmente, em 2012, fez sentido para eles transformar suas dez semanas de conteúdo testado e comprovado em um programa de meditação de 365 dias no espaço digital para ser acessado por literalmente bilhões de pessoas, tudo de uma vez, pelo celular.

Com base em sua experiência com aulas individuais e workshops ao vivo e na direção que pretendiam tomar com a meditação, Andy Puddicombe e Rich Pierson sabiam que um aplicativo era a única maneira de chegar lá. A essência do propósito mais profundo que os guiava havia excluído outras opções, talvez mais atraentes.

Esse é o poder que uma missão pode ter para um fundador e sua empresa. A missão orientou um ex-monge – um homem que abriu mão de todas as suas posses mundanas e renunciou ao dinheiro durante a maior parte de sua vida adulta – até o auge da realização empreendedora moderna ao longo do único caminho percorrível que o protegeria do apelo de um salário fixo, o isolaria da hostilidade de investidores céticos e lhe permitiria não apenas manter seus princípios como fazer deles uma parte essencial de sua escalada.

20

CONSTRUA UMA CULTURA, NÃO UM CULTO

Há um documento famoso circulando na internet desde 2009, conhecido no Vale do Silício como a "apresentação da cultura". São aproximadamente 130 slides de PowerPoint compilados no decorrer de dez anos pelo empreendedor Reed Hastings, enquanto ele e sua equipe construíam uma pequena empresa chamada Netflix. O documento começou como uma ferramenta de treinamento interno. Hastings e seus gerentes faziam a apresentação aos novos contratados durante o processo de integração logo depois que a Netflix abriu o capital e começou a gerar lucro, e seus líderes estavam começando a focar de maneira mais deliberada "no que queríamos ser, em como queríamos operar", Hastings explicou.[84]

A reação à apresentação naqueles primeiros anos variava muito. Alguns novos funcionários adoravam; outros saíam da apresentação morrendo de medo. Mas Hastings sabia que a apresentação poderia ser mais do que um novo recurso de treinamento e que também poderia ser usada como ferramenta de recrutamento e seleção. "Decidimos que deveríamos fazer a apresentação a todos os candidatos", disse Hastings a outro Reid famoso do Vale do Silício (Hoffman) em seu podcast, *Masters of Scale*, em 2017.[85] Dois anos antes, em 2015, Hastings disse: "Queríamos garantir que todos os candidatos realmente entendessem".[86] Eles fizeram isso postando a apresentação no SlideShare em 2009, e foi assim que ela começou a repercutir na internet, com profundas consequências.

Ao definir exatamente quem eles eram, as coisas em que acreditavam e como operariam e, em seguida, anotar tudo isso em uma apresentação e divulgar para o mundo, a Netflix não apenas se livrou de candidatos inadequados antes mesmo de eles se candidatarem como também conseguiu fazer com "que muitas pessoas se candidatassem – pessoas que, de outra forma, jamais teriam cogitado trabalhar na Netflix".[87] Em um ambiente de contratação predatório como o Vale do Silício no fim dos anos 2000 e início dos anos 2010, a seleção pela cultura tornou-se uma vantagem competitiva. Essa estratégia ajudou a Netflix a se transformar em uma empresa de mídia de 150 bilhões de dólares que oferece alguns dos salários mais altos aos funcionários e conta com algumas das taxas de rotatividade mais baixas do Vale e, em menos de vinte anos, revolucionou as indústrias do cinema e da televisão de maneiras nunca vistas desde o advento do entretenimento em telas.[88]

Essa abordagem da "cultura em primeiro lugar" não veio naturalmente para Reed Hastings. Em sua primeira empresa, a Pure Software, seu estilo era bem diferente – em outras palavras, "eu em primeiro lugar". Não que ele fosse egoísta; pelo contrário. Ele fazia ou pelo menos *tentava* fazer tudo sozinho. "Eu achava que, se pudesse fazer mais contatos de vendas, viajar mais, escrever mais código, dar mais entrevistas, de alguma forma, tudo seria melhor", ele explicou.[89] Na cabeça dele, se houvesse um problema a ser resolvido ou um bug no código a ser corrigido, como fundador e CEO da empresa que ele havia criado, não havia ninguém melhor do que ele para fazer o que precisava ser feito. Com o tempo, ficou impossível fazer todo o malabarismo necessário e manter todas aquelas bolas no ar. "Eu passava a noite inteira programando, tentando administrar durante o dia, e, quando sobrava um tempo, aproveitava para tomar um chuveirada rápida", ele contou.[90]

Essa abordagem não estava dando certo. Hastings precisou encontrar uma forma melhor de fazer as coisas.

Foi quando ele cometeu o erro do qual a apresentação da cultura acabaria nascendo. Sempre que eles tinham um problema na Pure Software, em vez de tentar resolver sozinho, ele tentava implementar um processo que evitasse a repetição do problema. Em uma entrevista com Chris Anderson na TED Conference em 2018,* ele caracterizou essa abordagem como "uma orientação muito baseada no rendimento da produção de semicondutores",[91] que era o mais perto que ele pôde chegar da "cultura em primeiro lugar" sem realmente tentar. O problema, Hastings disse a Anderson, "era que estávamos tentando criar um sistema à prova de idiotas, até que chegou um momento em que só idiotas queriam trabalhar lá. Aí, como era de se esperar, o mercado mudou e a empresa não conseguiu se adaptar".

A Pure Software acabou sendo adquirida por seu maior concorrente, e Reed Hastings usou os lucros da venda para cofundar a Netflix, onde se certificou de não repetir seus erros de centralizar tudo no fundador e de ser obcecado por processos. Ele teve sorte. No entanto, muitos fundadores não tiveram tanta sorte. Qualquer fundador de sucesso lhe diria que o impulso de fazer tudo sozinho, de acreditar que só você sabe o que é melhor e criar processos que reflitam essa crença, é endêmico ao empreendedorismo e tem o potencial de ser incrivelmente destrutivo. Quando os processos não funcionam e suas conclusões se mostram repetidamente erradas, você presume que, se assumir mais algumas responsabilidades e trabalhar um pouco mais, tudo ficará bem. Mas você vai acabar física e mentalmente exaurido se insistir nessa abordagem. Além disso, como Reid Hoffman explicou no podcast de Hastings, "trabalhar mais nunca é a resposta. Para ter sucesso à medida que escalona o negócio, você precisa alavancar cada pessoa da organização. E, para fazer isso, você precisa criar a cultura de forma muito deliberada".[92] Pode parecer só

---

* Tive o privilégio de comparecer a essa entrevista. Foi uma conversa fascinante.

uma questão de bom senso – porque é! –, mas me surpreendi ao ver que muitos empreendedores cometem o erro de tentar fazer tudo sozinhos quando a empresa começa a crescer. O que acaba acontecendo é que tudo no negócio começa a ser sobre o fundador, e não sobre o negócio.

Essa é uma das armadilhas mais difíceis de evitar, quanto mais de detectar, até para o empreendedor mais bem-intencionado. No início, durante um bom tempo, pode parecer que é só você e a sua ideia. A semente é plantada em sua mente; você a rega com inspiração até uma ideia germinar; você a alimenta com pesquisas até ela brotar do solo e ver a luz do dia na forma de um produto, que é quando ela encontra pela primeira vez o calor da atenção de um público; e, se você tiver sorte, ela começa a se transformar em um negócio.

Chegar a esse ponto é um processo exaustivo. Toma todo o seu tempo, sua energia e seu foco. Você só pensa nisso e, depois de um tempo, a fronteira entre você e sua ideia pode começar a ficar nebulosa. Fica difícil saber onde você termina e a empresa começa. Fica *impossível*, especialmente em momentos de dificuldades e vacas magras, admitir que qualquer pessoa pode ter a mesma capacidade que você de conhecer o negócio ou seus problemas. Então, quando alguém de sua equipe o acusa de achar que tudo é sobre você, você quase não consegue processar a informação. Tudo o que você faz é para a empresa. Você deu tudo o que tem para a empresa. Se pudesse dar mais, você daria sem pensar duas vezes. Mas, quando você e a empresa são indistinguíveis, quando você permite que sua identidade se funda com a da empresa, como *não* dar a impressão, pelo menos para quem vê de fora, de que seu foco na empresa também é um foco em si mesmo?

Acontece que existe um nome para os fundadores que caem nessa armadilha. Eles são chamados de "CEOs monarcas", de acordo com o professor Jeffrey Sonnenfeld, que estuda CEOs na Escola de Administração da Universidade Yale.[93] "A empresa é definida ao redor deles, e a vida deles é definida ao redor da empresa", ele explicou ao *Washington Post*. O exemplo mais famoso disso nos últimos anos foi o de

Dov Charney, o controverso fundador da extinta varejista de roupas American Apparel.

A American Apparel foi uma potência no setor de vestuário e na cultura na primeira década do século XXI. Seus anúncios eram ousados e sexualmente provocativos. Suas lojas ficavam nas melhores ruas de todas as cidades certas. Eles fabricavam as roupas em uma grande e antiga fábrica no centro de Los Angeles. Suas roupas passaram a década inteira por toda parte. Eu ainda tenho algumas camisetas e alguns moletons da American Apparel, os quais eu uso com frequência.

A ascensão da American Apparel de uma fabricante e atacadista de roupas para uma marca de varejo internacional foi tão rápida quanto sua queda. Eles se mudaram para sua famosa fábrica no centro de Los Angeles em 2000. Em 2005, eram uma das empresas de mais rápido crescimento dos Estados Unidos. Em 2011, a empresa já tinha mais de 250 lojas, com uma receita muito superior a 500 milhões de dólares. Então, em 2014, em meio a um emaranhado de processos de assédio sexual e decisões financeiras questionáveis, Dov foi expulso do conselho da empresa que fundou. Em 2015, a American Apparel declarou falência. Em 2017, a empresa que Dov Charney conhecia havia desaparecido: todos os laços com o fundador foram cortados; sua propriedade intelectual foi vendida em leilão para um concorrente, a Gildan Activewear, por menos de 100 milhões de dólares; suas lojas de varejo foram fechadas.

É uma triste lição sobre o que não fazer. Dov Charney era a American Apparel. A American Apparel era Dov Charney. Esse era o problema. Todo mundo sabia. O *New York Times* declarou: "Charney não tinha outros interesses fora de sua empresa. Ele se via como indispensável".[94] O *Financial Times* disse: "É quase como se o senhor Charney acreditasse que o comportamento escandaloso do qual ele tantas vezes foi acusado está inextricavelmente ligado à imagem de sua marca de moda frequentemente enaltecida, porém profundamente não convencional". Charney não negaria isso. Ele disse ao jornalista do *Financial Times*: "Sou uma parte profunda da marca!".[95]

A profundidade da sincronia das duas coisas foi onde os problemas da American Apparel começaram. Em diversos momentos da história da empresa, Charney foi o CEO, o designer, o principal fotógrafo, o modelo masculino, uma peça central de sua publicidade e seu tendão de Aquiles. Não apenas legalmente. Como costuma acontecer quando um fundador se perde dentro de sua empresa, ele se tornou um maníaco por controle. Ele queria que os gerentes de loja ligassem diretamente para ele. Ficou famoso por se mudar para um armazém que estava com alguns problemas e mandou instalar um chuveiro para poder passar 24 horas por dia supervisionando o trabalho.[96] Certa vez, quando houve um engarrafamento no estacionamento da sede da American Apparel em Los Angeles, Charney saiu do prédio e atuou como um guarda de trânsito improvisado até o tráfego voltar a fluir.

Esses gestos até poderiam ser exemplos humildes e românticos de um líder disposto a fazer o que fosse preciso se na verdade não fossem o reflexo de um fundador que se transformou em um implacável microgerente à medida que a empresa crescia. "Muitos fundadores têm dificuldade de fazer essa transição", disse o professor Sydney Finkelstein, da Escola de Administração Tuck da Dartmouth, depois que Charney foi afastado do conselho. "Quando a sua empresa não é tão grande, o microgerenciamento não é necessariamente uma coisa terrível. Mas, quando você cruza a fronteira e precisa crescer, você precisa se cercar de talentos de gestão."[97]

A American Apparel não tinha talentos de gestão. Ou, quando teve, eles não duraram muito. Finkelstein chamou a empresa de "porta giratória". Executivos da empresa descreveram Charney ao *New York Times* como um "controlador implacável".[98] No mesmo artigo, analistas do setor comentaram que a American Apparel havia "desenvolvido uma reputação como um lugar em que pessoas talentosas não queriam trabalhar", a ponto de a consequente fuga de cérebros criar um vácuo de poder na alta administração.

A alta administração – ou, no início do estágio de crescimento, a equipe fundadora – é fundamental para o sucesso de longo prazo de uma empresa, porque é ela que orienta o crescimento e a disseminação das raízes da cultura da empresa. Foi uma lição que Reed Hastings começou a aprender na Netflix na mesma época em que Dov Charney estava se ensimesmando e indo para a direção oposta. Apesar de a cultura, sem dúvida, ser um reflexo do fundador no início, Hastings admitiria ao capitalista de risco John Doerr, em uma entrevista em um workshop de CEOs da Kleiner Perkins Caufield & Byers em 2015: "Se as raízes culturais são fortes, uma nova liderança é desenvolvida com base nesse modelo e, em geral, consegue manter a cultura viva".[99] Mas, se as raízes forem instáveis e a liderança mudar constantemente, a cultura também refletirá essa instabilidade. Ao repetidamente demitir ou afugentar líderes talentosos, Charney conseguiu arrancar pela raiz qualquer cultura existente na American Apparel, e, ao preencher o vácuo consigo mesmo, a cultura da American Apparel tornou-se o Culto de Dov. Quando Dov implodiu, a American Apparel seguiu o mesmo destino.

Isso tudo me traz de volta ao ponto de Reid Hoffman sobre como escalonar a empresa. Como fundador, você deve ser muito consciente e deliberado ao criar a cultura da empresa. Uma boa cultura começa e termina com valores compartilhados.

Foi o que Brian Scudamore, fundador da 1-800-GOT-JUNK?, descobriu quando seu negócio de remoção de lixo, depois de cerca de cinco anos de operação, estava gerando cerca de 500 mil dólares em receita anual (e crescendo), com cinco caminhões e onze funcionários. Aparentemente, não há nada de errado com sua epifania. "Percebi que eu não estava mais curtindo o trabalho", ele disse, a ponto de "evitar ficar muito tempo com meus funcionários". Existem coisas piores no mundo do que um CEO que não quer fazer um happy hour com a equipe, mas não era só isso. "O problema era que eu tinha contratado as pessoas erradas", ele explicou. "Percebi que uma maçã podre consegue estragar a cesta inteira, e nove dos meus onze funcionários eram maçãs podres." Ele não estava dizendo que seus funcionários eram *pessoas* ruins, mas apenas que eram ruins para a empresa e a cultura que ele estava tentando construir. "Eles não tinham a mesma visão das coisas que eu", disse Brian. "Eles recolhiam o lixo, o levavam para o depósito de lixo, mas não viam como uma missão dar um alívio ao cliente por se livrar do lixo e voltar a ter mais espaço."

Essa era a visão de Brian para a empresa e os valores que ele estava tentando incorporar em sua cultura. A ideia era cuidar dos clientes. Eles estavam aliviando os clientes, livrando-os de antigas bagagens que pesavam em sua vida e atravancavam suas casas, às vezes durante anos. Eles estavam dando mais qualidade de vida aos clientes ao livrá-los de objetos inúteis. Havia um componente emocional e psicológico no que eles faziam no 1-800-GOT-JUNK?

Mas os primeiros funcionários de Brian não viam isso. Como eles achavam que tudo o que faziam era se livrar de lixo, eles se sentiam como lixeiros e agiam como tal. Como eles não estavam alinhados com a visão de Brian, ele os demitiu. *Todos eles.* De uma vez só. E assumiu total responsabilidade por isso. "Como líder deles, eu disse: 'Eu deixei vocês na mão, e sinto muito, mas isso não vai dar certo!'." A ironia, é claro, era que, pelo menos por um tempo, Brian passou a ter que fazer todo o trabalho sozinho. "Deixei de operar com cinco caminhões e passei a operar apenas com um", disse ele. "Eu era o call center. Eu atendia as ligações, fazia a programação, transportava o lixo. Eu fazia tudo." Ele precisou recuar ao estágio do canivete suíço do empreendedorismo para avançar na direção certa e lançar as raízes de uma cultura que, 25 anos depois, é responsável por 250 milhões de dólares em receita anual com centenas de franquias em todas as principais regiões metropolitanas do Canadá, da Austrália e dos Estados Unidos. "Quando você constrói uma empresa, o que importa são as pessoas", disse Brian. "Encontre as pessoas certas e trate-as bem."

Como fazer isso? Comece procurando pessoas que tenham os mesmos valores que você. Foi assim que Alice Waters construiu o Chez Panisse, talvez o restaurante mais importante da gastronomia americana moderna. Inaugurado em Berkeley, na Califórnia, em 1971, em uma antiga e aconchegante casinha que costumava ser a oficina de um encanador ao sul do campus da Universidade da Califórnia, em Berkeley, o Chez Panisse tornou-se o berço da gastronomia californiana. Foi o início do que hoje chamamos de culinária *farm to table* (da fazenda à mesa). O foco de Alice mais nos ingredientes do que na técnica mudou a maneira como tanto os cozinheiros quanto a clientela do restaurante abordavam a comida. A essa altura, você não deve se surpreender ao saber que esse não era o objetivo de Alice para o Chez Panisse. Ela só queria replicar o que vinha fazendo em sua casa e na casa de seus amigos – criando um espaço onde as pessoas pudessem se encontrar e conversar, e onde pudessem comer uma comida simples e deliciosa.

No fim dos anos 1960 e início dos anos 1970, quando a ideia do Chez Panisse estava tomando forma, esses conceitos não poderiam ser mais contraculturais. Estamos falando da era dourada dos alimentos enlatados e das refeições prontas. Franquias de fast-food surgiam por toda parte. Dois anos depois da inauguração do Chez Panisse, a Swanson lançaria suas refeições congeladas Hungry-Man. Em 1975, o número de micro-ondas nos lares americanos bateria a marca de 1 milhão. Em 1971, a ideia de Alice de as pessoas saírem de casa e ainda *pagarem* por pratos de inspiração francesa preparados com simplicidade, como patê en croûte, pato com azeitonas e torta de maçã (o menu da primeira noite), foi considerada uma loucura. Ainda mais maluco foi que Alice e seus sócios não estavam em busca de lucro!

"Eu teria vergonha de querer ganhar dinheiro com isso", Alice me contou. "Ninguém estava lá para ganhar dinheiro. Seria bom. Mas não tínhamos essa expectativa. E quase não queríamos. Era sobre amor, não sobre dinheiro."

É disso que você vai precisar das pessoas ao seu redor quando estiver desenvolvendo qualquer tipo de negócio. "Todo mundo do Chez Panisse era apaixonado pela mesma ideia", disse Alice. Foi um critério de seleção que ela usou, e foi por isso que ela empregou tantos amigos no começo. "Porque, quando você passa quinze horas por dia trabalhando em um lugar, quer passar esse tempo com pessoas de quem gosta e que têm os mesmos valores que você."

Esse senso compartilhado de propósito e valores, mais do que o dinheiro ou os lucros, também é o que explica a longevidade do Chez Panisse – que continua aberto até hoje – em uma indústria na qual um restaurante independente sobrevive em média apenas cinco anos, sendo que 90% deles fecham no primeiro ano.[100] Alice não está tentando se tornar uma bilionária. Ela não está tentando criar a Alice Inc. e franquear seu nome e seu rosto no mundo inteiro. Ela não tem nenhum outro restaurante. "Eu não conseguiria me imaginar viajando pelo mundo para visitar meus restaurantes", ela me disse. Seus objetivos, assim como sua comida, são muito mais simples.

"Eu sempre almejei ter um lugar onde eu quisesse estar e que estivesse em constante crescimento e mudança", disse Alice sobre sua decisão de não franquear, mas de manter o Chez Panisse como um único restaurante para expandir sua influência de outras maneiras. "E foi o que aconteceu quando pessoas diferentes contribuíram com ideias para o restaurante. É por isso que acredito na importância de encontrar pessoas que tenham os mesmos valores que a gente. São elas que dão vida ao negócio."

E é justamente esse o propósito da apresentação da cultura da Netflix. A Netflix quer encontrar pessoas que acreditem nas ideias expressas nos 130 slides da apresentação, que tenham os mesmos valores como pessoas, como uma organização, como uma cultura. Eles querem que a próxima geração de líderes seja capaz de estender para o futuro distante o que Reed Hastings e seu cofundador Marc Randolph lançaram em 1998.

A ideia é simples – criar uma cultura duradoura construindo um negócio com um conjunto de valores compartilhados –, mas muitos fundadores têm dificuldade com sua execução porque se permitem ser enterrados nas minúcias do dia a dia. Ou se perdem totalmente dentro do negócio. Ou, pior, passam a acreditar que só eles sabem o que a empresa precisa (o que alimenta a tendência de encher a empresa com clones deles mesmos, pessoas que pensam exatamente como eles). Enquanto Reed Hastings postava um material de treinamento para compartilhar com o mundo e hoje ambiciona passar trimestres inteiros sem tomar uma única decisão, muitos fundadores são tentados a seguir o caminho de Dov Charney: mandar instalar um chuveiro no armazém e dormir com um walkie-talkie debaixo do travesseiro – se é que eles vão ter tempo para dormir. O mais assustador é que, quando você está no meio do furacão, é muito mais fácil se transformar em um Dov Charney do que em um Reed Hastings.

Quase no fim da minha entrevista com Tristan Walker em Washington, em 2019, perguntei o que ele sabe agora e o que gostaria de saber quinze anos antes. Sua resposta foi simples e clara: "Conheça seus valores!". Mas não se limite a conhecê-los, *anote seus valores*. Foi o que ele fez, três semanas antes de levantar a primeira rodada de financiamento que transformou sua ideia de uma solução de barbear para homens não brancos em uma empresa multimilionária com seu nome na porta: Walker & Company.

Os valores que ele anotou foram: coragem, inspiração, respeito, discernimento, bem-estar e lealdade. O que faz com que essa lista seja notável não é sua capacidade de recitar os valores como se fossem os nomes de seus filhos; é que esses valores existiam com muita clareza na mente de um homem de 36 anos que tinha passado a maior parte de sua vida tendo como único objetivo enriquecer. Tendo crescido no Queens e depois estudado, graças a uma bolsa de estudos, na Hotchkiss School, um dos internatos mais prestigiosos dos Estados Unidos, Tristan via todos os dias a diferença entre ser rico e ser um milionário. Ele viu o poder que a verdadeira riqueza tem de abrir portas e passou a querer isso para si e para sua família. Desde o momento em que terminou o ensino médio, esse objetivo motivou todas as suas decisões: o que estudar na faculdade (economia), o que e onde fazer pós-graduação (administração na Stanford), onde fazer estágio (Twitter) e em quais empresas trabalhar depois de se formar (Foursquare e Andreessen Horowitz).

Se não tivesse tomado cuidado, Tristan poderia facilmente ter entrado em uma trajetória egocêntrica ao estilo de Dov Charney. Mas ele encontrou um problema para resolver "para pessoas que se pareciam comigo", como ele disse. Ele desenvolveu um conjunto de soluções que poderiam se transformar em um negócio que empregaria muita gente se conseguisse cultivar a semente da ideia e cuidar do solo com cuidado para garantir que a ideia brotasse e crescesse. Quase imediatamente, os objetivos de Tristan mudaram. Em vez de ter um único objetivo focado nele mesmo, os objetivos passaram a ser múltiplos e comunais. Ele reconheceu que, para uma empresa durar cem anos, que foi um de seus novos objetivos, o negócio não pode ser sobre você, porque *você* não tem como escalonar". As únicas coisas que escalonam são sua ideia, sua história e seus valores. Desde que você os conheça e os compartilhe.

"Conhecer seus valores o coloca em alinhamento com os seus funcionários. Eles, por sua vez, o colocam em alinhamento, neste mundo repleto de ruído, com seus consumidores e, ainda mais importante, dão a você o seu propósito", disse Tristan. "Sem conhecer os seus valores, você vai tomar decisões incoerentes, mas precisa ser coerente para manter a sanidade."

Eu diria que você também precisa de coerência para inspirar seu pessoal. E não há nada mais coerente do que um conjunto de valores claros e escritos para todos verem. Basta perguntar a Reed Hastings – ou, melhor ainda, pergunte aos 7 mil funcionários dele.

21

PENSE PEQUENO PARA SER GRANDE

Quando mudamos de Washington para a região da baía de São Francisco, uma das primeiras coisas que fizemos foi pegar a balsa de Oakland para cruzar a baía até São Francisco e passar o dia passeando por lá. Meus filhos queriam fazer as coisas típicas de São Francisco – ver os leões-marinhos no Fisherman's Wharf, andar de teleférico pela Powell Street, visitar Alcatraz –, mas, quando desembarcamos no icônico Ferry Building, saímos para o Embarcadero e olhamos para o Market Street em direção ao centro, fui tomado por um cenário da cidade que eu nunca tinha visto antes como um turista quando chegava do aeroporto ou cruzava a ponte São Francisco-Oakland Bay.

De um lado ficava a São Francisco que vemos nos filmes: os dois prédios bege idênticos do One Market Plaza, o arranha-céu Transamerica Pyramid e as quatro torres do Embarcadero Center, que dão a impressão de que o planeta levantou a mão para fazer o sinal do rock usando prédios em vez de dedos.

Do outro lado havia uma colcha de retalhos de guindastes de construção e torres de vidro, alternadamente suspensas no céu e erguendo-se do chão como inúmeras estalactites e estalagmites. Vários prédios eram complexos residenciais, mas estavam ancorados por um prédio de 61 andares em formato de bala, que lembra tanto a forma quanto o efeito visualmente transformador do Gherkin de Londres. O prédio foi batizado de Salesforce Tower, em homenagem à enorme empresa de software que ocupa esse e diversos outros prédios menores na Mission Street.

Eu estava diante de uma cidade em fluxo. Uma cidade passando por uma mudança sísmica histórica, cujas linhas de falha geológica corriam em paralelo pela Mission Street e pela Market Street. Ao sul ficava a sede de muitas das empresas de tecnologia que encontraram o grande filão durante a corrida do ouro da internet no início dos anos 2000 e se tornaram as forças dominantes em seus respectivos espaços: Salesforce, Twitter, Instacart, Airbnb, Pinterest, Zynga, Trulia, DocuSign, Lyft, Uber. Ao norte, viam-se marcos das empresas tradicionais que efetivamente construíram a cidade – Ghirardelli Chocolate, Wells Fargo, Levi Strauss – e nasceram na época da *verdadeira* corrida do ouro, no fim dos anos 1840 e nos anos 1850, enriquecendo não pela mineração do ouro, mas atuando nas margens, atendendo aos interesses dos mineradores.

Domingo Ghirardelli emigrou da Itália para os Estados Unidos e foi direto para a Califórnia, em 1849, quando ficou sabendo que haviam encontrado ouro em uma serraria chamada Sutter's Mill. Ele tentou minerar, como quase todo mundo que foi à Califórnia naqueles primeiros anos, e fracassou miseravelmente, também como a maioria. Com raízes mercantis, ele desistiu de sua fantasia de encontrar ouro e decidiu abrir uma loja de suprimentos de mineração e doces em Stockton, uma cidade de beira de estrada a meio caminho entre São Francisco e as minas mais próximas no sopé das montanhas Sierra. Nos anos seguintes, com o sucesso da loja, ele abriu uma segunda loja em São Francisco, num lugar em que, na época, havia um hotel, e, quando essa loja pegou fogo, em 1851, ele construiu uma confeitaria independente que se tornaria a Ghirardelli Chocolate Company.

Em 1852, quando São Francisco começou a crescer descontroladamente, Henry Wells e William Fargo saíram de Nova York para fundar a Wells, Fargo & Co., a fim de atender às necessidades bancárias de mineradores e comerciantes. Eles abriram filiais em toda a região do ouro em poucos anos. Seu foco em manter o dinheiro na região e atender os clientes locais, em vez de enviar o dinheiro de volta para Nova York, no leste do país, como muitos bancos costumavam fazer, não apenas lhes rendeu lealdade e uma reputação de confiabilidade como também os ajudou a sobreviver ao pânico de 1855, que eliminou praticamente toda a concorrência. Com seu hiperfoco em São Francisco, nos mineradores e comerciantes que estavam construindo a cidade, a Wells Fargo tornou-se o único banco da cidade por um tempo, o que lhes permitiu consolidar ainda mais o controle do setor bancário local e expandir rapidamente para outras regiões.

Levi Strauss, a exemplo de Ghirardelli, Wells e Fargo, mudou-se de Nova York para São Francisco em 1853 e abriu uma loja de tecidos e roupas para atender os garimpeiros e a crescente população local. Em pouco tempo, ele começou a vender por atacado para outras lojas da região – mantimentos, tecidos, ferramentas de garimpo – antes de finalmente entrar no ramo que hoje chamamos de jeans no início da década de 1870. Isso aconteceu quando um alfaiate de Reno, em Nevada, comprou alguns de seu jeans, descobriu uma maneira de transformá-los em calças mais duráveis usando rebites de metal nos bolsos e no zíper e pediu a Strauss para adiantar o dinheiro com o objetivo de registrar patentes do novo design, fazendo deles sócios e, com o tempo, multimilionários.

Conversando com fundadores, me ocorreu mais de uma vez que seguir o caminho de Levi surfando por uma corrida do ouro é muito mais barato, muito menos arriscado e potencialmente tão lucrativo quanto arriscar tudo na tentativa de encontrar o próprio filão – ou perseguir um unicórnio, no vocabulário do empreendedorismo moderno. Pense nas centenas de milhões de dólares de capital de risco necessárias para lançar as poucas empresas de tecnologia sediadas na Mission Street, preenchendo os imóveis comerciais ao sul da Market Street. Só a Uber arrecadou 20 bilhões de dólares nos primeiros dez anos de atuação e, mesmo assim, para cada Uber há uma centena de concorrentes da Uber ou empresas que se caracterizam como o "Uber dos(as) _____" que acabaram morrendo na praia. A possibilidade de sucesso nesse tipo de ambiente de capital intensivo e onde "vencedor leva tudo" sempre foi muito mais baixa do que a de encontrar um pequeno nicho relacionado – porém adjacente – a um grande boom e construir um negócio lá.

Foi essa a conclusão à qual Chet Pipkin, fundador da fabricante de eletrônicos de consumo Belkin International, chegou no início dos anos 1980, quando era um jovem estudante da Universidade da Califórnia, em Los Angeles. Era o início da primeira corrida do ouro da tecnologia – a revolução da computação pessoal –, e Chet estava aprendendo tudo o que podia sobre computadores, em busca de uma boa ideia para um negócio. Em algum momento, ele pensou em se tornar um fabricante de PCs, embora tenha "descartado rapidamente essa ideia", segundo ele, porque "o capital necessário seria maior do que eu imaginava e já parecia que muita gente estava tentando entrar naquele espaço".

Em 1982, já havia meia dúzia de fabricantes vendendo PCs no mercado, inclusive a IBM e a Commodore. Em 1984, haveria mais quatro, incluindo a Apple. Era muita concorrência para um jovem de 22 anos que morava com os pais na zona sul de Los Angeles. E a IBM não era apenas uma fabricante de computadores; a empresa havia desenvolvido e programado o computador por trás de grande parte de uma missão de pouso na Lua – a missão Apollo – treze anos antes. O computador Commodore 64, da Commodore Business Machines, tinha os melhores gráficos e o melhor som que alguém já tinha visto ou ouvido até então. E, bem... acho que eu nem preciso falar sobre a Apple. Não era um setor no qual você poderia entrar aos poucos; seria preciso entrar de cabeça.

Mas Chet não estava muito preocupado com isso, porque logo percebeu, enquanto tentava conhecer a nascente indústria da computação pessoal, que haveria lacunas no mercado que alguém como ele poderia preencher. "Era inevitável", ele conta, "haver coisas para fazer que ninguém estava imaginando ainda. Eu não sabia exatamente quais eram essas coisas, mas sabia que era o tipo de coisa que eu estava procurando".

Ele encontrou seu nicho mergulhando no setor e frequentando as lojas de informática de sua cidade. "Eu ficava lá... só olhando", ele se lembra, "e uma das coisas que foi impossível deixar de ver, quase desde o primeiro dia, era que as pessoas compravam um PC e uma impressora e diziam: 'E agora? Como eu faço isso funcionar?'".

Hoje em dia, essa pergunta pode não fazer muito sentido. Se você tiver um computador e uma impressora relativamente novos, basta ligá-los na tomada e eles se encontrarão e se conectarão por wi-fi. Mas as coisas eram muito diferentes em 1982. "Os computadores eram feitos por fabricantes diferentes", Chet explicou. "Cada um vinha com conectores diferentes, e as impressoras também tinham conectores diferentes. Era um pesadelo para as pessoas que só queriam usar essas coisas."

Era como nos primórdios da ferrovia na Grã-Bretanha e nos Estados Unidos, quando os trilhos tinham larguras diferentes em diversas partes do país e os vagões tinham variados mecanismos de engate, conforme o fabricante e a empresa proprietária dos vagões. Para a malha ferroviária alcançar seu vasto potencial econômico, todos esses sistemas precisavam ser padronizados ou compatibilizados, o que acabou sendo feito pelas empresas ferroviárias. Elas entraram num acordo a respeito do padrão de larguras e engates e começaram a implantar uma série de mecanismos de acoplamento para conectar os vagões com mais facilidade, com base no projeto de 1873 de um inventor e empreendedor americano chamado Eli Janney.

A oportunidade que Chet Pipkin identificou quando viu a dificuldade dos clientes de conectar as máquinas foi sua chance de se tornar o Eli Janney da computação pessoal. "Ficou claro que havia uma grande necessidade de uma solução adequada para fazer essas coisas funcionarem juntas como deveriam", disse ele. Foi uma oportunidade que, em suas palavras, "parecia ainda mais atraente e empolgante do que fabricar o hardware".

E foi esse o caminho que Chet tomou. Com a ajuda do irmão e do pai, que era um grande fabricante de ferramentas, ele montou uma pequena bancada improvisada na garagem da casa dos pais e se pôs a transformar vários fios e conectores pré-fabricados em cabos que permitiriam que a primeira geração de PCs funcionasse com a primeira geração de impressoras.

Eles não eram bonitos, como o próprio Chet admitiu, mas funcionavam, e encontraram clientes rapidamente, apesar de, no início, ele ter precisado sair para achar compradores. Mas, com o tempo, eram os clientes que estavam correndo atrás dele. Quando ele publicou o primeiro anúncio da Belkin na revista *Computer Dealer*, a loja estudantil da Universidade Carnegie Mellon encomendou cem cabos para conectar uma impressora da Epson na porta paralela de um PC da IBM.

"Foi um dos nossos maiores pedidos até então", disse Chet sobre seu progresso inicial em 1982, quando a única restrição ao sucesso do negócio era a capacidade de fabricar cabos com rapidez suficiente. Chet resolveu esse problema contratando cerca de 25 pessoas, que o ajudaram a aumentar as vendas para 180 mil dólares no fim de 1983, o primeiro ano completo da Belkin no ramo.

Não se pode descartar esse tipo de sucesso inicial e explosivo de um pequeno grupo trabalhando em uma garagem em um novo setor com um tremendo potencial de crescimento. E isso nos leva à seguinte questão: por que os grandes players do setor não identificaram essa oportunidade e não agiram para capturar todo esse valor em uma escala que a Belkin passou anos sem conseguir? A resposta, de acordo com Chet, é uma das razões pelas quais encontrar e conquistar um pequeno nicho é uma estratégia tão valiosa para um empreendedor durante um período de expansão.

"A IBM estava muito ocupada fabricando PCs", Chet explicou. "Durante anos, o número de PCs sendo fabricados foi menor que a demanda, e eles não faziam ideia de qual impressora uma pequena empresa ou consumidor escolheria, então, eles nem sabiam para que lado ir."

Em outras palavras, por um lado, a IBM e outros fabricantes de PCs tinham muito trabalho a fazer em seu negócio principal para se preocupar ou até identificar uma oportunidade que eles consideravam pequena demais. Por outro lado, esse nicho tinha "o tamanho perfeito e a quantidade certa de trabalho" para uma empresa como a Belkin International.

É claro que também foi importante o fato de Chet não ser uma ameaça para os fabricantes de PCs. Ele não estava tentando tirar a participação de mercado deles. Pelo contrário, com o tempo e à medida que a empresa se consolidava, os produtos que ele decidiu fabricar indicaram para os fabricantes de PCs que ele estava lá para ajudar. Afinal, todo o objetivo de seu negócio era fazer com que mais PCs funcionassem com mais dispositivos periféricos para mais consumidores. Portanto, se a Belkin decidisse fabricar menos cabos para as suas máquinas do que para as de seus concorrentes, era um sinal de que você estava ficando para trás da concorrência.

Foi nessa posição, como um fabricante de cabos e outros dispositivos de conectividade, que Chet encontrou seu engate de vagões; sua calça jeans, suas picaretas e pás, seus serviços bancários. Ao cavar um espaço às margens da revolução dos PCs e, no processo, ajudar os PCs a se popularizar, ele conseguiu seguir os passos de homens como Eli Janney, Levi Strauss, Domingo Ghirardelli e Henry Wells e William Fargo. Em 2018, Chet encontrou sua própria versão do filão de ouro quando vendeu a Belkin a uma subsidiária do conglomerado chinês Foxconn por 800 milhões de dólares.

Curiosamente, enquanto eu ouvia Chet contar a história da improvável ascensão da Belkin da garagem de seus pais em 1982 para as prateleiras de todas as Apple Stores, me lembrei de uma das primeiras entrevistas que conduzi para o podcast *How I Built This*, com Herb Kelleher. Especificamente, foram o foco constante de Herb em não tentar fazer coisas demais e sua relação direta com o improvável crescimento da Southwest Airlines para se transformar em uma companhia aérea internacional que fizeram a história de Chet ressoar tão profundamente em mim.

"Escrevi uma carta aos nossos funcionários sobre minhas dez principais preocupações para a próxima década da Southwest Airlines", Herb me contou sobre uma fase crítica no início da história da empresa, "e a primeira preocupação era que deveríamos tomar cuidado para não ignorar a concorrência e não ficar complacentes".

No entanto, a maioria das pessoas não esperaria a ideia por trás dessa orientação. Herb passou anos enfrentando grandes companhias aéreas regionais do Texas que tentaram esmagar a Southwest desde o início, abrindo processos judiciais contra a empresa antes de ela ter a chance de decolar. Tendo sobrevivido aos ataques e tirado a Southwest do chão, ele passou os próximos trinta anos testemunhando uma grande companhia aérea após a outra falindo ou sendo forçada a entrar em fusões desfavoráveis.

TWA, Eastern, Swissair, Aloha, Pan Am, Continental, Northwest, America West. Herb definitivamente não queria que a Southwest Airlines tivesse o mesmo destino. "Então, usei o mote 'Pense pequeno e aja pequeno para crescer. Pense grande e aja grande para encolher'", ele me falou sobre aquela carta a seus funcionários. Ele os alertou para não pensar ou agir como as grandes companhias aéreas; não se deixar seduzir pelo que *parecia* que eles tinham; não *competir* com as concorrentes nos termos delas. Em vez disso, ele acreditava que, se a Southwest se limitasse a fazer o que fazia melhor, operasse dentro de suas possibilidades e de acordo com seus princípios fundadores, se não se desviasse do caminho, tudo daria certo e grandes oportunidades se apresentariam. Em resumo, se pensassem pequeno e agissem pequeno, o céu seria o limite.

É aqui que as lições mais valiosas e as histórias mais inspiradoras podem ser encontradas nas corridas do ouro tecnológicas e industriais que marcaram a história do empreendedorismo moderno. Não com Cornelius Vanderbilt ou Jay Gould ou qualquer um dos outros magnatas ferroviários do fim do século XIX e início do século XX. Não com a IBM ou a Apple ou qualquer uma das empresas gigantescas de software que ganharam destaque nas décadas de 1980 e 1990. E não com a Uber ou a Salesforce ou o Twitter ou qualquer uma das outras empresas de tecnologia nascidas em meio à explosão da internet no início dos anos 2000, sediadas na Mission Street, em São Francisco, que representam um lado da fronteira entre o passado e o futuro.

Se você quiser encontrar exemplos de empreendedores ou inovadores que construíram um negócio robusto e lucrativo com base em uma indústria em expansão, inspire-se nas histórias de Levi Strauss, Eli Janney, Chet Pipkin e até Herb Kelleher. Eles são uma prova da possível lucratividade de um pequeno nicho que, como um veio de ouro, pode começar pequeno, mas ter um quilômetro de profundidade. Além disso, são uma evidência da possibilidade de esse nicho ser uma plataforma a partir da qual um fundador ambicioso pode dar início ao que poderia muito bem ser a próxima corrida do ouro.

22

ADMINISTRE AS TENSÕES COM SEUS PARCEIROS

As empresas são como famílias. Para quem vê de fora, são todas parecidas e até um pouco sem graça, mas, por dentro, são muito complicadas, cada uma à sua maneira. Elas têm formas muito específicas de fazer as coisas que qualquer pessoa de fora consideraria peculiares. Têm regras, tradições e jargões que significam muito para elas e definem aspectos importantes de seu funcionamento. Também têm estranhas rivalidades internas e panelinhas concorrentes. Têm bagagens, segredos e esqueletos no armário. E, com toda essa história compartilhada, acabam construindo uma identidade compartilhada; uma bandeira que as pessoas podem ostentar em momentos de bonança e/ou defender em momentos de dificuldade, quer tenham que se unir para concretizar uma missão ou reagir a uma ameaça.

As pessoas que carregam essa bandeira, dirigem as operações e traçam uma rota para o futuro – essas pessoas são os líderes. Em uma família, são os pais. Em uma startup, são os fundadores. E, assim como os pais em qualquer família normalmente complicada, os relacionamentos entre os fundadores podem se complicar. Podem ficar tensos e até se romper. Os fundadores podem se adorar e desejar nada mais do que o sucesso do negócio e, mesmo assim, podem brigar. Eles podem não concordar a respeito da melhor maneira de administrar as coisas; podem ter estilos de liderança muito diferentes; seus objetivos pessoais podem mudar. Ou eles podem só ficar exaustos da rotina estafante de empreendedor.

Seja qual for o caso, como um fundador, você deve se preparar para o fim da fase de lua de mel com seus sócios e do romance do empreendedorismo, que inevitavelmente serão substituídos pelas obrigações mundanas de administrar um negócio. O dia a dia será menos glamoroso e menos empolgante, como tende a acontecer com qualquer coisa que se torna parte de uma rotina diária, mas você não pode deixar de fazer o trabalho, e, ao mesmo tempo, talvez precise tomar decisões difíceis se o trabalho não for suficiente. Decisões que podem ser as mais difíceis que você já tomou na vida, mas também as mais importantes para a viabilidade de longo prazo desse negócio que você batalhou tanto para construir.

Katrina Lake teve que tomar uma decisão antes da maioria dos empreendedores. No verão de 2012, quando seu serviço de recomendações de roupas, a Stitch Fix, tinha menos de dezoito meses, ela e sua cofundadora, Erin Morrison Flynn, se separaram. Flynn era uma compradora da J. Crew e esposa de um amigo de faculdade de Katrina. Elas fundaram a Stitch Fix em fevereiro de 2011 com base nesse vínculo e num interesse compartilhado de revolucionar a indústria da moda, mas logo ficou claro que elas discordavam no que se referia à trajetória da empresa. "Você pode adorar a pessoa, mas ter uma perspectiva tão diferente que simplesmente não consegue ver as coisas do ponto de vista dela", Katrina disse.

Suas diferenças de visão e opinião, infelizmente, resultaram em litígios difíceis que levaram mais tempo para ser resolvidos do que o tempo em que Katrina e Erin foram oficialmente sócias cofundadoras. Nenhum fundador espera passar por isso quando embarca na construção de um negócio, e é por isso que nenhuma história de fundador é igual à outra. Quando mencionei o rompimento delas em minha entrevista com Katrina, ela mediu bem as palavras, mas descreveu a experiência em termos bastante conhecidos.

"É como um divórcio, quando vemos que temos diferenças irreconciliáveis", ela disse. "Você sente que está no mesmo barco que a pessoa, mas vocês simplesmente não conseguem ver o futuro da mesma maneira."

O que mais você pode fazer em uma situação como a de Katrina e Erin? Quando o negócio está funcionando embora o relacionamento não esteja? É preciso pelo menos considerar a possibilidade de uma separação. Porque, sem uma resolução, o relacionamento pode se tornar cada vez mais tóxico. É por isso que é tão importante saber administrar qualquer tipo de tensão com seu sócio. A tensão pode destruir o ímpeto da empresa. Pode corroer a base da cultura da empresa e, se piorar, pode levar seus funcionários a questionar a visão e a missão da companhia. Para garantir que isso não aconteça, você precisa acabar com as disputas pelo poder e abrir mão de seu ego ou aceitar que a parceria chegou ao fim e encontrar uma forma responsável de encerrá-la.

No mundo ideal, é claro, os fundadores não têm só essas duas opções. Eles encontram uma terceira via e podem resolver seus problemas, tanto para o bem da empresa quanto para o bem do relacionamento. Foi o que Eric Ryan e Adam Lowry fizeram quando passaram por uma fase difícil tentando expandir a Method para transformá-la na pioneira em produtos "eco-chiques" de limpeza doméstica que acabaria gerando mais de 80 milhões de dólares em vendas e seria vendida para a fabricante belga de produtos de consumo Ecover.

A tensão começou por volta de 2008, quando eles desenvolveram uma nova linha de produtos para cuidados pessoais chamada Bloq, que foi um fracasso estrondoso. "Foi como um acidente de avião. Não é só uma coisa que dá errado. São umas dez coisas dando errado ao mesmo tempo", disse Eric sobre os produtos de banho que os varejistas adoraram, mas aos quais os consumidores pareciam não dar a mínima. "Parecia que os produtos estavam pregados nas prateleiras das lojas. Ninguém os comprava."

A Method sofreu um grande golpe com o fracasso, e foi mais do que um golpe financeiro. "Perdemos investimentos na casa dos milhões", disse

Adam. "No entanto, o pior de tudo é que o fracasso de um produto coloca a reputação em risco. Os clientes – no nosso caso, os varejistas – não ficaram muito empolgados com isso. É um buraco do qual você tem que sair."

As forças armadas têm um ditado: "Uma boa preparação evita um desempenho ruim". Nos negócios, seria possível dizer: "O fracasso dos produtos gera problemas entre os parceiros", e foi o que aconteceu com Adam e Eric.

"Passamos alguns anos brigando feio", Adam contou sobre o período que se seguiu ao fiasco da Bloq.

"Era como um casamento", disse Eric.

Essa descrição tem muito de verdade. Aqueles dois – que eram pessoas excelentes, velhos amigos, e que se conheciam muito bem – se viram diante de um problema difícil que nunca haviam enfrentado, sendo que os dois tinham muito a perder e havia muitas pessoas que dependiam deles. Seria de imaginar que, com tudo o que eles viveram juntos e as habilidades complementares que os tornaram cofundadores tão eficazes, Eric e Adam teriam conseguido passar por esse momento desafiador sem grandes problemas.

Mas a ironia é que tudo o que fez deles parceiros perfeitos no desenvolvimento da marca Method também fez com que fosse incrivelmente complicado resolver problemas e divergências na empresa.

"Nós sabíamos como ser amigos", disse Eric, "mas não sabíamos como ser colegas e sócios".

Em parte, foi uma questão de personalidade – Adam é introvertido, enquanto Eric é extrovertido – e, por outro lado, uma questão de estilos profissionais diferentes resultantes de suas personalidades.

"Eric e eu abordamos os problemas de perspectivas muito diferentes, o que pode ser uma grande vantagem, mas também um grande obstáculo", disse Adam.

"Em momentos de estresse", Eric explicou, "tudo o que eu queria fazer era correr para enfrentar o problema. Adam precisa de um pouco mais de tempo para refletir".

Essa é uma receita para o conflito, e foi demais para uma dupla de jovens de vinte e poucos anos de Grosse Pointe, Michigan, que se reencontrou por acaso em um avião e acabou abrindo uma empresa juntos um ano depois. Superar esse problema – transformar suas diferenças em uma vantagem e não em uma desvantagem – exigiria aceitação e compreensão e, além disso, muito esforço para acomodar os diferentes estilos de trabalho.

"Tivemos que nos manter abertos às ideias um do outro. Tivemos que desenvolver muito o autoconhecimento. Tivemos que nos abrir muito para ouvir", Adam explicou. "Foi um esforço muito consciente dizer 'Vamos ter que ralar muito para resolver isso se quisermos ter um final feliz!'."

Para Steve Huffman e Alexis Ohanian, fundadores do site agregador de notícias Reddit, o que ameaçava acabar mal não era sua parceria de negócios, mas a amizade – *depois* que eles venderam o negócio para a Condé Nast, em 2006, e saíram da empresa, em 2009. A essa altura, Steve e Alexis já haviam passado oito anos morando juntos – primeiro, como colegas de quarto na Universidade da Virgínia, onde conceberam o Reddit, e, depois, em Nova York, quando a Condé Nast adquiriu o Reddit. Eles se formaram e desenvolveram juntos sua startup na Y Combinator, de Paul Graham, negociaram juntos a venda da empresa (menos de dezoito meses depois de sua fundação) e passaram três anos trabalhando sob o jugo de uma corporação. Alexis e Steve basicamente se tornaram adultos – e milionários – juntos.

"Passamos por muita coisa juntos e nunca paramos para ter uma conversa séria a respeito disso", disse Steve. "Então, quando saímos do Reddit, nosso relacionamento não estava exatamente nos melhores termos." Steve se referia aos acontecimentos na empresa durante os cinco anos anteriores. "Nunca falamos sobre nossos papéis no Reddit, sobre os limites. Quem era responsável pelo quê. Nunca paramos para pensar em uma maneira de resolver nossas diferenças." No entanto, ao ouvir ele e Alexis falarem sobre o início da empresa e sabendo que eles estavam interessados em vender para a Condé Nast na época ("Em dezesseis meses de trabalho, eu ganharia mais dinheiro do que minha mãe e meu pai ganharam durante a vida toda deles", disse Alexis), pude ver claramente que, no fundo, seus problemas profissionais eram, na verdade, problemas pessoais.

"Nunca chegamos a exercitar os músculos que os fundadores precisam exercitar, mas que bons amigos não precisam", explicou Alexis. "É muito bom poder abrir uma empresa com um de seus melhores amigos, mas as conversas que vocês têm como sócios são muito diferentes das conversas que vocês têm como amigos, e nunca tínhamos tido muitas conversas difíceis antes."

Foi exatamente esse problema que Andy Dunn e Brian Spaly encontraram na Bonobos, seu negócio on-line de moda masculina, praticamente na mesma época em que Alexis e Steve começaram a se distanciar. "Assim que você entra em uma parceria de negócio com um amigo, a amizade fica em segundo plano para dar lugar à parceria de negócio", disse Andy. "Vocês acabam não tendo tempo para falar das coisas sobre as quais costumavam falar, porque precisam trabalhar duro nessa pequena empresa em crescimento." Então, quando as coisas ficam difíceis no trabalho, os amigos-fundadores não recebem o apoio nem a paciência de que precisam, porque o músculo da amizade se atrofiou.

É o pior tipo de ciclo negativo. A amizade de Andy e Brian tornou muito desconfortáveis as conversas no trabalho sobre papéis conflitantes e diferenças de opinião, e os problemas se agravaram. Os problemas não resolvidos forçaram cada fundador a dedicar mais atenção ao negócio, e isso foi esvaindo a energia que antes eles extraíam da amizade, levando o relacionamento a uma espiral descendente. Quando Brian deixou a Bonobos, em 2008, tanto o relacionamento pessoal quanto a relação profissional deles estavam em frangalhos. (Mais tarde, os dois cofundadores se reconciliaram e voltaram a ser bons amigos.) Quando Alexis e Steve saíram do Reddit, em 2009, e o relacionamento profissional terminou, tudo o que restou foi uma amizade em péssimo estado.

"Quando nossos contratos venceram, nós só dissemos 'Então, beleza! A gente se vê por aí', e foi assim", Steve disse.

"Não senti rancor da parte dele", esclareceu Alexis. "Só uma certa indiferença."

A indiferença está entre as piores coisas que podem acontecer a uma parceria ou a uma amizade. Tudo ao seu redor tende a apodrecer e morrer, inclusive as coisas básicas que parceiros e amigos constroem juntos. Foi o que quase aconteceu com o Reddit em 2015, quando o site passou por uma série de crises. O CEO teve uma crise de meia-idade e saiu. Sua substituta, Ellen Pao, acabou renunciando e causando muita visibilidade depois de suportar uma torrente de abusos de uma multidão de usuários tóxicos.

Por sorte, quando o site estava passando pela pior fase, Steve e Alexis começaram a trabalhar seu relacionamento. "Não me lembro exatamente de como começou, mas sei que eu pensei: 'Ei, onde está o meu melhor amigo?'", Steve contou. "E começamos a conversar e resolver as coisas." Eles começaram a conversar sobre os problemas de uma forma que nunca ocorrera nos primeiros anos de existência do Reddit. Steve e Alexis chegaram a consultar o terapeuta de Steve juntos, na tentativa de resolver o que cinco anos de descaso e mais cinco de distanciamento tinham feito com sua amizade. Esse esforço os reaproximou quando o Reddit que eles haviam criado começou a sair de controle e, como disse Steve, tornou-se irreconhecível para eles.

Foi o timing perfeito. Consertar a amizade deu uma nova vida à parceria deles. Eles se lembraram do quanto o Reddit era importante para eles e se convenceram a voltar ao trabalho em tempo integral e salvar o site dos *trolls*. Em 2014, um ano antes do retorno deles – com Steve no papel de CEO –, o Reddit havia sido avaliada em 500 milhões de dólares, e havia uma tendência de o negócio perder valor. Em 2019, sob a liderança deles, o Reddit conseguiu arrecadar 300 milhões de dólares com uma avaliação de 3 *bilhões* de dólares. Alexis e Steve jamais aceitariam os créditos pela incrível recuperação da empresa, mas também seria um erro ignorar o fato de que, quando finalmente se dedicaram a administrar as tensões de seu relacionamento pessoal e profissional, eles se colocaram em posição de resgatar o que tinham construído e conseguiram salvar a autoproclamada "primeira página da internet".

Quando Adam Lowry disse que a história terminaria mal se ele e Eric Ryan não trabalhassem seu relacionamento – *seu casamento profissional* –, não ficou claro se ele se referia à parceria ou ao negócio em si. Entretanto, com base em minhas conversas com muitos cofundadores que passaram por períodos de dificuldade, sei que os dois – a parceria e o negócio – correm o risco de entrar em colapso, às vezes em rápida sucessão, se os parceiros não se empenham e as decisões difíceis não são tomadas.

Isso ocorre principalmente quando os cofundadores são casados. Eles precisam se empenhar mais e com mais urgência porque não têm como evitar quaisquer problemas que possam surgir. Pense nisso: Adam e Eric não moravam juntos; então, cada um podia ir para a própria casa no fim de um dia de trabalho. O mesmo pode ser dito de Andy Dunn e Brian Spaly, Katrina Lake e Erin Flynn e, eventualmente, de Alexis Ohanian e Steve Huffman. Mas e os casais? Eles levam para casa os problemas do trabalho e levam para o trabalho os problemas conjugais. Não tem como fugir disso!

É isso que faz com que Susan Griffin-Black e Brad Black, os fundadores da empresa de cuidados pessoais EO Products, sediada em São Francisco, sejam tão excepcionais. O casamento deles terminou durante o auge do sucesso profissional e, mesmo assim, eles encontraram uma forma de navegar em meio às armadilhas do divórcio – não apenas para proteger a empresa, mas também para proteger a parceria e o relacionamento humano que embasava ambas.

Cabe esclarecer que nem Susan nem Brad tiveram que passar pelo trauma de uma transgressão pessoal na dissolução de seu casamento. Seria muito mais difícil encontrar um caminho a seguir se eles também tivessem que lutar para superar uma violação da confiança entre eles. Uma traição não é uma daquelas coisas que ficam adormecidas, esperando a pessoa chegar em casa, depois de voltar do trabalho. Ela segue uma pessoa por toda parte, e é por isso que as histórias de separação entre cofundadores — não importa se eles são amigos ou casados — costumam ser muito mais complexas e ter um final mais triste do que a história de Susan e Brad, cujo relacionamento pessoal simplesmente esfriou com o tempo. A pressão financeira de abrir e administrar um negócio juntos, além das demandas que acompanharam a criação dos filhos e o casamento, exigiram muito deles. "Nós nos perdemos em nosso relacionamento pessoal no meio disso tudo", disse Susan, "mas nunca perdemos nossa amizade".

E isso foi fundamental para o que ocorreu a seguir. Como aconteceu com Alexis Ohanian e Steve Huffman, o respeito e a compaixão que Susan e Brad sentiam um pelo outro os levou à terapia. Os dois sabiam que a terapia não salvaria o casamento deles, mas ajudaria muito em longo prazo porque os ensinaria a superar as diferenças — uma habilidade da qual eles precisariam como cofundadores e como pais se quisessem cuidar bem da empresa e dos filhos, que iam muito bem na época, apesar das dificuldades pessoais de Susan e Brad.

"Não foi fácil. Doeu muito. Poderíamos ter vendido a empresa. Poderíamos ter comprado a parte do outro. Tínhamos opções", disse Susan. No entanto, por ser filha de pais divorciados, ela era muito consciente da importância de proteger os filhos das ações dos pais quando as coisas não iam bem, de modo que ela e Brad decidiram, ao se mudar, não ficar a milhares de quilômetros um do outro (eles ainda viajam em família no Natal) e decidiram que só venderiam a empresa se fosse o melhor para todos. "Nós dois tínhamos essa capacidade de fazer a coisa certa pelos nossos filhos e pelos nossos funcionários", disse Susan a respeito da decisão final de manter a empresa de portas abertas. "Sabíamos que éramos responsáveis por todas aquelas pessoas, então, essa foi uma decisão muito deliberada."

Isso não quer dizer que tenha sido fácil para eles. "Os primeiros dois anos foram difíceis, e os seis primeiros meses foram os piores. Foi o que ouvimos dos nossos funcionários. Mas sempre acreditamos que era a coisa certa a fazer", disse Brad sobre a decisão de se divorciar, mas continuar administrando a empresa juntos. De todo modo, o divórcio deles não foi uma surpresa para os funcionários. "Tivemos conversas informais com as pessoas; depois, fizemos uma reunião a respeito, mas também não era algo que não fosse óbvio. Sempre fomos sinceros um com o outro."

Os funcionários, assim como os filhos, sabem quando há alguma coisa errada, mesmo quando tudo parece ir bem. E eles até aguentam por um tempo. Mas os problemas não resolvidos, a tensão não administrada e os conflitos velados mais cedo ou mais tarde começam a transparecer na forma de disfunções internas e baixo desempenho da empresa. Acho que, se você perguntasse a Steve Huffman e Alexis Ohanian se a deterioração do relacionamento que os levou a sair do Reddit, em 2009, plantou as sementes do caos que explodiu entre os usuários do site em 2014 e 2015, eles concordariam, com relutância, em afirmar que seria difícil separar as duas coisas. De modo similar, seria possível traçar uma linha reta dos conflitos de personalidade entre Andy Dunn e Brian Spaly até a batalha dentro da Bonobos pela alma da empresa. Não dá para manter uma panela de pressão tampada para sempre. Mais cedo ou mais tarde, toda essa pressão precisa ir para algum lugar. E, se você não reduzir o fogo ou acionar a válvula de escape, será uma questão de tempo a panela explodir pelos ares.

A decisão de Susan e Brad de se divorciar levou a uma liberação de anos de pressão acumulada que, na prática, permitiu que a EO Products crescesse e prosperasse com mais rapidez. Também deu aos dois o distanciamento pessoal do qual eles precisavam para descobrir quem eram individualmente e construir um relacionamento mais saudável e forte como amigos, pais e sócios.

"Fizemos o que pudemos quando estávamos casados", disse Brad, "e temos uma relação muito mais profunda agora do que tínhamos durante o nosso casamento".

"A divisão de papéis no trabalho também ficou muito mais clara", acrescentou Susan, "e ajuda muito termos um interesse pelo bem-estar um do outro e valores semelhantes".

"Isso não quer dizer que nos damos bem o tempo todo. Nós ainda brigamos", disse Brad sobre a parceria atual, "mas tendemos a sair das brigas bem mais rápido".

De tudo o que aprendi conversando com cofundadores, a forma como quase todos eles passaram por longos períodos de grandes dificuldades uns com os outros e o modo como muitos deles usaram as metáforas do casamento e da família para descrever como navegaram em meio às adversidades foram algumas das lições mais esclarecedoras e empoderadoras. Deve ser porque me identifico com eles, pelo fato de também ser marido, pai e empreendedor.

Pensar como pai e parceiro é uma habilidade que todo aspirante a fundador deve cultivar ao se preparar para os desafios que enfrentará com seus potenciais cofundadores, porque eles invariavelmente colocarão tanto de seu coração, de sua alma, de sua energia e de dinheiro na construção do negócio quanto colocam em sua família. Se você se sacrificaria sem pensar duas vezes e faria o que fosse necessário para proteger sua família, por que não faria o mesmo pelo seu negócio?

23

A IMPORTÂNCIA DO AUTOCONHECIMENTO

Quando saí do *Weekend All Things Considered* para apresentar o *TED Radio Hour*, em 2012, muitos amigos do meio jornalístico acharam que eu tinha enlouquecido. Eu apresentava um programa muito popular que era transmitido em oitocentas estações de rádio espalhadas por todo o país, todas as semanas. E por que eu estava abrindo mão disso? Um podcast? Quem ouve podcasts? Era como se eu tivesse decidido deixar todas as minhas posses para trás a fim de ir morar sozinho no deserto.

Eles tinham motivo para duvidar da ideia. Em meados de 2010, os podcasts ainda estavam a alguns anos de se popularizar e tomar o lugar das rádios tradicionais. As pessoas ouviam podcasts, mas não tanto quanto hoje. Não havia importantes aplicativos de podcast. Ninguém tinha ficado milionário com podcasts. Havia o iTunes e os anúncios do Stamps.com, e era só.

Os meus colegas não entendiam que, apesar de eu tecnicamente estar mudando de emprego e saindo do noticiário, na verdade, eu não estava mudando o que faria nem quem eu era. De fato, eu passaria a fazer coisas que se assemelhavam *mais* às atividades que me definiam. Embora tenha passado mais de uma década trabalhando no jornalismo, nunca me senti um "jornalista". Eu era um contador de histórias, e a

TED Radio Hour e, depois, o *How I Built This* e o *Wow in the World* e os outros programas que eu criaria com o Spotify e o Luminary me permitiriam expressar melhor essa parte essencial da minha identidade de uma forma que as notícias, por sua natureza, jamais poderiam.

Fazer podcasts me permitiu ser a versão mais autêntica de quem eu sou, tanto no âmbito pessoal quanto no aspecto profissional, e, como resultado, isso colocou minha carreira em ascensão de uma forma que eu jamais poderia ter imaginado. Acolher meu desejo e meu talento para contar histórias ajudou a colocar minha produtora no mesmo caminho. Com base nisso, tomei todas as decisões em todas as fases do nosso crescimento – quem contratar, quem entrevistar no programa, quem não entrevistar no programa – e me mantive no caminho certo.

Quando o crescimento começa a acelerar, é ainda mais importante saber quem você é como fundador e quem você é como empresa. Esse entendimento mostra a direção certa quando você tem oportunidades de buscar muitas coisas diferentes. É um lembrete constante do negócio em que você realmente está, o que é muito fácil de esquecer ou perder de vista quando seu negócio começa a expandir, evoluir e mudar de forma. Pode acreditar, eu já passei por isso, assim como a maioria dos fundadores que entrevistei.

Foi esse o problema que Andy Dunn enfrentou nos primeiros cinco anos tumultuados, porém prósperos, da Bonobos. Nesse período, ele fundou a empresa com seu colega de quarto da Escola de Administração da Stanford, Brian Spaly, e transferiu toda a operação para Nova York a fim de ficar mais perto dos fornecedores de tecidos e da mídia da moda. As vendas aumentaram de 10 mil dólares em outubro de 2007, seu primeiro mês de operação, para 7 milhões de dólares em faturamentos anuais em 2009. Contudo, nesse meio-tempo, Andy desfez a sociedade com Brian (Brian acabou fundando o Trunk Club), levantou duas rodadas de investimento-anjo, mas acabou perdendo seu primeiro e mais confiável investidor graças a uma avaliação excessivamente agressiva e a um e-mail de apresentação em um tom condescendente do tipo "é pegar ou largar" que ele enviou a potenciais investidores. Em 2010, Andy se recuperou do que chamou de o pior ano de sua vida para fazer uma arrecadação de fundos da Série A de 18 milhões de dólares, que ele usou para expandir ofertas e operações nos anos seguintes.[101]

Em meio a todo esse drama shakespeariano inicial, ele também estava, em suas palavras, em "uma batalha pela alma da empresa". Eles eram uma empresa de tecnologia ou uma empresa de varejo de moda masculina? A resposta, é claro, é que eles eram os dois, mas o desafio estava em descobrir isso por si só, como Andy admitiu.

O culpado pelo fracasso inicial da Bonobos em superar esse desafio, em reconciliar e convergir esses dois lados da empresa em uma única marca unificada, foi, como o próprio Andy admitiu, ele mesmo, como CEO da empresa. "Se, na época, eu fosse um líder melhor, acho que poderia percebido isso antes", disse ele. Porém Andy também admitiu que o problema não era apenas de liderança estratégica, porque as rachaduras começaram a aparecer nele, *pessoalmente*, enquanto trabalhava para conhecer e compreender melhor a si mesmo.

"Eu era um cara muito confuso", Andy me disse no outono de 2018. "Caí em depressão e meio que tive que fingir no trabalho que estava tudo bem. Foi bem difícil passar por essa fase."

Ele também tinha dificuldades com confrontos e conflitos diretos. "Eu queria que tudo ficasse em paz, evitava conversas difíceis e só encarava os problemas quando a situação ficava insustentável", ele disse. Somados ao estresse e à insegurança que, em geral, acompanham a administração de uma startup de sucesso – que nem foi ideia dele, para começar* –, esses problemas pessoais começaram a levar Andy a tomar decisões equivocadas, incluindo brigar com seu sócio na frente da equipe, o que exacerbou a crise de identidade da empresa.

---

* As duas primeiras ideias de Andy foram levar para os Estados Unidos um rum guatemalteco e importar um charque sul-africano não curado chamado *biltong*, sendo que este último violava uma série de regulamentos federais para a importação de carne crua. O conceito original para a Bonobos – calças masculinas com um ajuste melhor – foi de Brian Spaly.

"Achei que estávamos fazendo um bom trabalho em relação a conversar em particular e mostrar uma fachada de união", disse Andy. Até que ele recebeu um telefonema de um de seus investidores, que disse que tinha ouvido rumores sobre as brigas dos cofundadores. "Eu pensei: 'Como assim? E agora? O que eu faço?'." O investidor disse que Andy e Brian precisavam resolver seus problemas. Eles tiveram que encontrar uma solução para lidar com suas diferenças e descobrir uma forma de trabalhar juntos com mais eficácia. Precisaram parar de brigar na frente das crianças, por assim dizer.

Andy tinha uma visão um pouco mais austera da situação. Do ponto de vista dele (tomando de empréstimo a analogia do casamento do capítulo anterior), eles já estavam além da terapia de casal e das separações experimentais. "Precisávamos de um administrador mais direto; então, era mais uma questão de 'Quem precisa sair, eu ou o Brian?'", ele disse.

Seria possível dizer que a batalha pela alma da Bonobos, na verdade, começou dentro de Andy e se irradiou para incluir Brian – seu amigo, colega de quarto, colega de classe e sócio. No fim, Brian decidiu sair. "Ele foi de uma nobreza impressionante", disse Andy. Mas isso não encerrou a batalha, porque Andy continuou cometendo erros.

Primeiro, ele fez uma apresentação para a empresa toda intitulada "23", baseada nos discursos do Hall da Fama de dois atletas com estilos muito diferentes, Ryne Sandberg (ex-jogador de beisebol do Cubs) e Michael Jordan (ex-jogador de basquete do Bulls), que usaram o número 23 em seus respectivos times em Chicago, onde Andy cresceu. O discurso de Sandberg teve como foco o respeito. Jordan tinha fama de ser hostil e vingativo, por ser inclinado a "acertar as contas" e "ser melhor do que todos e dominar a todos". Andy comparou os discursos dos dois jogadores buscando inspirar seus funcionários a trabalhar com base em um propósito mais unificado. Por um lado, "precisávamos respeitar todas as pessoas da empresa e os sacrifícios que elas estavam fazendo", disse ele. Por outro lado, assim como Jordan, as pessoas precisam se empenhar mais para alcançar, superar e destruir a concorrência. "Foi meio contraditório", Andy admitiu, "e não deu muito certo".

Os funcionários não se sentiram representados pelo discurso. Pelo contrário, eles se sentiram desmoralizados. "O resultado foi o contrário do que qualquer líder deseja", disse ele. "Você quer ser reconhecido pelo seu empenho, não repreendido por não estar se empenhando mais."

No entanto, o que fez da apresentação uma gota d'água para a sublevação não foi apenas o fato de todos os funcionários da Bonobos acharem que já estavam se empenhando para transformar a empresa num sucesso (e com razão, na opinião de Andy), mas alguns também achavam que estavam se empenhando *mais* do que outros. "As pessoas encarregadas do atendimento de pedidos e do atendimento ao cliente trabalhavam sem parar. O pessoal do vestuário também se empenhava muito. Porém, havia a percepção de que a equipe de engenharia, que ganhava mais, não trabalhava tanto", explicou Andy. Essa reclamação, tanto expressa quanto velada por parte dos funcionários do varejo, foi o que motivou Andy a criar a apresentação "23". E foi por isso que o pessoal da produção levou para o lado pessoal. Para eles, foi como um tapa na cara, pois eles eram *os únicos* que estavam se matando para levar opções de moda masculina realmente inovadoras ao mercado, enquanto os engenheiros chegavam atrasados, saíam antes da hora e, em alguns casos, ganhavam três vezes mais do que os outros. Em resumo, a maioria dos funcionários estava descontente e com o moral no chão.

O grande erro de Andy foi agravado pela divisão entre o lado da tecnologia e o lado do varejo, mas se baseava em uma questão de identidade completamente diferente. Quem apontou o problema logo após aquela fatídica apresentação foi um brilhante ex-engenheiro da Zappos que Andy e Brian haviam contratado desde o início para liderar a equipe de tecnologia. "Ele me ligou e disse: 'Pena que você nunca teve a chance de ver a alegria e a satisfação que Tony Hsieh criou na Zappos. Eu queria que você pudesse ver como um clima de contentamento pode criar um ambiente de trabalho muito melhor em uma startup!'."

O que aquele engenheiro apontou, sem querer, foi a diferença entre o tipo de negócio no qual a Bonobos atuava e o tipo de negócio que era comum no lugar de onde Andy veio. Nos cinco anos antes de entrar na faculdade de administração, Andy havia trabalhado como consultor na Bain e com private equity em uma empresa de Chicago chamada Wind Point. Ele foi alocado para trabalhar em projetos para uma empresa de embalagens de papelão e uma companhia aérea sul-americana. Ajudou na aquisição da Lands' End pela Sears. Eram setores famosos por operar com margens baixas, nos quais as empresas contratavam consultores ou eram adquiridas por empresas de private equity, implacáveis quanto à eficiência e totalmente focadas nos lucros. Na prática, Andy veio de um mundo oposto ao das startups e, de repente, estava aplicando uma abordagem implacável à sua liderança na Bonobos.

A mensagem do engenheiro foi "um tapa na cara", como disse Andy. "Não estávamos trabalhando em uma consultoria nem em uma empresa de private equity, em que as pessoas são motivadas pelo medo. Estávamos em uma startup, em que as pessoas são motivadas pela satisfação. Era sobre criar algo, não sobre garantir que as pessoas dessem tudo de si para subir o próximo degrau."

Contudo, a intenção daquele ex-engenheiro da Zappos não foi só a de alertar Andy com um feedback construtivo. Ele estava justificando por que não queria mais trabalhar na empresa. Ele pediu demissão, deixando a equipe de tecnologia sem orientação e a empresa toda em maus lençóis. Na época, o site era o único ponto de entrada para os clientes da Bonobos. Se o site caísse, o custo poderia ser altíssimo. Então, Andy começou a recrutar talentos de programação para trabalhar em Nova York. Ou pelo menos foi o que ele *tentou* fazer. Isso foi em 2010. A economia estava saindo da recessão e uma nova onda de inovação tecnológica, na forma de dispositivos móveis e aplicativos para celular, estava prestes a se abater e derrubar grande parte da indústria. Para um programador ou engenheiro experiente, as melhores oportunidades claramente estavam no Vale do Silício. Não seria fácil atrair um engenheiro com um pedigree do nível da Zappos para trabalhar em Manhattan vendendo calças pela internet. Nos primeiros meses após a saída do engenheiro-chefe, Andy estava longe de oferecer o suficiente.

A empresa passou um tempo sobrevivendo com o trabalho de consultores de tecnologia externos até que os problemas desse esquema começaram a superar os benefícios. Quase no final de 2011, Andy enfim decidiu ir aonde os talentos estavam, em vez de tentar convencê-los a viajar 5 mil quilômetros, para o outro lado do país. Ele contratou um diretor de engenharia da Netflix chamado Michael Hart para atuar como diretor de tecnologia e posteriormente o instalou em um novo escritório que a Bonobos abriu em Palo Alto no início de 2012.

Apesar das boas intenções, essa decisão "acabou se provando um erro catastrófico", disse Andy. O resultado foi a consolidação dos instintos tribais que já fervilhavam na empresa – não apenas ampliando a divisão interna entre tecnologia e varejo como também aprofundando o sentimento de cada lado de que eles representavam o centro do negócio. "O escritório de Nova York via a empresa essencialmente como uma varejista de moda masculina", ele explicou. "O escritório de Palo Alto via a empresa como uma plataforma de tecnologia multimarcas a ser viabilizada pela tecnologia." E os dois lados acreditavam ter mais direito aos recursos finitos da empresa, que ficavam cada vez *mais finitos* a cada dia que passava, o que não deveria surpreender ninguém, considerando o custo de manutenção e administração de dois escritórios em vez de um.

Com escritórios especializados em lados opostos do país a partir de 2012, cada grupo passou a ter a própria casa para proteger – como se a Bonobos fosse Hogwarts e os dois lados fossem a Sonserina e a Grifinória! – e, aparentemente, pouquíssimo incentivo para cooperar. "As pessoas não concordavam com nada", disse Andy. "Elas simplesmente não interagiam o suficiente para resolver suas diferenças sobre a estratégia e a essência da empresa."

Mas isso levanta uma questão: qual exatamente era a essência da Bonobos? Porque esse tipo de problema que Andy Dunn e sua equipe estavam enfrentando não acontece com frequência em uma empresa que sabe o que é e o que faz. Só uma empresa que está um pouco perdida, que não sabe de fato em que negócio realmente está, tende a ter esse tipo de luta interna. Andy só precisava olhar a vinte quarteirões de seu escritório em Nova York e para alguns anos no passado, para a AOL Time Warner e a fusão titânica que criou a empresa em 2000, para ver como seria a pior versão possível disso.

Quando a AOL e a Time Warner se fundiram, muito se falou sobre o tamanho e o valor de mercado da nova entidade de mídia. O potencial criado pelas duas equipes alavancando os ativos que elas traziam para a mesa era difícil de contemplar e muito mais difícil de calcular. A fusão foi avaliada em 165 bilhões de dólares, mas o valor podia ter sido muito maior. A imprensa da área de negócios não conseguia encontrar adjetivos grandiosos o suficiente para descrevê-la. Contudo, em meio ao frenesi em torno da fusão, algo passou despercebido, ou, pelo menos, foi subestimado: a AOL Time Warner estava abrindo as velas, mas enfrentava alguns ventos contrários muito fortes. A bolha da internet estava prestes a estourar. As vendas de anúncios despencariam, o que inevitavelmente lançaria dúvidas sobre a viabilidade da internet (cuja chegada essa enorme fusão sinalizava com muita força) exatamente quando o único fator que poderia liberar seu verdadeiro potencial – a banda larga de alta velocidade – estava prestes a ser implementado, pegando a empresa desprevenida e puxando o tapete que estava sob os pés de sua liderança.

Esses obstáculos poderiam ter sido superados por uma empresa que conhecesse a fundo sua essência, parafraseando Andy Dunn. Com uma cultura forte unida por uma missão e impulsionada por pessoas remando na mesma direção, eles até poderiam transformar os obstáculos em oportunidades. Só que não havia união na AOL Time Warner, e, em uma década, a fusão estaria morta. As duas empresas perderiam mais de 85% de seu valor pré-fusão. A Time Warner acabou desmembrando seu negócio de TV a cabo (a Time Warner Cable), seu negócio editorial (a Time Inc.) e, é claro, a AOL, que retornaria ao cenário da mídia digital radicalmente transformada como uma mera sombra do que fora no passado. A Time Warner mudou seu nome para WarnerMedia, que acabou sendo vendida para a AT&T por cerca de 85 bilhões de dólares em 2018.

Na esteira da fusão (que, por coincidência, ocorreu mais ou menos ao mesmo tempo que Andy e Brian encerraram sua parceria na Bonobos), analistas e participantes apontaram a divisão entre o pessoal da AOL na Virgínia e o pessoal da Time Warner em Nova York como uma das principais razões para a incapacidade da empresa de encontrar seu caminho pelas águas turbulentas da recessão das pontocoms. Sempre se falou muito sobre "criar uma sinergia" entre a AOL e a Time Warner, mas, no fim, tudo isso não passou de palavras vazias.

"Parte do problema decorria das brigas dentro da empresa", me explicou Steve Case, presidente do conselho da AOL. "Foi uma mistura de diferentes fatores, mas, no fim, é tudo sobre pessoas e equipes."

No aniversário de dez anos do anúncio da fusão, o *New York Times* publicou um artigo intitulado "Como a fusão AOL-Time Warner deu tão errado", apresentando opiniões de muitos dos executivos envolvidos na fusão e nas operações da empresa resultante. O artigo foi concluído com Richard Parsons, o presidente da Time Warner na época da fusão.

"O modelo de negócio meio que entrou em colapso sob os nossos pés e a cultura não resistiu", disse Parsons. "Estava além da minha capacidade descobrir como unir as duas culturas: a antiga mídia com a nova mídia. Eram duas espécies diferentes e, na verdade, espécies que estavam inerentemente em guerra."[102]

Quando a AOL Time Warner começou a afundar, foi impossível salvá-la, porque cada lado estava mais interessado em culpar o outro pelo fato de o navio não estar em condições de navegar, em vez de trabalhar junto para consertar os buracos no casco, tirar a água e voltar a navegar.

A Bonobos não estava nem perto de ser um navio afundando em 2013, mas definitivamente tinha seus buracos no casco. A empresa não estava conseguindo definir o que era nem o que fazia. A visão de Andy, na época, era criar todo um portfólio de marcas além da Bonobos, usando o "modelo de marca vertical digitalmente nativa" que eles inventaram e com bases sólidas na personalização, já que, quanto mais marcas eles incluíssem, mais ricos seriam seus conjuntos de dados e melhores seriam suas ofertas de produtos e serviços. "Nova York estava encarregada de construir a melhor marca de roupas masculinas que pudéssemos produzir", disse ele, "e a Califórnia estava encarregada de construir a melhor plataforma de tecnologia possível". Uma plataforma que, ele esperava, hospedaria, primeiro, a Bonobos e, depois, com o tempo, se tornaria a espinha dorsal para muitas outras marcas que eles desenvolveriam.

Parece fazer muito sentido, não é? Mas, como você pode imaginar, naquele ponto, o plano de Andy foi recebido com reações muito diferentes pelo escritório de Palo Alto e pelo escritório de Nova York. O pessoal de Palo Alto estava pronto. Eles também achavam que a empresa deveria fazer grandes investimentos na construção dessa robusta funcionalidade de personalização. Já o lado do varejo, em Nova York, recebeu a ideia com ceticismo (para dizer o mínimo). "O pessoal de Nova York questionou: 'Será que não bastaria só atualizar a página do produto para incluir avaliações dos clientes?'", Andy explicou.

Ficou claro para Andy que esse ser híbrido não iria muito longe e que algo precisaria mudar. "A harmonia organizacional da empresa estava sendo destruída pelo conflito entre os dois escritórios", ele explicou. "A cultura estava se deteriorando, e a situação ficava mais difícil a cada dia."

Tenho uma enorme empatia e muita admiração por Andy Dunn. "Eu não passo da soma de erros terríveis e cumulativos", ele me disse uma vez, descrevendo como se via no papel de líder. Mas também é notável que ele tenha tido maturidade emocional para refletir sobre suas dificuldades. Tanto que ele procurou ajuda – na forma de terapia – para descobrir quem ele era e o que realmente queria fazer.

Em janeiro daquele ano, ele reuniu o conselho de administração da Bonobos e informou que havia decidido fechar o escritório de Palo Alto, apenas um ano depois de inaugurá-lo. O fechamento do escritório de Palo Alto foi o primeiro passo para resolver o que Andy chamou de "o grande erro" que estava cometendo de tentar transformar a empresa em uma plataforma de tecnologia multimarcas, afastando-se do que a Bonobos era e do que deveria fazer. Ele acreditava que havia uma grande diferença entre fazer experimentos em torno do centro de um negócio e entrar em novos negócios centrais.

Em 2012, eles começaram a abrir lojas com base em um novo modelo chamado Guideshops – showrooms sem estoque em que os clientes iam, tiravam medidas e encomendavam roupas para, depois, receber em casa. Além disso, eles firmaram uma parceria de varejo com a Nordstrom e adentraram outras categorias de roupas masculinas, que incluíam camisas e ternos que eles desenvolveram. Tudo isso foi criado em torno da marca Bonobos, e, como seria de esperar, eles foram muito bem nisso desde o início.

O escritório de alto padrão de Palo Alto, repleto de especialistas em tecnologia que tinham outras ideias para o que a Bonobos deveria ser, e as marcas de golfe (Maide) e de roupas femininas (AYR) que eles lançaram foram experimentos que estavam "fora do escopo da marca Bonobos". A Maide sobreviveu para se tornar a Bonobos Golf, em 2017, mas a AYR foi desmembrada com sucesso, assim como as funções de tecnologia do escritório de Palo Alto, e transformada em uma empresa de personalização em SaaS (software como serviço) com seu ex-diretor de tecnologia, Michael Hart, assumindo como CEO.

Em 2014, a Bonobos já estava "se recuperando com força total", nas palavras de Andy. Essa reviravolta resultou de duas ações: eles finalmente definiram a essência da marca e, em seguida, conduziram a empresa a soluções multicanais, indo além do e-commerce e se estendendo para o varejo físico com as Guideshops e a parceria com a Nordstrom. "Foi outra reunião interessante com o conselho", disse Andy em relação a outra discussão sobre a identidade da empresa. Nessa reunião, a pergunta foi: "A Bonobos é uma empresa de e-commerce ou uma empresa de experiências no setor de moda masculina?". Andy argumentou que eles não eram um negócio de comércio eletrônico. Assim como seria possível dizer que o Google não é uma empresa de buscas, mas, sim, uma empresa de vendas de anúncios que usa buscas, Andy disse que a Bonobos era uma empresa de atendimento a clientes de varejo que usava uma plataforma de comércio eletrônico. E, se conseguissem "inventar uma maneira de oferecer o mesmo nível de ajuste de roupas e atendimento" que um varejista tradicional em lojas físicas, eles só se aproximariam da alma do negócio.

Sem abandonar a tecnologia, que nunca foi sua intenção, Andy se baseou nas raízes da empresa no varejo de moda masculina e conseguiu resolver o problema que o incomodava desde que assumiu o cargo de CEO em 2009. Ele finalmente colocou a Bonobos em posição de cumprir a proposta original que ele e Brian Spaly apresentaram aos investidores – é uma combinação de Ralph Lauren com a Zappos – e mostrou a todos – dentro e fora da empresa, investidores e clientes, analistas e parceiros potenciais – quem eles eram e o que faziam.

Quando todos entraram no mesmo barco, o trabalho realmente começou a dar frutos e, no início de 2017, a Bonobos chamou a atenção do Walmart, que comprou o negócio em meados daquele ano por mais de 300 milhões de dólares. A liderança do Walmart foi inteligente e permitiu que a Bonobos continuasse fazendo o que faz bem, ciente de que a Bonobos e o Walmart são duas empresas diferentes. Por sorte, Andy Dunn também sabe disso e finalmente conseguiu experimentar o poder de ser mais de quem ele realmente é.

24

QUANDO VENDER A EMPRESA E QUANDO FICAR

em fevereiro de 2008, Noam Wasserman, popular professor da Escola de Administração da Harvard, publicou um artigo na *Harvard Business Review* que se tornaria a base para um best-seller de mesmo nome alguns anos depois. O artigo se chamava "Os dilemas do fundador". A tese, baseada em incontáveis pesquisas que Wasserman havia conduzido com milhares de empreendedores, era que, em algum ponto crítico do crescimento de suas empresas, todos os fundadores se veem diante de uma escolha entre dois interesses conflitantes – dinheiro e controle – e, em geral, tomam a decisão errada. Eles agem contra os próprios interesses ou, em alguns casos, contra os interesses da empresa e, às vezes, contra os dois.

O pano de fundo do argumento de Wasserman foi o contexto da arrecadação de fundos e os trade-offs que muitos empreendedores não estão preparados para fazer em troca do capital do qual precisam para crescer. Especificamente, eles resistem ao nível de controle exigido pelos investidores. "Os fundadores não abrem mão do controle com facilidade", Wasserman escreveu[103] Na verdade, 80% dos empreendedores que ele analisou foram afastados da própria empresa antes de estarem prontos para sair, e "a maioria ficou em choque" quando isso aconteceu.

Esse é um resultado natural da personalidade dos empreendedores, argumentou Wasserman. Os empreendedores tendem a ter um foco obstinado. Eles são extremamente fervorosos. Às vezes, são mais confiantes do que capazes, a ponto de serem ingênuos. Esses são os atributos do fundador de uma excelente startup, mas não de um CEO encarregado de escalonar um negócio. Mesmo assim, quando confrontados com essa análise por parte de investidores profissionais ou até de seu próprio conselho de administração, "os fundadores geralmente se convencem de que eles são os únicos capazes de levar suas startups ao sucesso", escreveu Wasserman. "'Se fui capaz de levar a empresa ao estágio no qual o produto está pronto, quer dizer que sou capaz de liderar esta empresa' é um pensamento comum."

Veja bem, os empreendedores não *precisam* levantar fundos de investidores profissionais se não quiserem. Eles não *precisam* aceitar os fundos nas quantias ou nas avaliações que podem estar disponíveis a eles. Também não *precisam* avançar com suas ideias na velocidade que os outros desejarem. Eles podem ir devagar. Podem adiar a compensação. Podem esperar para ganhar muito dinheiro e deixar a empresa crescer em um ritmo mais natural. Para a maioria dos empreendedores, não seria estranho agir assim, já que fundadores normalmente pagam a si mesmos tanto quanto ganhariam se fossem funcionários e, em média, muito menos do que um CEO ganharia se entrasse na empresa.[104] Basicamente, tudo se resume ao que um fundador acredita ser o melhor para a empresa e para si.

"Os empreendedores precisam escolher, a cada passo do caminho, entre ganhar dinheiro e administrar o empreendimento", escreveu Wasserman. "Essa tensão implica em basicamente escolher entre ser 'rico' e ser um 'rei'. A opção de ser 'rico' permite que a empresa se torne mais valiosa, mas pode deixar o fundador de lado, tirando dele a posição de CEO e o controle sobre decisões importantes. A opção do 'rei' permite que o fundador mantenha o controle da tomada de decisão permanecendo como o CEO e mantendo o controle sobre o conselho – mas em geral a empresa não será tão valiosa quanto seria de outra forma."

Nenhuma das duas opções é, por definição, melhor que a outra. Tudo depende de quais eram os objetivos de um fundador quando ele fundou a empresa e como esses objetivos evoluíram com o sucesso do negócio.

Só que eu não acredito que dinheiro e controle sejam as suas únicas opções quando você é o fundador de uma empresa de sucesso e em crescimento. Também não acredito que sejam as duas únicas forças que motivam a tomada de decisão de um empreendedor. Acredito que há um terceiro fator em jogo. Um fator que tende a desempenhar um papel secundário durante o estágio de captação de recursos de crescimento, mas é especialmente importante quando um fundador expande o negócio além do que ele jamais imaginou ser possível e se vê diante da oportunidade de vender.

Estou falando da felicidade. Da satisfação. De tomar uma decisão que parece *correta*.

Em 2000, Gary Erickson e sua sócia na época, Lisa Thomas, tiveram que decidir entre vender ou não a Clif Bar para uma grande empresa alimentícia. Várias corporações estavam rondando na tentativa de entrar no mercado de barras energéticas depois que a Nestlé comprou a PowerBar por 375 milhões de dólares e a Kraft comprou a Balance Bar por 268 milhões de dólares no início daquele ano. Gary não estava necessariamente pensando em vender, mas Lisa se impressionou ao ver seus dois maiores concorrentes serem adquiridos com meses de diferença por mais de um quarto de bilhão de dólares cada.

"Consigo me lembrar do momento exato em que ela me ligou dizendo 'Quero vender a empresa!'", Gary contou. "E eu disse 'Tudo bem! Acho que faz sentido!'."

Com certeza, eles poderiam ganhar muito dinheiro. A Clif Bar já estava no mercado havia oito anos; eles tinham uma equipe em crescimento e atingiam vendas anuais acima dos 40 milhões de dólares. Formavam a maior empresa de capital fechado de barras energéticas do mercado. Um desses conglomerados multinacionais, sem dúvida, pagaria centenas de milhões pelo negócio. Eles contrataram um banqueiro de investimentos, que colocou a empresa à venda no mercado, e então eles pegaram a estrada.

"Começamos a viajar pelo país inteiro, visitando grandes empresas que queriam nos incorporar ao portfólio delas", disse Gary, "e conseguimos um acordo incrível com uma delas". A Quaker Oats Company, que já tinha as barras de granola Chewy em seu portfólio e estava a pouco mais de um ano de ser vendida para a PepsiCo, ofereceu 120 milhões de dólares a Gary e Lisa. Seriam 60 milhões de dólares para cada um. Eles nunca mais precisariam trabalhar.

Eles aceitaram a proposta.

A assinatura dos documentos foi marcada para 17 de abril de 2000. Gary e Lisa informaram os funcionários. O banqueiro de investimentos, o pessoal da Quaker Oats e os advogados estavam todos reunidos no trigésimo andar do prédio do Bank of America em São Francisco. Lisa estava ao telefone com alguns deles acertando os últimos detalhes do contrato. "O negócio estava basicamente fechado", disse Gary. Então, menos de uma hora antes de ele e Lisa saírem da sede em Emeryville para ir ao banco, Gary decidiu dar uma volta no quarteirão a pé.

"Fui até o estacionamento e comecei a chorar. Eu tinha colocado tudo de mim ali. Aquela empresa era a minha vida. Aqueles eram meus funcionários e a minha família. A empresa tinha o nome do meu pai!", Gary disse, descrevendo as emoções que o varreram. "Na metade do quarteirão, decidi não vender."

Lisa seria pega totalmente de surpresa. Para ela, o negócio já estava fechado. Mas ela não sabia que, nos últimos três meses, enquanto os termos do acordo eram negociados, Gary estava uma pilha de nervos. "Eu não estava dormindo bem. Parei de andar de bicicleta. Acho que ninguém estava aguentando ficar perto de mim", ele disse. Ele passou cada momento daqueles três meses em uma batalha interna. E, ainda por cima, ao contar aos funcionários sobre seus planos de vender a empresa, Gary sentiu como se estivesse mentindo para eles. "Eu disse que as coisas não mudariam. E não era verdade. É claro que as coisas iriam mudar. Poderiam melhorar ou piorar – mas não dá para dizer que não iriam mudar", disse Gary.

Essa é a parte do controle do dilema do fundador descrito por Noam Wasserman. O preço que Gary Erickson teria que pagar por seus 60 milhões de dólares seria a impossibilidade de garantir a seus funcionários – *sua família* – que tudo seria como sempre foi. Garantir que tudo ficaria bem. Era um preço que ele não estava disposto a pagar. Não porque ele achasse que a pessoa escolhida pela Quaker Oats para administrar a Clif Bar não fosse fazer um bom trabalho, mas porque era um trabalho que ele adorava e ainda queria fazer, mesmo se lhe custasse 60 milhões de dólares.

E realmente custaria, porque Lisa ainda queria sair. Gary passou os sete meses seguintes em busca de 60 milhões de dólares para comprar a parte de sua sócia. Era o que ela esperava, era o que ela estava perdendo, e era justo. Enquanto isso, Gary voltou a se encarregar do cotidiano da liderança da empresa, que crescia rapidamente. "Ninguém quer esse tipo de dor de cabeça enquanto expande a empresa", disse Gary. Ele já tinha suas responsabilidades cotidianas na Clif Bar. E agora tinha uma dívida de 60 milhões de dólares para pagar e uma força de trabalho que, pelo menos por um tempo, estava "convencida de que eu não aguentaria e acabaria vendendo a empresa de qualquer jeito". Grupos de private equity que ficaram sabendo do acontecido ligavam para Gary na tentativa de convencê-lo de que ele estava louco por recusar a oferta da Quaker Oats e que a Clif Bar jamais conseguiria ter sucesso, *mesmo se não estivesse endividada.*

No entanto, nove anos depois, Gary quitou essa dívida. Nove anos depois disso, a Clif Bar faturou mais de *6 bilhões de dólares* em vendas. E hoje é a marca líder de barras energéticas nos Estados Unidos.

Para Gary, nada disso foi sobre dinheiro nem sobre controle. "Eu tinha razões mais profundas para querer fazer a empresa crescer.

Uma empresa que cresce do jeito certo tem mais poder do que duas pessoas ricas", disse Gary. É um poder que resulta da liberdade e da satisfação. A liberdade de fazer o que você quiser porque está satisfeito com o fato de já ter feito o que sabe que é a coisa certa. Naquele momento, em abril de 2000, enquanto dava a volta no quarteirão e decidiu não vender a Clif Bar, ele "teve uma enorme sensação de liberdade". Livre, ironicamente, para permanecer onde estava, para assumir ainda mais responsabilidades do que antes e para fazer a coisa certa para seus funcionários. Essa decisão fez dele um homem feliz e, com o tempo, também rico.

Angie e Dan Bastian também queriam fazer o que fosse mais correto em relação aos seus funcionários. Essa foi uma grande razão pela qual eles decidiram vender sua empresa de pipoca, a Angie's BOOMCHICKAPOP. Em 2014, uma participação majoritária foi vendida para a empresa de private equity TPG Capital e, em 2017, tudo foi vendido para a Conagra. Diferentemente dos três meses de tormento que Gary Erickson suportou antes de desistir da venda da Clif Bar para a Quaker Oats, não foi tão difícil para Angie e Dan abrir mão da empresa. Sem dúvida, foi mais fácil do que o caminho que eles haviam percorrido para chegar a um ponto no qual uma grande corporação multinacional consideraria comprá-los.

Angie e Dan estavam nesse negócio desde 2003. Onze anos! Tudo começou com eles fazendo pipoca na garagem de casa e vendendo em frente a supermercados, em jogos de beisebol infantil e jogos de futebol americano do Minnesota Vikings no inverno gelado de Minnesota. O fato de eles terem criado uma empresa de pipoca com uma marca e uma embalagem elegantes que vende como água em supermercados espalhados pelos Estados Unidos foi tão chocante para eles quanto para qualquer pessoa, porque no começo o negócio não passava de um bico.

Angie e Dan, uma enfermeira de um hospital psiquiátrico e um professor do ensino médio, respectivamente, só queriam descobrir um modo de ganhar um pouco mais de dinheiro para pagar a faculdade de seus filhos quando chegasse a hora. As crianças tinham apenas 3 e 5 anos quando os pais começaram a buscar ideias.

"Tínhamos bons empregos, mas não tínhamos nenhuma poupança, e todo mundo com a nossa idade já tinha um fundo para a faculdade dos filhos e um plano de aposentadoria", disse Angie sobre a situação financeira deles na época, provocando risadas da plateia durante nossa entrevista ao vivo em Minneapolis, em 2019. "Não tínhamos nada. Precisávamos dar um jeito de ganhar uma renda extra."

O fato de eles terem resolvido fazer pipoca foi puro acaso. Pesquisando no Google de madrugada, "caí, por acaso, em um site que dizia 'Ganhe milhares de dólares fazendo pipoca nos fins de semana!'", Dan contou. "Eu nem sabia do que se tratava."

Sua ignorância não reduziu seu apetite pela oferta apresentada no site. Pela bagatela de 10 mil dólares, um casal de Gig Harbor, em Washington, que também tinha esse negócio como bico, lhes enviaria todo o equipamento para fazer pipoca, além de uma barraca e uma mesa. Sem nenhuma receita para ensinar a fazer a pipoca.

"Lembro-me do telefonema como se fosse ontem", disse Angie. "Meu marido me ligou num momento em que eu estava no meio de uma consulta com um paciente e me perguntou 'Ange, o que você acha de fazer pipoca?', e eu respondi: 'Gosto de pipoca. Eu topo!'."

Então, eles fecharam a compra. Por telefone. Pagando no cartão de crédito.

Nos dois anos seguintes, durante a semana, Dan ensinava espanhol e estudos sociais para crianças de 13 anos enquanto Angie trabalhava na clínica local,[*] e, à noite e nos fins de semana, eles faziam pipoca, a embalavam manualmente em sacolas Ziploc baratas e saíam pelo centro de Minneapolis com uma mesa dobrável e uma barraca, vendendo saquinhos de sua deliciosa pipoca a 3 dólares cada.

---

[*] Angie manteve seu emprego na clínica por sete anos antes de finalmente sair para se concentrar em tempo integral no negócio.

Há um famoso provérbio africano que diz que é preciso uma aldeia inteira para cuidar de uma criança. Para Angie e Dan Bastian, os dez anos seguintes provariam que também é preciso uma aldeia inteira para construir um negócio de pipoca.

Em 2003, eles foram apresentados, por um amigo, ao comprador de uma rede de supermercados local. O comprador simpatizou com eles (e com a pipoca) e lhes deu o empurrãozinho do qual eles precisavam para legitimar seu bico. "Ele disse: 'Tirem o negócio do amadorismo. Arrumem uma tabela nutricional. Consigam uma embalagem – não dá para vender pipoca em sacos fechados com fechos de arame baratos em supermercados. Depois, venham me procurar!'." Então, nos seis meses seguintes, eles compraram alguns equipamentos, alugaram uma pequena cozinha comercial – "a operação ganhou um teto e quatro paredes", como Angie gosta de dizer – e voltaram à rede de supermercados para lançar oficialmente a pipoca "Angie's Kettle Corn".

Eles providenciaram as devidas licenças, não precisaram mais vender seus produtos em uma barraca na rua, mas o negócio ainda era, em grande parte, improvisado. O logotipo foi feito por uma mulher chamada Chris Higginbotham, que morava em uma cidadezinha ao norte da cidade deles. "Trabalhamos juntos no porão dela até chegarmos ao logotipo", disse Angie sobre o processo. Eles também imprimiam os rótulos das embalagens no local. Quem estourava pipoca na cozinha era principalmente Dan, mas ele, Angie e seus filhos "e quem quer que pudéssemos encontrar" embalavam e etiquetavam os pacotinhos todas as noites. Dan acordava de manhã cedo e colocava o produto do dia em velhas caixas de banana que havia pegado nos próprios supermercados aos quais entregaria a pipoca. Então, de quinta a domingo, ele e Angie distribuíam amostras do produto em meia dúzia dos primeiros supermercados com a ajuda de um casal chamado Don e Jeannie Boyer, que acabariam se tornando seus funcionários, mas, na época, eram apenas um casal de professores aposentados que queriam fazer algo juntos. Ainda sem poder pagar funcionários, Dan e Angie ofereceram aos Boyers uma remuneração de 8 dólares por hora... para os dois. "Eles disseram 'Não se preocupem com isso!'", lembrou Angie, "porque eles eram pessoas boas e queriam ajudar".

Em poucos anos, Angie e Dan também precisariam de ajuda financeira e organizacional. Eles bancavam a maior parte das despesas da empresa com cartões de crédito e, em 2006, ficaram tão endividados que sua situação financeira tornou-se tecnicamente pior do que era quando começaram. Então, um contador amigo da família chegou para ajudar. "Ele olhou para a nossa contabilidade e disse: 'E se eu lhes desse um empréstimo agora? Vocês pagam os cartões de crédito e podem me devolver quando der'", Angie lembrou. Um ano depois, o irmão de Dan, Greg, entraria na empresa e continuaria o trabalho que o contador amigo deles havia começado, ajudando a manter as finanças em ordem. Greg se tornaria "o porto seguro da empresa", disse Dan.

O apoio e a orientação dessas pessoas não poderiam ter vindo em melhor hora, porque, embora Angie e Dan ainda não estivessem ganhando dinheiro, ficou claro quando Greg entrou na empresa, em 2007, que eles estavam no caminho certo. Eles não estavam conseguindo atender a demanda. Não havia horas suficientes no dia para Dan fazer pipoca e dar conta de todos os outros afazeres. Como medida provisória, eles contrataram três estudantes da Universidade Estadual de Minnesota – sendo que dois deles eram parentes – e lhes pagaram um salário mínimo. Colocaram um cooler de cerveja no final da linha de produção como incentivo. Era o tipo de benefício que só funcionaria com um estudante universitário. Em pouco tempo, para aumentar a produção, eles tiveram que se mudar para um prédio maior, que a Autoridade Portuária de North Mankato concordou em ajudar a financiar se eles garantissem que gerariam pelo menos oito novos empregos. (O número de empregos que eles acabaram criando foi muito maior que isso.)

Na primavera de 2008, eles sentiram o primeiro gostinho de trabalhar com grandes redes de supermercados. O comprador da Trader Joe's, que Dan havia passado meses assediando com telefonemas e amostras, encomendou 25 *caminhões* de pipoca para serem distribuídos em todas as lojas da Trader Joe's por todo o país. Foi um pedido no valor de 400 mil ou 500 mil dólares. E eles não tinham dinheiro nem pessoal para atendê-lo. Por sorte, Greg conseguiu convencer uma financiadora de cartões de crédito que havia acabado de mandar a Dan uma oferta de linha de crédito de 100 mil dólares (era um daqueles cheques falsos que os cartões de crédito mandam pelo correio e que, pelo jeito, são de verdade!) a transferir o dinheiro para a conta comercial de Dan e Angie. Então, Colette, uma amiga do casal que tinha uma empresa de recursos humanos, os ajudou a contratar vários funcionários.* Com o dinheiro e a mão de obra garantidos, eles conseguiram atender à demanda de produção da primeira encomenda da Trader Joe's e se prepararam para um segundo pedido; depois, para um terceiro e um quarto pedido, e cada um chegava mais rápido que o anterior.

Em 2009, a receita da Angie's Kettle Corn atingiu entre 3 milhões e 4 milhões de dólares, a maior parte vinda da Trader Joe's. Foi então que as coisas decolaram. Eles entraram na Target, em cadeias de supermercados regionais e, depois, na Costco. Em 2011, quando mudaram a marca para se tornar a Angie's BOOMCHICKAPOP, com um novo foco em pipocas saudáveis, sua taxa de crescimento foi de aproximadamente 4.000% – isso mesmo, *quatro mil* por cento.

Em 2014, eles chamaram a atenção da TPG, uma grande empresa de private equity famosa por fazer aquisições inteligentes de empresas responsáveis. A TPG comprou a participação de uma empresa menor que havia assumido uma participação minoritária em 2010 e, com isso, assumiu a participação majoritária da Angie's BOOMCHICKAPOP. Pela primeira vez, Dan e Angie conseguiram pegar parte do dinheiro para si e distribuir parte da riqueza entre seus funcionários. As pessoas que os ajudaram a levar sua pequena operação de pipoca de degustações em mercados da cidade para uma linha inteira de produtos em

---

* Colette acabaria entrando na empresa como vice-presidente de recursos humanos.

cobiçados espaços de prateleira na altura dos olhos na Target e displays de ponta de gôndola na Trader Joe's. As pessoas que se arriscaram para ajudá-los a se livrar das dívidas e ensiná-los a administrar um negócio de verdade. As pessoas que lhes possibilitaram alcançar seu objetivo de garantir a faculdade dos filhos e muito mais.

Quando finalizaram o acordo com a TPG, em 2014, "as ações de participação concedidas à nossa equipe tornaram-se líquidas", disse Angie. "Foram os três melhores dias da minha carreira." Eles puderam distribuir milhões de dólares para "todas as pessoas que nos deram tudo o que temos", disse Dan, dominado pela emoção, quando nos aproximamos do fim da nossa entrevista. "Foi meio que uma forma de agradecer a todos."

E eles agradeceram de novo em 2017, quando a Conagra comprou a empresa toda por um quarto de bilhão de dólares.

"Foi incrível", disse Angie, porque lhes deu a chance de recompensar os funcionários que ainda não haviam recebido uma participação acionária. "Fizemos as contas, e eles também puderam receber um cheque."

Acho que o que lhes possibilitou uma saída tão tranquila foi o fato de eles terem conseguido fazer isso devagar, ao longo do tempo. Os três anos entre o acordo com a TPG e a aquisição pela Conagra permitiram que Dan e Angie "recuassem e deixassem a nova liderança assumir", disse Dan. "Tivemos a chance de participar apenas na medida em que quiséssemos e quando a equipe precisasse de nós, então, quando 2017 chegou, não foi tão emocionalmente turbulento quanto foi a venda de 2014." Sair lentamente e vender com vistas ao bem-estar dos outros elimina as tensões do típico dilema do fundador. Angie e Dan não tiveram que escolher entre dinheiro e controle, "rico" e "rei"; eles só precisavam pensar em termos de felicidade ou infelicidade.

"Começamos o negócio para colocar nossos filhos na faculdade", disse Dan, "e agora estamos fazendo isso por todas essas outras pessoas". Era muito mais gratificante pensar nesses termos. Eles tiveram um senso de satisfação e verdadeira felicidade que puderam compartilhar até com a nova liderança de sua antiga empresa. Quando Angie e Dan calcularam as distribuições da venda da Conagra para os funcionários que não detinham participação acionária, eles entregaram os cheques para a liderança distribuir. "Eles tiveram a chance de sentir o prazer de dar", disse Angie.

É o tipo de gesto que sua equipe guarda no coração muito tempo depois que você, o fundador e o líder da empresa, se vai.

25

SEJA GENEROSO

Não é fácil começar um negócio. Fazer esse negócio crescer é ainda mais difícil. Sustentar esse negócio por um bom tempo, dentro ou acima dos padrões que você definiu para ele no início, parece ser a tarefa mais difícil de todas para muitos fundadores. Principalmente porque requer muito comprometimento – com a missão, os valores, a identidade e dezenas de outros fatores em constante mudança – por parte de cada funcionário que entra na sua empresa todo dia de manhã para trabalhar.

Inspirar seus funcionários a desenvolver esse tipo de união pode ser incrivelmente difícil – não por falta de interesse, mas por falta de tempo e know-how. Como fundador e CEO, você estará sempre ocupado. Muito ocupado. Haverá produtos para lançar, estratégias para desenvolver, reuniões para liderar, pessoas para contratar, incêndios para apagar, investidores para atrair e a quem prestar contas. Seu instinto natural será concentrar a maior parte do seu tempo nas coisas que você faz bem – as coisas relacionadas ao negócio, aos produtos. Você tenderá a priorizar as coisas que aumentam os resultados financeiros ao mesmo tempo que procurará mitigar as coisas que os reduzem.

E você tem razão de fazer isso. Esse é o seu trabalho. Mas não o *único*.

Você também é o criador da missão, o definidor de valores, o impulsionador do moral. Você é responsável por criar um ambiente no qual seus funcionários possam prosperar, o trabalho possa ser feito, as necessidades dos clientes possam ser atendidas e você possa se orgulhar do que sua empresa realizou ao fim de cada dia.

Não faltam livros de gestão e liderança dando conselhos sobre como fazer tudo isso. Eles apresentam sistemas, planos e estudos de caso com dados para respaldar tudo. Você pode aprender valiosas lições com cada um deles. Mas, sinceramente, acho que não precisa ser tão complicado. Eu não acho que você precisa fazer um inventário da personalidade de cada pessoa da sua equipe para saber o que as motiva ou para levá-las a vestir a camisa da empresa. Acho que é tudo muito mais simples do que isso.

Devo admitir que nem sempre pensei assim. Antes de ser um podcaster, passei minha carreira toda em grandes organizações de mídia com culturas fortes definidas por ambientes de trabalho tensos – fosse o ambiente físico onde eu trabalhava, como as zonas de guerra em que passei vários anos fazendo reportagens, ou o clima corporativo em geral, com pessoas com ambições pessoais conflitantes, prazos apertados e orçamentos ainda mais apertados. De todo modo, a única coisa com a qual um líder poderia levar um grupo de jornalistas a concordar era que eles não concordavam em nada.

Minha opinião sobre esse assunto começou a mudar à medida que eu entrevistava mais e mais empreendedores. Muitos deles tiveram dificuldade de contratar pessoas no início do processo de crescimento, mas comparativamente poucos tiveram dificuldade com a retenção depois que as peças da empresa se encaixaram. No começo, não foi fácil identificar a razão para isso. Esses fundadores vinham de todo o espectro do empreendedorismo e tinham muito pouco em comum além do fato de todos terem aberto uma empresa. Mas eu sabia que tinha *alguma coisa* que eles estavam fazendo de diferente. Eu só não conhecia uma palavra do empreendedorismo para descrevê-la. Acabei percebendo que não precisava do jargão de negócios para entender do que se tratava, já que o que eles faziam de diferente não era nada empreendedor; era apenas essencialmente humano.

Entre todos os lugares pelos quais passei, uma das primeiras oportunidades que tive de expressar essa ideia em público foi como convidado no *The Tonight Show Starring Jimmy Fallon* em meados de 2019. Ao encerrar nossa entrevista, Jimmy me perguntou se eu teria um conselho para dar aos aspirantes a empreendedor na plateia – algo que aprendi com todos aqueles empreendedores incríveis que entrevistei e que eu poderia compartilhar com as pessoas. O que eu disse a Jimmy, às pessoas reunidas no Studio 6B e aos espectadores de todo o país era para que eles fossem generosos; que líderes generosos têm empresas generosas; que a generosidade é um recurso incrível; a generosidade é *grátis* – não custa nada! –, e o retorno pelo investimento da generosidade é maior do que o retorno por qualquer investimento financeiro que um empreendedor possa fazer.

A cada dia que passa, me convenço mais da verdade dessa mensagem. Isso não significa que os bons empreendedores são generosos a cada segundo do dia. Eu mesmo tenho os meus momentos. Tanto que, enquanto escrevo estas palavras, estou olhando para uma pequena flâmula que comprei pela internet que simplesmente diz: "Seja generoso!". Eu a pendurei na parede do meu estúdio para me lembrar dessa mensagem ao mesmo tempo como uma aspiração e uma meta diária. Devo admitir que nem sempre consigo, mas sempre tento me orientar por ela, e considero que tive um bom dia quando, pelo menos em geral, consegui me manter nessa direção.

Eu não acredito que uma empresa possa resistir ao teste do tempo se as pessoas não a defenderem. E acho que uma das maneiras mais confiáveis pelas quais a grande maioria dos empreendedores inspira as pessoas a fazer isso se dá por meio da generosidade. Desconheço outra forma de dizer isso. Muitos deles são simplesmente generosos! Eles tratam bem seu pessoal. Eles fazem tanto as pequenas coisas quanto as grandes coisas. Fazem questão de compartilhar seu sucesso.

E, com raras exceções, também são extremamente éticos. Eles agem com uma integridade que parece vir de um lugar de profunda moralidade.

Quando pergunto aos fundadores sobre como desenvolveram suas equipes ou como administraram suas empresas em tempos difíceis, por exemplo, na maioria das vezes suas respostas começam com as palavras "eu acredito" ou "nós acreditamos". Nem sempre eles acreditam na mesma coisa, mas a crença sempre é profundamente pessoal. Não é nada friamente analítico ou calculado. É compassiva. Suas decisões se baseiam em uma empatia que não raro se estende até o cliente.

No fim dos anos 1980 e início dos anos 1990, em um pequeno apartamento no East Village, em Manhattan, quando Marcia Kilgore estava construindo seu negócio de cuidados com a pele que se tornaria a Bliss, ela desenvolveu uma reputação como mais do que apenas uma especialista em melhorar a pele das pessoas. Ela também era alguém em quem você podia confiar para fazer o que fosse necessário para te ajudar a se sentir com o rosto renovado.

"Um tratamento facial costuma demorar uma hora, mas eu posso ficar duas horas fazendo se o cliente realmente precisar", disse Marcia. "Acho que é muito importante ser minucioso e fazer o melhor trabalho possível. E acho que você obtém resultados melhores quando dedica tempo e esforço ao que se propõe a fazer."

Para Marcia, esses resultados assumiram a forma de uma lista de espera de dezesseis meses e uma lista de clientes que incluiu Madonna, Nicole Kidman, Uma Thurman, Demi Moore, Annie Leibovitz e metade das modelos de Manhattan.

Quando a varejista de e-commerce de óculos Warby Parker foi lançada em 2010, sua lista de espera não foi vista com tanto entusiasmo pela empresa, que estava totalmente despreparada para a enxurrada de pedidos resultantes da atenção recebida de duas revistas – a *GQ* e a *Vogue* – que publicaram artigos elogiosos à empresa antes de seu site entrar ao ar. Eles tiveram que colocar 20 mil clientes potenciais em uma lista de espera que levou mais de nove meses para ser atendida. Poderia ter sido um desastre para a jovem empresa. Não se tem muitas segundas chances no empreendedorismo, especialmente se o seu negócio for on-line. E, ainda por cima, segundo o cofundador Neil Blumenthal, eles queriam "criar um negócio que tivesse um impacto positivo no mundo, o que requer tratar bem os clientes". Os fundadores entraram em contato com cada pessoa da lista de espera que estava decepcionada ou tendo uma experiência ruim. "Eram os primeiros clientes ansiosos para comprar nossos produtos, mas ainda não tínhamos nada para vender a eles", explicou Dave Gilboa, sócio de Neil. "Demos descontos, demos óculos de graça e aprendemos muitas lições importantes em termos de empatia com os clientes."

Fundadores generosos não apenas fazem cada *cliente* sentir-se valorizado; eles também fazem com que cada *empregado* se sinta valorizado. Eles fazem seus funcionários se sentirem parte de uma família. Fazem questão de dar a seus funcionários algo para chamar de seu, em reconhecimento a essa jornada que estão percorrendo juntos como uma empresa, *como uma unidade*. Esse reconhecimento pode vir na forma de ações da empresa, oportunidades que os ajudem a crescer como pessoas ou algo tão simples quanto reconhecer sua dignidade básica como seres humanos, dando-lhes a liberdade de usar seu tempo da maneira que acharem melhor.

Não fui eu que tive essas ideias. São os tipos de ações de que ouvi falar vezes seguidas por intermédio de pessoas que descreveram por que elas adoram seu trabalho. São escolhas feitas por empreendedores cujas empresas, como seria de esperar, continuam a prosperar; em alguns casos, várias décadas depois de sua fundação. Pessoas como Eileen Fisher, dona da marca de moda homônima, e Kim Jordan, da New Belgium Brewing Company, que decidiram, em meio a seu sucesso inicial na década de 1990, dar uma participação acionária a seus funcionários.

Para Eileen, a decisão também nasceu da crença de que a Eileen Fisher – *a empresa* – deveria ser uma experiência compartilhada e comunal, pois era uma expressão de gratidão a todas as pessoas que ajudaram a liderar a empresa em seu explosivo crescimento inicial, enquanto Eileen passava por um difícil processo de divórcio.

"Foi muito difícil para mim desejar estar em dois lugares diferentes ao mesmo tempo", disse ela. "Querer estar no trabalho ou me preocupar com o trabalho quando estava em casa e, ao mesmo tempo, me preocupar com meus filhos quando estava no trabalho." É uma luta aparentemente atemporal travada por milhões de pais que trabalham fora de casa. "Penso em todas as mulheres que estão tentando abrir um negócio e trabalhar no mundo dos negócios e em como é difícil cuidar da família ao mesmo tempo", Eileen explicou. "Fiz o melhor que pude. Tive que abrir mão de muita coisa. Tive que confiar muito nas pessoas da empresa e nas nossas equipes e tentar liderar sendo bem flexível."

Uma liderança mais flexível quando se tratava de gerenciar pessoas era natural para Eileen. "Eu me via mais como designer e artista do que como empresária", ela disse. Até hoje, ela não se sente à vontade com a ideia de ser uma CEO. Segundo ela, um cargo de liderança executiva mais adequado seria "diretora de criação", porque ela nunca gostou "de dizer às pessoas o que fazer. Eu gostava de resolver os problemas do meu jeito".

No fim dos anos 1990, tanto a Eileen Fisher marca quanto a Eileen Fisher pessoa sobreviveram ao divórcio e ao caos da vida privada para se tornarem grandes sucessos. Eileen abriu um showroom na Madison Avenue, em Nova York. Suas roupas eram vendidas na Bloomingdale's, na Saks Fifth Avenue e na Nordstrom. A certa altura, a empresa passou a gerar uma receita de 100 milhões de dólares. Nesse estágio, depois de todo o estresse dos anos anteriores, Eileen poderia muito bem ter vendido a empresa ou encontrado um parceiro estratégico e tirado algum dinheiro para si. Acho que é o que muitas pessoas teriam feito no lugar dela. Mais especificamente, vender a Eileen Fisher não seria um modo muito criativo – na opinião de sua diretora de criação (também conhecida como Eileen) – de levar a empresa à próxima década de uma forma que refletisse suas origens e as ambições de sua fundadora para a companhia.

"Dinheiro nunca foi a questão", ela disse, referindo-se à evolução da empresa. "Era pessoal. Eu queria que a empresa fosse como *eu* queria que ela fosse." E, para Eileen, isso significava compartilhar a riqueza. "Eu queria que as pessoas que fazem parte da empresa se sentissem donas do negócio e se responsabilizassem por ele." Então, ela vendeu parte da empresa para seus funcionários. Hoje, com cerca de sessenta lojas em todo o mundo e 1.200 funcionários (incluindo o primeiro funcionário, que continua na empresa mais de 35 anos depois), 40% da Eileen Fisher é de propriedade dos funcionários.

Na New Belgium Brewing Company, Kim Jordan e seu sócio, que era seu marido na época, Jeff Lebesch, dedicaram-se ao conceito de dar uma parte da empresa a seus funcionários ainda no início, no estágio de crescimento. Para Kim, foi uma forma de reconhecer que daria muito trabalho transformar aquela cervejaria no que eles acreditavam que ela poderia ser.

"A cerveja é um produto vivo", Kim me explicou durante nossa conversa diante de uma plateia em sua cidade natal – Denver, no Colorado. "Não dá para engarrafar metade de um lote e dizer 'Amanhã a gente continua!'. Você precisa terminar", disse ela. "Se a máquina quebrar seis vezes, ou vinte vezes, entre o começo e o fim do processo, você deve ficar lá até terminar."

Como em todo negócio, é inevitável esse tipo de coisa acontecer. Dias longos, difíceis, de dezesseis horas de trabalho. Se a New Belgium tivesse sucesso, Kim pensou, eles teriam que passar juntos por dias como esses. Foi por isso que ela considerou importante reconhecer a dedicação e o sacrifício de todas as pessoas cujo trabalho era consertar as máquinas e terminar os lotes e fazer o necessário para colocar o produto nas garrafas, para ser embarcado nos caminhões e chegar às prateleiras dos supermercados.

"Eu realmente achava muito importante reconhecer que estávamos construindo essa comunidade juntos", disse Kim. "E eu queria ver como poderíamos testar esse modelo no qual funcionários são donos de parte de uma empresa em que criam valor e patrimônio e estão todos no mesmo barco."

Kim e Jeff começaram a estabelecer um plano de ações fantasmas e distribuíram ações proporcionais aos funcionários a cada seis meses. Mas eles não queriam apenas emitir ações que viriam anexadas ao contracheque duas vezes por ano. Era todo um *evento*. Eles convidavam os novos funcionários a se levantar diante dos seus colegas — e agora *colegas proprietários* — para explicar por que eles queriam ser donos da empresa. "Fazíamos perguntas a eles", disse Kim. E não apenas ela ou Jeff, mas a equipe inteira também perguntava. "Quanto tempo você pensa em ficar na empresa? Qual tipo de habilidade você pretende desenvolver nos próximos seis meses?" Perguntas para verificar se esses homens e mulheres prestes a ser coproprietários levavam seu trabalho na empresa a sério.

O sistema estabelecido por Kim e Jeff foi tão eficaz que, quando Jeff deixou a empresa e Kim assumiu o controle total, ela vendeu toda a sua participação para seus funcionários. Foi tudo diretamente para o plano de participação acionária dos empregados. Qualquer participação recebida por Kim seria nos mesmos termos que seria para os funcionários.

A New Belgium Brewing Company, hoje avaliada em mais de 250 milhões de dólares, tornou-se uma empresa totalmente de propriedade dos funcionários. Além do patrimônio (e, seria de se presumir, cerveja grátis), os funcionários também ganhavam uma bicicleta depois de um ano de empresa e, depois de cinco anos, uma viagem com todas as despesas pagas para a Bélgica, onde podiam visitar o bar em Bruges onde os fundadores tiveram a ideia de abrir a New Belgium. Como eu disse, são as pequenas coisas *e* as grandes coisas que retêm os funcionários.

Do ponto de vista estratégico, uma das consequências muitas vezes subestimadas de tratar bem seus funcionários e criar um ambiente de trabalho compassivo é que as pessoas percebem. Tanto os funcionários quanto suas famílias percebem, o que facilita muito a retenção de talentos. Pessoas em busca de melhores oportunidades profissionais também percebem, o que é ótimo para o recrutamento. E os clientes também percebem, o que é excelente para gerar fidelidade à marca e o boca a boca. "Milhares de pessoas me disseram 'Fiz uma visita à New Belgium e vi que a paixão das pessoas é clara. Elas adoram o que fazem'", Kim contou.

Elas adoram o que fazem. Seus colegas adoram construir juntos uma marca de cerveja. Eles gostam de ir ao trabalho. "Uma das coisas que aprendi desde o começo é que as pessoas querem sentir uma conexão com algo mais amplo", disse Kim. "Passamos muito tempo no trabalho, então é importante gostar do trabalho e do ambiente."

O tempo é um daqueles recursos que as empresas generosas sabem que tem mais valor do que o dinheiro. Yvon Chouinard, fundador da Patagonia, uma empresa de roupas para atividades ao ar livre, valoriza o tempo mais do que tudo. Ele protege seu tempo com muito zelo, passando cinco meses fora do escritório todos os anos em sua casa, em Jackson Hole, no Wyoming, pescando e incomunicável. "As pessoas sabem que, se o depósito pegar fogo, não adianta me ligar", disse ele. "O que eu posso fazer? Eles sabem o que fazer."

Eles sabem o que fazer porque ele os empoderou para fazer seu trabalho da maneira que acharem melhor. "Para mim, tanto faz quando e como você trabalha, desde que o trabalho seja feito", ele explicou. Seus funcionários podem fazer o que quiserem com o restante do tempo. Essa é a única regra. Essa regra foi codificada no entendimento explícito que ficou famoso no livro de memórias best-seller de Yvon em 2005, *Lições de um empresário rebelde*, que diz que, "quando a onda chega, você larga o trabalho e vai surfar".

Eu diria que essa generosidade, essa confiança em seu pessoal para administrar o próprio tempo, é a principal expressão de Yvon sobre o tipo de bondade e respeito que cria um ambiente de trabalho positivo e uma força de trabalho leal e produtiva. Como Kim Jordan, Yvon sabe que uma pessoa passa em média um terço de sua vida no trabalho. A forma que Kim encontrou de honrar esse compromisso foi dar parte da empresa aos funcionários. A abordagem de Yvon é devolver o máximo possível desse tempo aos funcionários, para que eles possam viver a vida, ser eles mesmos e levar quem eles são para o trabalho todos os dias.

Esse impulso de construir um negócio com uma força de trabalho empoderada para atingir seu pleno potencial tem sido a base, desde praticamente o primeiro dia, de uma série de políticas que englobam a empresa toda – principalmente relacionadas à família – e que fizeram da Patagonia um dos melhores lugares para se trabalhar desde a sua fundação no sul da Califórnia em 1973. A empresa oferece horários de trabalho flexíveis e licenças-maternidade e paternidade prolongadas *desde os anos 1970*.* No início, quando a licença-maternidade terminava, Yvon deixava as funcionárias levarem os filhos para o trabalho. "Não queríamos separar os funcionários dos filhos quando eles estivessem no trabalho", disse Yvon, "então, colocávamos os bebês em uma caixa de papelão na mesa deles, e isso funcionou por um tempo. Mas alguns bebês choravam muito, e aí minha esposa abriu uma creche na empresa". Não um serviço impessoal de babás operado por um fornecedor terceirizado genérico, mas uma creche de verdade. "Sabíamos que, quando uma criança tem entre 2 e 5 anos, é o período de aprendizado mais importante de sua vida", disse Yvon. "As crianças que saem da nossa empresa são o melhor produto que fazemos." Tanto que a Patagonia chegou a contratar algumas delas posteriormente, quando se tornaram adultas. Para você ter uma ideia do tempo de existência da creche. A Patagonia tem funcionários que cresceram nela!

Embora Yvon, que adora atividades ao ar livre e tem um autêntico espírito livre, sempre tenha se considerado um empresário rebelde (está no título de seu livro), decisões como essas não foram atos de pura caridade. A política da Patagonia de contratar babás para viagens de negócios com funcionários que são pais de primeira viagem e não querem ficar longe de seus filhos pequenos tem tanto a ver com a importância da família quanto com o valor da produtividade dos funcionários.[105] Políticas como essa têm bases profundas nos negócios, fundamentadas no desejo de Yvon de construir uma empresa duradoura. "Cerca de

---

* Até hoje, inúmeras empresas da Fortune 500 não dão aos novos pais o mesmo tempo de licença que a Patagonia dava mais de quarenta anos atrás.

70% dos nossos funcionários são mulheres. Há mais mulheres do que homens na alta administração, e não quero perdê-las", ele disse. "Isso vai nos ajudar a ser uma empresa centenária."

O que faz dessas políticas um bom negócio não é apenas o fato de adotarem gestos generosos e humanos. É que elas eliminam as tradicionais escolhas entre tempo e dinheiro que a maioria dos pais que trabalham fora de casa precisa fazer ao tentar encontrar um equilíbrio entre trabalho e família. Ao eliminar completamente esse trade-off, você reduz a pressão que muitos pais que trabalham fora sentem para escolher um ou outro. Você lhes dá seu tempo de volta e aumenta sua capacidade de estar presente em todos os aspectos da vida como um todo.

Essa foi uma grande fonte de arrependimento para Eileen Fisher quando ela refletiu sobre a maneira como tentou ser a melhor mãe possível e administrar sua empresa, tudo isso enquanto passava por um divórcio. Ela confessou que, se soubesse o que sabe agora, teria feito as coisas de outra maneira. "Eu teria me esforçado mais para viver o presente, fazendo o que estava fazendo no momento, em vez de tentar estar em dois lugares ao mesmo tempo, e faria o melhor que eu pudesse." Ela teria se empenhado mais para ser uma pessoa mais plena. No entanto, Eileen vivia dividida entre ser mãe e ser empresária e, sempre que cedia a um lado, sentia que estava deixando o outro na mão. Sentia que estava perdendo ou negligenciando parte de si mesma, independentemente de escolher qualquer um dos dois caminhos. E isso porque ela era a dona da empresa! Imagine a situação para os funcionários normais.

Yvon não quer que seus funcionários vivam esse conflito. "Queremos que eles sejam quem são", disse o diretor de recursos humanos da Patagonia em uma conferência de gestores na primavera de 2019,[106] definindo de forma simples uma política de quarenta anos que produziu não apenas algumas das roupas de atividades ao ar livre da melhor qualidade do mercado como também uma taxa de rotatividade de funcionários de 4%, absolutamente excepcional para o setor,[107] e uma taxa de retenção de 100% para novas mães que retornam ao trabalho.[108] Se você, como

Yvon Chouinard, conseguir fazer com que seus funcionários permaneçam na sua empresa, talvez seja possível construir uma empresa que dure cem anos, como ele espera que aconteça com a Patagonia.

Só para esclarecer, não existe uma única maneira certa de tratar bem seu pessoal. A Starbucks oferece benefícios e bolsas de ensino superior para seus funcionários de meio período. A Burton Snowboards deixa os funcionários levarem seus cachorros para o trabalho. (Eles tinham 132 cães cadastrados quando conversamos, em 2017.) E, se nevar mais de meio metro em Vermont, o escritório fecha e todo mundo vai esquiar. Na sede da Clif Bar, em Emeryville, na Califórnia, Gary Erickson e sua esposa e co-CEO, Kit Crawford, oferecem creche, academia, personal trainers e caixas de Clif Bars espalhadas por todo o campus, e os funcionários podem usufruir de quanto quiserem quando bem entenderem.

Não importa quais sejam as suas decisões como fundador, elas devem ter bases éticas sólidas. Tirando isso, apenas dois fatores são realmente necessários quando se trata de construir uma empresa boa e duradoura. O primeiro fator é que as coisas que você faz devem ajudar a concretizar sua missão e corresponder a seus valores. E o segundo é que você deve fazer essas coisas desde o início, justamente porque a missão, os valores e a cultura costumam ser muito difíceis de mudar. Como vimos, essa foi, em grande parte, a causa da ruína da AOL Time Warner e a razão pela qual nada conseguiu tirar a American Apparel de sua queda livre depois que Dov Charney perdeu a confiança de seu conselho e de seus funcionários.

Também foi algo que Yvon Chouinard descobriu depois que vários CEOs o procuraram ao longo dos anos para saber como ele construiu a Patagonia e como eles poderiam imitar seu modelo em suas próprias empresas. Ele explicava como eram as políticas da Patagonia e sua filosofia de gestão e atendimento. Os CEOs adoravam uma ou outra ideia e se empolgavam para levá-las às suas empresas. Mas Yvon os dissuadia. "Não vai dar certo", ele dizia, "porque você precisaria ter começado desde quando contratasse a primeira pessoa".

Ele chegou a essa conclusão depois de vários anos ajudando empresas que não estavam conseguindo motivar e reenergizar seu pessoal, tendo testemunhado várias tentativas, que sempre terminavam fracassadas. Mas havia outra razão pela qual ele acreditava nisso – sendo que essa razão tinha menos a ver com as outras empresas e mais a ver com sua própria empresa. "Alguns psicólogos vieram analisar nossos funcionários", Yvon me disse, "e eles disseram: 'Os seus funcionários são os mais independentes que já vimos em uma empresa. Na verdade, eles são tão independentes que não conseguiriam arranjar emprego em nenhum outro lugar'".

A interpretação negativa da mensagem dos psicólogos é que Yvon Chouinard conseguiu construir um negócio onde os loucos mandam no manicômio. Mas acho que a interpretação mais precisa, e a razão pela qual ele acredita que os princípios da Patagonia não são aplicáveis a outras empresas a menos que os fundadores comecem do zero, é a de que Yvon cultivou uma força de trabalho em funcionários que não conseguem se imaginar trabalhando em nenhum outro lugar. É a maior prova do poder da bondade, da generosidade, da dignidade e do respeito na construção de um negócio duradouro.

26

O QUE FAZER COM A SUA SORTE

Ainda me lembro da minha primeira entrevista para o podcast *How I Built This*, que lançamos em setembro de 2016. Sara Blakely. A inimitável e infatigável fundadora bilionária da Spanx. Ela foi uma imensa conquista para nós. E estava depositando uma tremenda confiança em mim. Eu acreditava no conceito do podcast e na minha capacidade como entrevistador e apresentador, mas ainda seria minha primeira incursão em um programa exclusivamente sobre o empreendedorismo e ainda era experimental. Sara concordou gentilmente em ser a cobaia, e eu não queria pisar na bola.

Como repórter de guerra e apresentador dos programas *Weekend All Things Considered* e *TED Radio Hour*, eu havia entrevistado mais de 6 mil pessoas – vencedores do Prêmio Nobel, líderes mundiais, estrelas do rock, campeões olímpicos, titãs dos negócios e da indústria, romancistas e muitos mais –, no entanto, ao me preparar para conversar sobre a história da empresa de uma das empreendedoras mais bem-sucedidas de todos os tempos, foi impossível não ficar nervoso. Eu ainda não entendia bem, por exemplo, algumas das siglas que viria a conhecer nos próximos quatro anos – como CPG, P&L e LTV – e o que entra no cálculo do COGS.

Além de almejar sobreviver à entrevista com minha dignidade profissional intacta, eu também me preocupava com a sobrevivência do programa depois de suas primeiras semanas no mundo. Eu não tinha como saber se as pessoas gostariam das histórias que eu queria ajudar os empreendedores a contar. Eu sabia que os ouvintes se beneficiariam delas, mas só se conseguíssemos fazer do jeito certo. Só se eu conseguisse deixar meus convidados à vontade a ponto de eles se mostrarem autênticos e vulneráveis. Eu não tinha como saber se conseguiria fazer isso acontecer. E, tendo passado toda a minha carreira profissional como jornalista, com uma boa dose de ceticismo em relação ao mundo dos negócios, eu temia passar aos ouvintes uma mensagem errada sobre o empreendedorismo.

Olhando para trás, quase quatro anos depois, sinto uma grande satisfação por poder dizer que não me preocupo mais com essas coisas. Acontece que os ouvintes gostam das histórias de empreendedorismo e das jornadas do herói que as fundamentam, e os empreendedores gostam da oportunidade de ser transparentes e francos sobre os eventos de sua vida que definiram as pessoas que eles se tornaram e os negócios que construíram.

O fato de termos conseguido transformar tudo isso em um podcast de sucesso me proporcionou muitos sentimentos diferentes. Sou extremamente grato aos ouvintes e fãs. Sou inspirado pelos empreendedores corajosos e resilientes que tive a chance de conhecer, entrevistar e, em alguns casos, até fazer amizade. E me orgulho demais do que minha equipe e eu fizemos com o podcast em apenas alguns anos. Mas, acima de tudo, acho que tive muita sorte.

Comecei na NPR muitos anos atrás como estagiário, com um monte de outros estagiários muito mais talentosos e sofisticados do que eu. Todos os dias, durante os primeiros anos, eu me convencia cada vez mais de que jamais poderia competir com aquelas pessoas brilhantes que um dia provavelmente ascenderiam a âncoras de todos os principais programas da NPR. Mesmo assim, de alguma forma, construí uma carreira de sucesso na radiodifusão. Foi por uma série de circunstâncias que só fazem sentido porque, apesar de eu ter me empenhado muito, também tive muita sorte. Sorte de as pessoas terem descoberto meus programas. Sorte de a NPR ter me dado a oportunidade de tentar algo novo. Sorte de ter tido pais amorosos e uma boa criação. Sorte de ter nascido nos Estados Unidos, onde a mera ideia de construir algo do nada, de ter a chance de trabalhar em algo que você adore, não é uma fantasia absurda, mas está incorporada à promessa fundadora da nação.

Acredito muito em sorte. Quando olho para a trajetória da minha vida, sinto que a sorte desempenhou um papel descomunal em grande parte do meu sucesso profissional. Até tive a sorte de ter sido rejeitado para empregos na NPR que eu almejava desesperadamente – rejeições que foram muito dolorosas e difíceis na ocasião. Porque, se eu tivesse conseguido esses empregos, não estaria fazendo os programas que faço hoje. É por isso que termino todas as entrevistas de *How I Built This* perguntando aos meus convidados até que ponto eles acham que a sorte teve um papel em seu sucesso, em comparação com coisas como trabalho duro, habilidade e inteligência. Não por acreditar que haja uma única resposta certa, ou até que haja qualquer resposta, mas porque, ao tentar responder a essa pergunta, eles precisam parar um momento para refletir. Depois de passar muitas horas conduzidos por mim, passando por cada pequeno detalhe de sua jornada empreendedora – desde o chamado de sua ideia para criar um negócio até as provas de fogo, quando eles acharam que tudo estava perdido, mas que conseguiram superar, até seu envolvimento atual na empresa que eles trabalharam incansavelmente para construir –, os fundadores têm a chance de refletir sobre tudo o que acabamos de falar, tudo o que pensaram antes de entrar no estúdio e reavaliar como todas as peças de sua história se encaixam. Quase de modo infalível, essa pergunta produziu alguns dos momentos mais reveladores das minhas entrevistas.

De certa forma, a pergunta funciona como os amplos, vazios e cavernosos átrios que encontramos ao entrar na maioria dos principais museus do mundo. É um espaço de transição entre tudo o que você acabou de absorver da história passada e tudo o que existe no presente ao qual você está prestes a voltar. É um lugar para fazer uma pausa, para refletir e sintetizar tudo em um melhor entendimento do seu mundo. Vi isso acontecer em tempo real, por exemplo, com Rod Canion, fundador da Compaq Computer quando perguntei sobre a natureza de seu sucesso e ele fez uma pausa antes de responder.

"Se você me fizesse essa pergunta no fim da década de 1980, eu provavelmente diria que é 90% de inteligência, insight e trabalho duro, e 10% de sorte. Hoje, eu diria o contrário", Rod respondeu. "Isso mostra como a nossa perspectiva muda com o tempo."

Acho que o que muda é perceber que tantas pessoas no mundo são mais inteligentes ou se empenham mais ou têm mais dinheiro ou são mais resilientes e mesmo assim têm menos sucesso apesar de todos os seus esforços. Todo empreendedor de sucesso que conheci tem uma história sobre passar meses trabalhando dezoito horas por dia ou sobrevivendo só com uma dieta de macarrão instantâneo, cereais matinais e arroz, mas nenhum deles trabalhou mais como fundador do que um lavador de pratos ou um jardineiro ou um operário da construção civil ou uma garçonete trabalha todos os dias.

Não estou tentando minimizar a dificuldade de abrir um negócio. As conversas que tive desde que comecei o *How I Built This* abriram meus olhos para o enorme desafio de defender uma ideia, e mais ainda de transformá-la em uma empresa capaz de operar com sucesso sem seu fundador no comando. Dá muito trabalho. A questão é que você pode fazer tudo direito, pode fazer todas as jogadas certas e, mesmo assim, pode perder o jogo. Perder para valer. Na verdade, a maioria das pessoas perde. A maioria das empresas fracassa em um ou dois anos. Em geral, qualquer pessoa que esteja pensando em abrir um negócio começa com cartas ruins. Mas, se você pegar uma ou duas boas cartas, pode sair do jogo como o grande vencedor.

Para isso, você vai precisar ter sorte.

Basta olhar para alguém como o finado Herb Kelleher. Herb dava muito duro no trabalho. Mas também teve sorte de maneiras que estavam totalmente fora de seu controle. Nos primeiros sete anos de operação, a Southwest Airlines só voava no estado do Texas, mas a desregulamentação do setor aéreo em 1978 lhes permitiu romper o domínio monopolista que as grandes companhias aéreas tinham nas rotas domésticas e eles passaram a oferecer voos incrivelmente baratos para outros estados. A Southwest também foi lançada durante um período de transição cultural, quando as viagens aéreas começaram a se popularizar. Antes, poucas pessoas podiam pagar para viajar de avião. Só os Don Drapers do mundo. Ao oferecer passagens aéreas bem mais baratas dos que as oferecidas pelas grandes companhias aéreas – cortesia da desregulamentação –, Herb e sua equipe conseguiram explorar essa demanda reprimida e obter lucros enormes com uma base de clientes que não existia apenas alguns anos antes. Sem dúvida, foi uma jogada brilhante por parte de Herb; e exigiu muito trabalho duro para ser executada. Mas a Southwest também estava no lugar certo na hora certa. Eles tiveram sorte. Herb teve sorte.

O mesmo pode ser dito sobre Tobi Lütke, o fundador da Shopify, embora sua sorte tenha vindo disfarçada de infortúnio. O que impulsionou a plataforma de e-commerce de Tobi para seu grande sucesso inicial foram milhões de pessoas que se viram subitamente desempregadas em consequência da crise financeira de 2008 e que estavam se voltando para o comércio na internet como uma forma de pagar as contas. Enquanto outras empresas da internet e organizações de mídia sofriam perdas, a Shopify teve um crescimento explosivo. Será que a Shopify poderia ter tido sucesso sem o fluxo de clientes resultantes da crise financeira? Com certeza. Mas quanto sucesso? E com qual rapidez? É difícil dizer. Mas é inegável que Tobi teve muita sorte com o timing.

Vários fundadores que entrevistei também encontraram sua sorte na crise financeira. Ron Shaich viu a crise como uma chance de investir ainda mais na marca Panera e fazê-la crescer com muito mais rapidez do que o planejado, triplicando o preço das ações. Carley Roney e David Liu viram seu site, o The Knot, crescer 5%, enquanto outras empresas de mídia encolheram até 20%. Eles tiveram sorte de estar no negócio certo. "Os casamentos são à prova de recessão", disse David. Kendra Scott considera a recessão o maior presente que sua joalheria homônima já recebeu, porque lhe deu a permissão que ela jamais concederia a si mesma para fazer a transição de uma empresa de atacado para o varejo de consumo, onde ela finalmente atingiu um enorme sucesso. "Passei todos esses anos preocupada com o que os compradores dos varejistas queriam. E acabava não pensando tanto no cliente", disse Kendra. "Então, o mundo inteiro mudou e eu percebi que precisava voltar toda a minha atenção para o cliente."

Cada uma dessas histórias tem um grande fator de sorte. Mas não estou falando de sorte neste contexto para argumentar que esses fundadores não deveriam se orgulhar de todo o trabalho duro que dedicaram a seus negócios. Na verdade, a ideia é ajudar os aspirantes a empreendedor a entender que a sorte que esses fundadores tiveram não foi algum tipo de magia obscura. Não aconteceu no vácuo. Não aconteceu só para eles. No fim das contas, a sorte não passa de uma oportunidade esperando para ser agarrada, e eles a agarraram. A estratégia de Herb para a Southwest não foi um palpite qualquer. A companhia aérea não se beneficiou da desregulamentação e da mudança dos hábitos dos consumidores por acaso. Herb estava aberto à sorte que se desenrolava diante dele. Ele identificou a oportunidade e criou uma estratégia para maximizá-la. O mesmo pode-se dizer em relação a Ron Shaich, Kendra Scott, Tobi Lütke e os fundadores do The Knot.

Kevin Systrom, um dos fundadores do Instagram, tem uma teoria simples sobre sorte. Ele a compartilhou em sua resposta à minha última pergunta em minha entrevista com ele e seu cofundador, Mike Krieger. "A sorte está em tudo no mundo. A questão é o que você faz com ela." Acho que ele está certíssimo. Acho que todo mundo tem sorte de várias maneiras em algum momento da vida, e é o que você faz com essa sorte que determina se você terá sucesso ou fracasso ou até mesmo se tentará.

Você pode ter uma boa rede de conhecidos, como John Foley, cofundador da Peloton, que arrecadou 400 mil dólares com uma rodada inicial de oito pessoas que "me conheciam, confiavam em mim e gostavam de mim", como ele as descreveu, incluindo seu cunhado, que era o CEO da Ticketmaster.

Talvez você tenha nascido em uma família estável como Chet Pipkin, que pôde morar com os pais, na mesma casa em que cresceu, enquanto abria a Belkin International na mesa da sala de jantar antes de se mudar para a garagem. "Chet, eu te amo muito, muito mesmo", disse sua mãe, "mas você precisa tirar as suas coisas da mesa". Era assim que os Pipkin davam uma bronca nos filhos!

Talvez você tenha tido o privilégio de estudar em boas faculdades, como muitos empreendedores que entrevistei. Jenn Hyman tem dois diplomas pela Harvard. Jim Koch tem três diplomas pela Harvard. Ron Shaich, Susan Tynan da Framebridge, Katrina Lake e Alexa von Tobel da LearnVest se formaram pela Escola de Administração da Harvard. Andy Dunn e Randy Hetrick têm pós-graduação em administração pela Stanford. Os fundadores da Warby Parker estudaram na Universidade da Pensilvânia. É indiscutível que é preciso ter muita sorte para poder estudar em uma dessas instituições. Todos esses empreendedores, sem dúvida, tiveram essa sorte.

Ou talvez você tenha tido a sorte de nascer com o tipo de personalidade que o torna mais resiliente, mais tolerante a rejeições, mais disposto a fazer o que for preciso, sem o enorme ego que impede tantas pessoas de persistir em tempos difíceis. Uma personalidade como a de Daymond John, com a disposição de trabalhar duro e a resiliência para persistir diante de todos os nãos até chegar a um sim.

Seja qual for o caso, a pergunta que você precisará responder a si mesmo como aspirante a empreendedor não é se algum dia você terá sorte – você terá e provavelmente já tem. É o que você vai fazer com a sorte que tem. Você vai aproveitá-la? Vai fazer o trabalho? Vai dar o salto? Vai escrever o 25º e-mail para o investidor? E o 26º? Vai pagar todos os seus conhecidos para comprarem seu produto para que as lojas pensem que o produto é um sucesso instantâneo, como Sara Blakely fez nas primeiras cinco lojas que começaram a vender a Spanx? Vai visitar as lojas e, por conta própria, colocar seus produtos em um lugar de mais visibilidade, como ela também fez? Você precisará fazer essas escolhas quando perceber a sorte que tem e identificar as oportunidades que acompanham essa sorte.

A oportunidade mais importante que já tive em minha vida foi a de conhecer uma mulher linda e brilhante no churrasco de um amigo para o qual tive a sorte de ser convidado em Washington, no verão de 2000. O nome dela era Hannah. E, mesmo sem ter conversado com ela naquele dia, planejei tudo para que meu amigo, que tinha feito o churrasco e que também era colega de quarto de Hannah, a levasse para outra festa para a qual eu tinha sido convidado no dia seguinte.

Essa é outra coisa sobre a sorte que você não pode esquecer: você tem algum controle sobre ela. Como Brian Scudamore me disse quando falava sobre azucrinar o Departamento de Transportes de Idaho para lhe deixar usar o número de telefone "1-800-GOT-JUNK", às vezes, "você faz sua própria sorte". Recrutar nosso amigo em comum para a minha causa foi um desses momentos para mim.

No dia seguinte, Hannah apareceu na festa, embora com alguma hesitação inicial que não tinha nada a ver comigo e sobre a qual eu só fiquei sabendo depois. Ela simplesmente não estava com vontade de ir. Então, bem quando seu colega de quarto estava saindo de casa, Hannah mudou de ideia. Ela gritou: "Espere, eu também vou!" – e chegou bem a tempo de eu me apaixonar por ela. Dois meses depois, fui a Berlim para assumir o escritório da NPR. Passamos mais dois anos separados por um oceano. Mesmo assim, ficamos juntos.

Vinte anos depois, estamos casados, temos dois filhos, e ela se tornou a pessoa mais importante da minha vida. Muito do que fiz e das oportunidades que tive foram consequências diretas de seu apoio, de sua orientação e de sua sabedoria. A oportunidade de conhecê-la foi a maior sorte que eu já tive na vida.

Você e eu temos muita sorte. Eu tive a oportunidade de escrever este livro; você teve dinheiro para comprá-lo (ou paciência para retirá--lo na biblioteca) e tempo e disposição para lê-lo. Eu tive o privilégio de conhecer e entrevistar alguns dos inovadores, empreendedores e idealistas de maior sucesso do mundo para ajudá-los a contar suas histórias; você de alguma forma chegou até aqui, onde pôde aprender com as lições contidas nessas histórias. Em 2015, tive uma ideia para criar um podcast e tive a sorte de contar com o encorajamento e o apoio de algumas pessoas importantes da NPR e da minha esposa, Hannah; hoje, ou em breve, espero que você tenha a sorte de ter sua própria ideia e que este livro o ajude a concretizá-la.

Quando isso acontecer, por favor, não deixe de me contar, porque eu quero muito saber como você construiu seu negócio.

POSFÁCIO

Tem uma coisa que você pode não saber: o que você ouve no *How I Built This* e em meus outros programas de entrevistas são uma versão editada de uma conversa muito mais longa. Eu passo duas, três, às vezes quatro ou mais horas conduzindo meus entrevistados pelos pequenos detalhes e pelos grandes momentos de suas jornadas. É uma experiência intensa e, muitas vezes, emotiva – para eles e para mim.

Minha regra é simples: podemos falar de tudo. Porque todas as pessoas são complicadas. Todo mundo passou por episódios vergonhosos sobre os quais prefere não falar. Mas esses momentos fazem parte da jornada e, quando contextualizados, ajudam a nos dar uma visão mais detalhada de quem a pessoa é.

Como você pode imaginar, quando passa um tempo concentrado no que uma pessoa está dizendo – perguntando sobre seus momentos mais difíceis, suas vulnerabilidades, seus fracassos, erros e lapsos de julgamento (além de suas vitórias e sucessos, é claro!) –, é difícil não sentir uma conexão extraordinariamente forte e profunda com ela.

Na maioria dos casos, recebo um e-mail dos meus entrevistados alguns dias depois descrevendo a experiência como uma forma de terapia. Como uma catarse e um momento de reflexão. Faz todo o sentido para mim, porque nossa tendência é seguir em frente sem nunca olhar para trás. Raramente temos a chance de refletir sobre a jornada da vida ou, no caso dos meus convidados do *How I Built This*, a jornada do empreendedorismo.

Mas esses momentos de reflexão são cruciais. Porque se há uma lição importante que aprendi com os empreendedores que entrevistei – e na minha própria jornada como empreendedor – é que você se sentirá totalmente sozinho em alguns momentos.

Não é fácil começar um negócio – aliás, qualquer empreitada criativa. É um caminho sinuoso com horas, dias, semanas e meses cheios de dificuldades, fracassos, inseguranças e até lágrimas. Inclua a sensação de isolamento e você terá a receita perfeita para uma enorme ansiedade.

Foi o que aconteceu comigo um tempo atrás, depois de passar semanas sem dormir. Estávamos nos preparando para mudar para o outro lado do país, eu estava produzindo três programas e tinha mais dois em planejamento e comecei a me preocupar com tudo. Minha família, meus filhos, minha equipe, os programas, as parcerias, os prazos, minha saúde. Eu me sentia o único e exclusivo responsável pelo destino de todas essas coisas.

Até que, certa noite, minha esposa, Hannah, pegou um caderno e me pediu que eu lhe dissesse o que estava pensando. Eu disse tudo o que estava passando pela minha cabeça, e ela anotou cada palavra. Foi terapêutico colocar minhas ansiedades no papel, e isso me ajudou a voltar a dormir, mas a verdadeira salvação veio três meses depois, quando Hannah pegou o caderno e leu para mim minha lista de preocupações.

Nem um único item daquela lista continuava sendo relevante! Nenhuma das minhas preocupações tinha se materializado. A maioria dos problemas tinha se resolvido com o passar do tempo. No entanto, na ocasião, parecia que o mundo estava desabando ao meu redor. Eu adoraria dizer que eu sou o único a ter esse tipo de problema, mas isso faz parte da condição humana. Nosso cérebro tem um mecanismo de segurança projetado para nos ajudar a reagir em momentos de estresse e ameaça. Esse mecanismo nos ajudou muito na era pré-histórica, quando precisávamos fugir de animais selvagens. Nos dias de hoje, nossa dificuldade está em descobrir como desativar esse mecanismo de segurança, fazer uma pausa para refletir sobre a nossa vida e ter uma perspectiva mais ampla de nossa jornada.

E é justamente o que tento fazer toda vez que entrevisto um empreendedor no meu podcast *How I Built This*.

Se você escolheu este livro para ler, já pode ter ouvido e respondido ao chamado do empreendedorismo. Você pode estar bem no meio da prova de fogo do crescimento, tentando descobrir exatamente qual tipo de empresa você quer construir e qual tipo de empreendedor você quer se tornar. Não importa em que ponto esteja em sua jornada, é quase certo que você enfrentará um momento como o que eu vivi. Um período desesperador de ansiedade paralisante que só você tem como entender, quando tudo depende das suas decisões, de você.

Quando isso acontecer, quero que você pegue um caderno e anote essas preocupações. Quero que você as coloque no papel para poder olhar para elas no dia seguinte, na semana seguinte, no mês seguinte, no ano seguinte e ver que, apesar de cada desafio e cada crise que você tiver que enfrentar na busca de concretizar sua ideia parecerem o fim do mundo, na verdade não é. Pode confiar em mim.

Como é que eu sei disso? *Você ainda está aqui, não é?* Não só você, mas todas as pessoas que estão ajudando a dar vida à sua ideia. Todas as pessoas que querem ver o seu sucesso. Todos os empreendedores que vieram antes de você e cometeram os erros com os quais você pode aprender sem ter que cometer os mesmos erros. E você tem este livro. Espero que este livro tenha dado a você um pouco mais de consolo e confiança, sabendo que, ao construir seu negócio, você não está sozinho.

AGRADECIMENTOS

Este livro se baseia principalmente em meus quatro anos de entrevistas para o podcast *How I Built This*. A maioria das pessoas cujas histórias apresentei aqui passou muitas horas conversando comigo. Uma das maiores dificuldades de produzir o programa é decidir o que deve ou não entrar na edição final. O mesmo pode ser dito deste livro. Há uma centena de outras histórias que eu poderia compartilhar – e espero fazer isso em um próximo livro! No fim, espero que o que você leu aqui o ajude a inspirá-lo ao longo de sua jornada.

Este livro não passaria de uma pilha de anotações, parágrafos sem pé nem cabeça, ideias desorganizadas e transcrições na minha mesa se não fosse pelo apoio do meu brilhante parceiro de escrita, Nils Parker. No decorrer de um ano, devo ter passado mais tempo com Nils (por telefone ou pessoalmente) do que com praticamente qualquer pessoa além da minha esposa e dos meus filhos. Nunca vou me esquecer dessas conversas, das trocas de ideias e das sessões de brainstorming. Este livro é tanto do Nils quanto meu. O feedback crítico de Ryan Holiday foi incrivelmente valioso. Joseph Karnes e Billy Oppenheimer ajudaram imensamente nas pesquisas, e Tessa Abrahams leu o manuscrito com atenção para melhorá-lo a cada passo. Barbara Jatkola vasculhou o manuscrito com olhos de águia e seu feedback foi de grande ajuda para melhorar o texto. Meus agentes na UTA, Oren Rosenbaum e Byrd Leavell, têm sido grandes defensores e apoiadores do meu trabalho desde o dia em que os conheci. Meu editor na Houghton Mifflin Harcourt, Rick Wolff, foi um dos primeiros e mais entusiastas defensores da ideia e ajudou a orientar o processo de escrita nos dois últimos anos.

Como mencionei na introdução, *How I Built This* surgiu de uma ideia que tive em 2008, quando fiz um curso na Escola de

Administração da Harvard durante um ano sabático como bolsista de jornalismo depois de quase oito anos atuando como correspondente estrangeiro. Passei os sete anos seguintes apresentando o programa *Weekend All Things Considered* e, em seguida, o *TED Radio Hour*. Até que, no final de 2015, apresentei a ideia do *How I Built This* à diretora de programação da NPR, Anya Grundmann – uma grande visionária do mundo do podcasting e a arquiteta da revolução dos podcasts da NPR. Trabalhei no programa à noite e nos fins de semana com a ajuda de um DJ-produtor chamado Ramtin Arablouei. (Hoje, Ramtin é coapresentador de outro programa da NPR, o *Throughline*.) Minha editora, Neva Grant, nos ajudou a transformar as entrevistas em episódios. Jeff Rogers, nosso produtor sênior, nos deu um feedback e um apoio cruciais, junto à minha colaboradora de longa data Sanaz Meshkinpour e aos produtores Casey Herman e Rund Abdelfatah (a outra coapresentadora do *Throughline* da NPR). A princípio, a NPR recebeu a ideia do programa com um ceticismo saudável (e justificado). Mas, depois de quase um ano trabalhando duro na ideia, conseguimos fazer o show decolar. Hoje, quatro anos depois de sua estreia, em 2016, *How I Built This* conta com uma equipe incrivelmente talentosa e milhões de ouvintes semanais. Apesar de ser a minha voz conduzindo as entrevistas, a incrível equipe (do passado e do presente) por trás do podcast e dos nossos eventos ao vivo inclui Jed Anderson, Sequoia Carrillo, Elaine Coates, James Delahoussaye, Rachel Faulkner, Jessica Goldstein, J. C. Howard, John Isabella, Candice Lim, Diba Mohtasham, Allie Prescott, Daniel Shukhin e Jinae West.

Nenhum livro é publicado sem muita ajuda. Sou muito grato à minha querida amiga e mentora Sara Sarasohn; sua esposa, Ellen Evangeliste; e sua filha, Ruth; e também a Yangchen Dolma, que nos acompanhou em tantas ocasiões nos últimos dois anos.

Agradeço também à minha mãe e ao meu pai. Eles chegaram a este país no início dos anos 1970 com o sonho de melhorar de vida. Criaram quatro filhos, nos deram muito carinho, uma bela infância, e nos ensinaram a ser independentes. Por fim, meus mais profundos agradecimentos à minha esposa, Hannah, e aos meus filhos, Henry e Bram, por todo o amor e a compreensão ao longo deste processo. Como escrevi neste livro, acredito muito na sorte. E a maior sorte da minha vida foi ter conhecido Hannah.

NOTAS

CAPÍTULO 1

1. Doggett, J. A. "L'Oreal Signs Agreement to Buy Carol's Daughter". *Essence*. 20 out. 2014. Disponível em: https://www.essence.com/hair/loreal-signs-agreement-buy-carols-daughter/.
2. Graham, P. "How to Get Startup Ideas". Paulgraham.com (blog). Nov. 2012. Disponível em: http://www.paulgraham.com/ startupideas.html.

CAPÍTULO 2

3. Jenkins, A. "Which Is Safer: Airplanes or Cars?". *Fortune*. 20 jul. 2017. Disponível em: https://fortune.com/2017/07/20/are-airplanes-safer-than-cars/.
4. Fallows, J. "Telling the Difference Between Danger and Fear". *The Atlantic*. 23 maio 2014. Disponível em: https://www.theatlantic.com/technology/archive/2014/05/telling-the-difference-between-danger-and-fear/371211/.
5. Ibid.

CAPÍTULO 3

6. Knight, P. *Shoe Dog: A Memoir by the Creator of Nike*. Nova York: Scribner, 2016.

CAPÍTULO 5

7. Graham, P. "The 18 Mistakes That Kill Startups". Paulgraham.com. Out. 2006. Disponível em: http://paulgraham.com/startupmistakes.html.
8. "Buffett & Gates on Success". University of Washington. 1997. YouTube. Disponível em: https://www.youtube.com/watch?v=ldPh0_zEykU&feature=youtu.be&t=2583.
9. Sheff, D. "*Playboy* Interview: Steve Jobs". *Playboy*. Fev. 1985. Disponível em: http://reprints.longform.org/ playboy-interview-steve-jobs.
10. Graham, "The 18 Mistakes That Kill Startups".

CAPÍTULO 6

11. Aydin, R. "How 3 Guys Turned Renting Air Mattresses in Their Apartment Into a $31 Billion Company, Airbnb". Business Insider. 20 set. 2019. Disponível em: https://www.businessinsider.com/how-airbnb-was-founded-a-visual-history-2016-2.

12 "Investing with the Godfather of Silicon Valley". ZURB, s.d. Disponível em: https://zurb.com/soapbox/ron-conway-zurbsoapbox-investing-with-the-godfather-of-silicon-valley.

13 Sam Altman, post no Twitter, em 13 out. 2015, 14h02. Disponível em: https://twitter.com/sama/status/654039449538457600?s=20.

14 Sam Altman, post no Twitter, em 13 out. 2015, 14h06. Disponível em: https://twitter.com/sama/status/654040512266039296?s=20.

CAPÍTULO 7

15 Horowitz, B. "How Andreessen Horowitz Evaluates CEOs" (post de blog), *a16z*. 31 maio 2010. Disponível em: https://a16z.com/2010/05/31/how-andreessen-horowitz-evaluates-ceos/.

16 Gallo, C. "'Your Story Is Your Strategy' Says VC Who Backed Facebook and Twitter". *Forbes*. 29 abr. 2014. Disponível em: https://www.forbes.com/sites/carminegallo/2014/04/29/your-story-is-your-strategy-says-vc-who-backed-facebook-and-twitter/#59014a4f1dd8.

17 Shontell, A. "Ousted Tinder Cofounder Sues for Sexual Harassment, and She's Using These Nasty Texts as Evidence". Business Insider. 1 jul. 2014. Disponível em: https://www.businessinsider.com/tinder-lawsuit-and-sexual-harassment-text-messages-2014-7.

18 Phillip, A. "Read the Most Surprising Allegations from the Tinder Sexual Harassment Lawsuit". *Washington Post*. 24 abr. 2019. Disponível em: https://www.washingtonpost.com/news/the-switch/wp/2014/07/01/read-the-most-surprising-allegations-from-the-tinder-sexual-harassment-lawsuit/.

19 Ibid.

20 Kastrenakes, J. "Former Tinder Exec Sues Company for Sexual Harassment and Discrimination". The Verge. 1 jul. 2014. Disponível em: https://www.theverge.com/2014/7/1/5860512/tinder-sued-sex-harassment-discrimination-of-former-exec.

21 "Bumble CEO: Backlash from Tinder Lawsuit Was 'Extremely Invasive'". Entrevista para Kristen Bellstrom. *Fortune*. 13 nov. 2017. YouTube. Disponível em: https://www.youtube.com/watch?v=OwneQiw4HfU.

22 Dredge, S. "Dating App Tinder Facing Sexual Harassment Lawsuit from Co-founder". *The Guardian*. 1 jul. 2014. Disponível em: https://www.theguardian.com/technology/2014/jul/01/tinder-sexual-harassment-lawsuit-whitney-wolfe.

CAPÍTULO 8

23 "Jeff Bezos Convinced 22 Investors to Back His New Company Amazon in 1994. Their Returns? Mind-Boggling". *South China Morning Post*. 26 abr. 2018. Disponível em: https://www.scmp.com/news/world/united-states-canada/article/2143375/1994-he-convinced-22-family-and-friends-each-pay.

24 Bloomberg. "Runs in the Family: Jeff Bezos's Parents Might Also Be Ridiculously Rich". *Fortune*. 31 jul. 2018. Disponível em: https://fortune.com/2018/07/31/jeff-bezos-family-investment-amazon/.

CAPÍTULO 10

25 Um mês antes de Jeff Raikes enviar seu e-mail a Warren Buffett, a Microsoft anunciou uma receita anual recorde de 11,36 bilhões de dólares para o ano fiscal de 1997. "Microsoft Announces Record Fiscal 1997 Revenues and Income". *Microsoft News*. 17 jul. 1997. Disponível em: https://news.microsoft.com/1997/07/17/microsoft-announces-record-fiscal-1997-revenues-and-income/.

26 Thiel, P. "Competition Is for Losers" (How to Start a Startup, aula 5, Stanford Center for Professional Development, Stanford University, 7 out. 2014). YouTube. Disponível em: https://www.youtube.com/watch?v=3Fx5Q8xGU8k&t=1163s.

27 Bomkamp, S. "Chicago-Born Company RXBar Drives $110M in Sales for Kellogg". Chicago Tribune. 2 ago. 2018. Disponível em: https://www.chicagotribune.com/business/ct-biz-kellogg-rxbar-earnings-20180802-story.html.

28 *"Microsoft Announces Record Fiscal 1997 Revenues"*.

CAPÍTULO 11

29 Protalinski, E. "Shopify Announces New Partner and Developer Tools, Plus an AI-Powered Fulfillment Network". VentureBeat. 19 jun. 2019. Disponível em: https://venturebeat.com/2019/06/19/shopify-announces-new-partner-and-developer-tools-plus-an-ai-powered-fulfillment-network/.

30 Shopify, "Shopify Announces Third-Quarter 2018 Financial Results". Comunicado à imprensa. 25 out. 2018. Disponível em: https://news.shopify.com/shopify-announces-third-quarter-2018-financial-results.

31 "Drew Houston's Commencement Address". MIT News. 7 jun. 2013. Disponível em: http://news.mit.edu/2013/commencement-address-houston-0607.

32 "Barre3 Founder: Sadie Lincoln". barre3. Disponível em: https://barre3.com/sadie.

CAPÍTULO 12

33 US Department of Labor, Bureau of Labor Statistics, "Entrepreneurship and the U.S. Economy". Gráfico 1. 28 abr. 2016. Disponível em: https://www.bls.gov/bdm/entrepreneurship/bdm_chart1.htm.

34 "App Stores: Number of Apps in Leading App Stores 2019". Statista, s.d. Disponível em: https://www.statista.com/statistics/276623/number-of-apps-available-in-leading-app-stores/.

35 Iqbal, M. "App Download and Usage Statistics (2019)". Business of Apps. 19 nov. 2019. Disponível em: https://www.businessofapps.com/data/app-statistics/#1.

36 "Worldwide Mobile App Revenues in 2014 to 2023". Statista, s.d. Disponível em: https://www.statista.com/statistics/269025/worldwide-mobile-app-revenue-forecast/.

37 Iqbal, M. "App Download and Usage Statistics (2019)".

38 Miller, M. "Top Predictions for the App Economy in 2018". *App Annie* (blog). 5 dez. 2017. Disponível em: https://www.appannie.com/en/insights/market-data/predictions-app-economy-2018/.

39 US Department of Labor, Bureau of Labor Statistics, "Entrepreneurship and the U.S. Economy". Gráfico 5. 28 abr. 2016. Disponível em: https://www.bls.gov/bdm/entrepreneurship/bdm_chart5.htm.

40 US Department of Labor, Bureau of Labor Statistics, "Entrepreneurship and the U.S. Economy". Gráfico 3. 28 abr. 2016. Disponível em: https://www.bls.gov/bdm/entrepreneurship/bdm_chart3.htm.

41 LaBerge, P. "The 2018 Mobile App Store Download Statistics Report". *Branch* (blog). 4 out. 2018. Disponível em https://blog.branch.io/the-2018-mobile-app-store-download-statistics-report/.

CAPÍTULO 13

42 "A Lesson in Self Promotion with Tim Ferriss". Soapbox. ZURB. 2011. Disponível em: https://zurb.com/ soapbox/tim-ferriss-s-soapbox-a-lesson-in-self-promotion-with-tim-ferriss. Acesso em: 6 dez. 2019.

43 Hoffman R.; Altman, S. "Why Customer Love Is All You Need". *Masters of Scale* (podcast). 30 jan. 2018. Disponível em: https://mastersofscale.com/sam-altman-why-customer-love-is-all-you-need/.

44 "Louise Story, "Facebook Is Marketing Your Brand Preferences (with Your Permission)". *The New York Times*. 7 nov. 2007. Disponível em: https://www.nytimes.com/2007/11/07/technology/07iht-07adco.8230630.html. O artigo caracterizou o programa de anúncios como "uma nova versão do marketing boca a boca".

45 Meany, K. "Blow-Dry Bars Are a Thriving Industry Disrupting the Salon Business". Daily Beast. 13 jul. 2013. Disponível em: https://www.thedailybeast.com/blow-dry-bars-are-a-thriving-industry-disrupting-the-salon-business.

46 "McDonald's Opened a Record 597 Restaurants in 1985, Giving...". UPI. 9 abr. 1986. Disponível em: https://www.upi.com/Archives/1986/04/09/McDonalds-opened-a-record-597-restaurants-in-1985-giving/3085513406800/.

47 Waldman, K. "How Wendy's 1980s Turnaround Changed the Fast Food Industry". *Slate*. 5 out. 2012. Disponível em: https://slate.com/business/2012/10/wheres-the-beef-how-wendys-1980s-turnaround-changed-the-fast-food-business.html.

CAPÍTULO 14

48 Andreessen, M. "The Pmarca Guide to Startups". *Pmarca* (blog). 25 jun. 2007. Disponível em: https://pmarchive.com/guide_to_startups_part4.html.

49 Heifitz, R. A.; Linsky, M. *Leadership on the Line: Staying Alive Through the Dangers of Leading*. Boston: Harvard Business School Press, 2017, 53.

CAPÍTULO 15

50 U.S. Small Business Administration Office of Advocacy, "United States Small Business Profile, 2018". Disponível em: https://www.sba.gov/sites/default/files/advocacy/2018-Small-Business-Profiles-US.pdf.

51 Godlewski, N. "Small Business Revenue Statistics (2019): Annual Sales and Earnings", Fundera. 20 nov. 2019. Disponível em: https://fundera.com/resources/small-business-revenue-statistics/.

CAPÍTULO 16

52 "My Biggest Mistake: James Dyson". *The Independent*. 6 fev. 1994. Disponível em: https://www.independent.co.uk/news/business/my-biggest-mistake-james-dyson-1392336.html.

53 Stibel, J. "James Dyson: A Profile in Failure". LinkedIn. 16 jun. 2015. Disponível em: https://www.linkedin.com/pulse/james-dyson-profile-failure-jeff-stibel/.

54 Dyer, C. "Hoover Taken to Cleaners in £4m Dyson Case". *The Guardian*. 4 out. 2002. Disponível em: https://www.theguardian.com/uk/2002/oct/04/claredyer.

55 "My Biggest Mistake: James Dyson".

56 Citado em Stibel, "James Dyson: A Profile in Failure".

CAPÍTULO 17

57 Michael Deourcy Hinds, "Tylenol Spotlights a $6 Billion Industry". *The New York Times*. 10 out. 1982. Disponível em: https://www.nytimes.com/1982/10/10/weekinreview/tylenol-spotlights-a-6-billion-industry.html.

58 Moore, T. "The Fight to Save Tylenol (*Fortune*, 1982)". *Fortune*. 30 jun. 2014. Disponível em: https://fortune.com/2012/10/07/the-fight-to-save-tylenol-fortune-1982/.

59 Knowledge@Wharton, "Tylenol and the Legacy of J&J's James Burke". *Time*, 5 out. 2012. Disponível em: http://business.time.com/2012/10/05/tylenol-and-the-legacy-of-jjs-james-burke/.

60 Pace, E. "Tylenol Will Reappear in Triple-Seal Package". *The New York Times*. 12 nov. 1982. Disponível em: https://www.nytimes.com/1982/11/12/business/tylenol-will-reappear-in-triple-seal-package.html.

61 Rehak, J. "Tylenol Made a Hero of Johnson & Johnson: The Recall That Started Them All". *The New York Times*. 23 mar. 2002. Disponível em: https://www.nytimes.com/2002/03/23/your-money/IHT-tylenol-made-a-hero-of-johnson-johnson-the-recall-that-started.html.

62 Moore. "The Fight to Save Tylenol".

63 Wiggins, P. H. "Tylenol Recall Expense Is Put at $100 Million". *The New York Times*. 29 out. 1982. Disponível em: https://www.nytimes.com/1982/10/29/business/tylenol-recall-expense-is-put-at-100-million.html.

64 Knowledge@Wharton. "Tylenol and the Legacy of J&J's James Burke".

65 Rehak, "Tylenol Made a Hero of Johnson & Johnson".

66 Pandya, M.; Shell, R. *Nightly Business Report Presents Lasting Leadership: What You Can Learn from the Top 25 Business People of Our Times*. Upper Saddle River: Wharton School Publishing, 2004, 38-41.

67 Knowledge@Wharton, "Tylenol and the Legacy of J&J's James Burke".
68 "Our Credo", Johnson & Johnson, s.d. Disponível em: https://www.jnj.com/credo/.
69 Pandya, M.; Shell, R. *Nightly Business Report Presents Lasting Leadership*, 38-41.
70 Ibid.
71 Moore. "The Fight to Save Tylenol".
72 Bauer, J. B. "Change, Listeria, and the Re-Opening of Our Kitchen". Jeni's. 4 abr. 2016. Disponível em: https://jenis.com/blog/change-listeria-and-the-re-opening-of-our-kitchen/.
73 Everson, L.; Bainbridge, K. "How Jeni's Splendid Ice Creams Handled a Listeria Crisis". NBC News. 15 ago. 2018. Disponível em: https://www.nbcnews.com/business/your-business/how-jeni-s-splendid-ice-creams-handled-listeria-crisis-n851336.
74 Bradsher, K. "S.U.V. Tire Defects Were Known in '96 but Not Reported". *The New York Times*. 24 jun. 2001. Disponível em: https://www.nytimes.com/2001/06/24/business/suv-tire-defects-were-known-in-96-but-not-reported.html.
75 Wald, M. L. "Tread Failures Lead to Recall of 6.5 Million Firestone Tires". *The New York Times*. 10 ago. 2000. Disponível em: https://www.nytimes.com/2000/08/10/business/tread-failures-lead-to-recall-of-6-5-million-firestone-tires.html.
76 Bradsher, "S.U.V. Tire Defects Were Known in '96".
77 "Firestone Tire Recall". National Highway Traffic Safety Administration. 1 set. 2000. Disponível em: https://one.nhtsa.gov/Vehicle-Safety/Tires/Firestone-Tire-Recall.
78 "Text of Letter to Ford from Bridgestone". *The New York Times*. 22 maio 2001. Disponível em: https://www.nytimes.com/2001/05/22/business/text-of-letter-to-ford-from-bridgestone.html.

CAPÍTULO 18

79 Lashinsky, A. "Why Twitch Pivoted to Video Games, and Why It Worked". *Fortune*. 28 mar. 2019. Disponível em: https://fortune.com/2019/03/28/twitch-startup-pivot/.
80 Ibid.
81 Greg Kumparak, G. "Justin.tv Shuts Down to Let the Company Focus on Twitch". TechCrunch. 5 ago. 2014. Disponível em: https://techcrunch.com/2014/08/05/justin-tv-shuts-down-to-let-the-company-focus-on-twitch/.
82 Lashinsky, A. "Why Twitch Pivoted to Video Games".

CAPÍTULO 19

83 Alcántara, A.-M. "Meditation App Expands Its Subscription Membership to Google Assistant and Alexa". *Adweek*. 29 jun. 2018. Disponível em: https://www.adweek.com/digital/meditation-app-expands-its-subscription-membership-to-google-assistant-and-alexa/.

CAPÍTULO 20

84 Hastings, R. "Culture Shock". Entrevista para Reid Hoffman. *Masters of Scale* (podcast). 27 jun. 2017. Disponível em: https://mastersofscale.com/reed-hastings-culture-shock/.

85 Ibid.

86 "Reed Hastings: Building an Iconic Company". Entrevista para John Doerr, Kleiner Perkins Caufield & Byers CEO Workshop. 15 set. 2015. YouTube. Disponível em: https://www.youtube.com/watch?v=BsXXIfqbnRk.

87 Hastings. "Culture Shock".

88 Hastings, R. "How Netflix Changed Entertainment – and Where It's Headed". Entrevista para Chris Anderson. TED Conference. 12 jul. 2018. YouTube. Disponível em: https://www.youtube.com/watch?v=LsAN-TEJfN0.

89 Hastings. "Culture Shock".

90 Ibid.

91 Hastings. "How Netflix Changed Entertainment".

92 Hastings. "Culture Shock".

93 McGregor, J. "When Company Founders Fight Back". *Washington Post*. 23 abr. 2019. Disponível em: https://www.washingtonpost.com/news/on-leadership/wp/2014/06/27/when-company-founders-fight-back/.

94 Nocera, J. "American Apparel Is a Lesson in How Not to Run a Company". *The New York Times*. 12 jul. 2014. Disponível em: https://www.nytimes.com/2014/07/12/opinion/joe-nocera-american-apparel-is-a-lesson-in-how-not-to-run-a-company.html.

95 Paton, E. "American Apparel Founder Wears His Defiance Proudly". *Financial Times*. 24 jun. 2014. Disponível em: https://www.ft.com/content/5c656fd6-fb76-11e3-9a03-00144feab7de#axzz35aM4l4YP.

96 Holiday, R. *Stillness Is the Key*. Nova York: Portfolio, 2019, 229.

97 American Apparel's Dov Charney One of the Worst CEOs: Finkelstein", *Bloomberg Surveillance*. 17 dez. 2014. YouTube. Disponível em: https://www.youtube.com/watch?v=QjhoZBvNqU0.

98 Harris, E. A.; Greenhouse, S. "The Road to Dov Charney's Ouster at American Apparel". *The New York Times*. 27 jun. 2014. Disponível em: https://www.nytimes.com/2014/06/27/business/road-to-dov-charneys-ouster-at-american-apparel.html?_r=0.

99 "Reed Hastings: Building an Iconic Company".

100 Wickford, H. "The Average Life Span of a Restaurant". Azcentral.com. 13 abr. 2018. Disponível em: https://yourbusiness.azcentral.com/average-life-span-restaurant-6024.html.

CAPÍTULO 23

101 Parr, S. "Here's How the Founder of a Men's Clothing Company Made $100m in Revenue". *The Hustle* (blog). 25 jan. 2016. Disponível em: https://thehustle.co/bonobos-andy-dunn.

102 Arango, T. "How the AOL–Time Warner Merger Went So Wrong". *The New York Times*. 20 jan. 2010. Disponível em: https://www.nytimes.com/2010/01/11/business/media/11merger.html.

CAPÍTULO 24

103 Wasserman, N. "The Founder's Dilemma". *Harvard Business Review*. Fev. 2008. Disponível em: https://hbr.org/2008/02/the-founders-dilemma.

104 Ibid.

CAPÍTULO 25

105 MacLellan, L. "At Patagonia, Exit Interviews Are Rare – but They Go Deep". Quartz at Work. 19 mar. 2019. Disponível em: https://qz.com/work/1574375/patagonias-hr-leader-has-been-moved-to-tears-in-exit-interviews/.

106 Mautz, S. "Patagonia Has Only 4 Percent Employee Turnover Because They Value This 1 Thing So Much". *Inc.* 30 mar. 2019. Disponível em: https://www.inc.com/scott-mautz/how-can-patagonia-have-only-4-percent-worker-turnover-hint-they-pay-activist-employees-bail.html.

107 Ibid.

108 Anderson, J. "This Is What Work-Life Balance Looks Like at a Company with 100% Retention of Moms". Quartz at Work. 16 out. 2016. Disponível em: https://qz.com/work/806516/the-secret-to-patagonias-success-keeping-moms-and-onsite-child-care-and-paid-parental-leave/.